Contraste insuffisant
NF Z 43-120-14

Z.+2202.
B.a.

LES ŒUVRES DIVERSES DE MONSIEUR DE CYRANO BERGERAC

Avec son Pédant joüé.
1678.

A ROUEN,
Chez JEAN B. BESONGNE,
ruë Ecuyere, au Soleil Royal.

lement reculé sur elle-même qu'en quelqu'endroit aujourd'huy que je me touche, il s'en faut plus de quatre doigts que je n'atteigne où je suis, je me taste sans me sentir, & le fer auroit ouvert cent portes à ma vie, auparavant que de fraper à celle de la douleur : Enfin nous voila presque paralytiques, & cependant pour creuser sur nous une playe dans une blessure, Dieu n'a creé qu'un Baume à nôtre mal, encore le Medecin, qui le porte ne sçauroit arriver chez nous qu'aprés avoir délogé de six maisons. Ce paresseux est le Soleil, vous voyez comme il marche à petites journées, il se met en chemin à huit heures, & prend giste à quatre Je croy qu'à mon exemple il trouve qu'il fait trop froid pour se lever si matin : mais Dieu veüille que ce soit seulement la paresse qui le retienne, & non pas le dépit, car il me semble que depuis plusieurs mois il nous regarde de travers. Pour moy, je n'en puis devener la cause, si ce n'est qu'ayant vû la terre endurcie par la gelée, il n'ose plus monter si haut de peur de blesser ses rayons en les precipitant. Ainsi nous ne sommes pas prêts de nous vanger des outrages que la saison nous fait : il ne sert quasi rien au feu de s'échauffer contr'elle, sa rage n'aboutit (aprés avoir bien petillé) qu'à le contraindre à se devorer soy-même plus viste. Nous avons beau prendre le Bouclier, l'Hyver est une mort de six mois répanduë sur tout un côté de cette boule, que nous ne sçaurions éviter ; c'est une courte vieillesse des choses animées ; c'est un estre qui n'a point d'action, & qui cependant (tous braves que nous soyons) ne nous approche jamais sans nous faire trembler. Nôtre corps poreux, delicat, estendu, se ramasse, s'endurcit, & s'empresse à fermer ses avenuës, à barricader un million d'invisibles portes, & à les couvrir de petites Montagnes : Il se meut, s'agite, se debat, & dit pour excuse en rougissant, que ces fremissemens sont des sorties qu'il fait à dessein de repousser l'ennemy qui gagne ses dehors. Enfin ce n'est pas merveille que nous subissions le destin de tous les vivans ; mais le barbare ne s'est pas contenté d'avoir ôté la langue à nos Oyseaux, d'avoir des-habillé nos Arbres, d'avoir coupé les cheveux à Cerés, & d'avoir mis nôtre grande Mere toute nuë, afin que nous ne puissions nous sauver par eau dans un climat plus doux, il les a toutes renfermées sous des murailles de diamant, & de peur même que les rivieres n'excitassent pas leur mouvement quelque chaleur qui nous pût soulager, il les a cloüées contre leur lit. Mais il fait encore bien pis, car pour nous effrayer, par l'image même des prodiges qu'il invente à nôtre détruction, il nous fait prendre la glace pour une lumiere endurcie, un jour petrifié, un solide neant, ou quelque Monstre épouventable dont le corps n'est qu'un œil. La Seine au commencement effrayée des larmes du Ciel, s'en troubla & apprehendant une suite plus funeste à la fortune de ses habitans, elle s'est roidie contre le poids qui l'entraîne, s'est suspanduë, & s'est liée elle-même pour s'arrêter afin d'être toûjours presente aux besoins que nous pourrions avoir d'elle. Les Hommes épouvantez à leur tour des prodiges de cette effroyable saison, en tirent des présages proportionnez à leur crainte, s'il neige, ils s'imaginent que c'est peut-être au Firmament le chemin de laict qui se dissout: que cette perte fait de rage écumer le Ciel, & que la Terre tremblant pour ses enfans, en blanchit de frayeur. Ils se figurent que l'Univers est une tarte que l'Hyver ce grand Monstre sucre pour l'avaler: que peut-être la neige est l'écume des Plantes qui meurent enragées, & que les vents qui soufflent tant de froid, sont les derniers soûpirs de la Nature agonisante. Moy-même qui n'explique guere les choses qu'en ma faveur, & qui dans une autre saison me serois persuadé que la neige est le laict vegetatif que les Astres font teter aux Plantes : où les miettes qui tombent aprés Graces de la Table des Dieux, me laissant emporter au torrent de l'exemple : s'il gresle, je m'écrie, quel maux nous sommes reservez ? puis que le Ciel innocent est reduit à pisser la gravelle. Si je veux definir ces vents glacez, tellement solides, qu'ils renversent des tours, & tellement déliez qu'on ne les void point, je ne sçaurois soupçonner ce que c'est, sinon une broüine de Diables échappez, qui s'étans morfondus sous terre, courent icy pour s'échauffer. Tout ce qui me represente l'Hyver me fait peur ; je ne sçaurois supporter un miroir à cause de sa glace : je fuis les petits Medecins, parce qu'on les nomme des Medecins de neige, & je puis convaincre le froid de quantité de meurtres, sur ce que dans toutes les Maisons de Paris on rencontre fort peu de gelée, qu'on n'y trouve un malade auprés. En verité, Monsieur, je ne pense pas que la saint Jean me guerisse entierement des maux de Noël, quand je songe qu'il me faudra voir encore aux fenêtres de grandes vîtres qui ne seront autre chose que des tapisseries de glaçons endurcis au feu: Oüy, cét impitoyable m'a mis en si mauvaise humeur, que la hale du mois d'Aoust ne me purgera peut-être pas du flegme de Janvier; la moindre chaleur me fera dire que l'Hyver est le frisson de la Nature, & que l'Eté en est la fiévre: car jugez si je me plains à tort, & si les morfondus malgré l'humeur liberale de cette saison qui leur donne autant de perles que de roupies, ne me prendront pas pour un Hercule, qui poursuit ce monstre leur ennemy ? Quelles rigueurs n'exerce-t'il point en tous lieux ? Là sous le Robinet d'une Fontaine, le gelé Pourreux d'eau contraint son cœur en soufflant de rendre à ses mains la vie qu'il leur a dérobée ? Là contre le pavé le soulier du marcheur fait plus de bruit qu'à l'ordinaire, parce qu'il a des cloches aux pieds: Là l'Ecolier fripon, une plote de neige entre les doigts, attend au passage son compagnon pour luy noyer le visage dans un morceau de riviere ; enfin de quelque côté que je me tourne, la gelée est si grande ; que tout se prend jusques aux manteaux ; A dix heures du soir le Filoux morfondu sous un vant grelote, & se console lors qu'il regarde le premier passant, comme un Tailleur qui luy apporte son habit. Lors qu'il prendra fantasie à l'Hyver, ce vieil endurcy, d'aller à confesse, voila, Monsieur, l'examen de sa conscience à un peché prest, car c'est un cas reservé dont il n'aura jamais l'absolution : vous-même jugez s'il est pardonnable, il me vient d'engourdir les doigts, afin de vous persuader que je suis un foid Amy, puis que je tremble quand il est question de me dire,

MONSIEUR,

Vôtre Serviteur.

AU MESME,
POUR LE
PRINTEMPS.
LETTRE II.

MONSIEUR,

Ne pleurez plus, le beau-temps est revenu, le Soleil s'est reconcilié avec les

Hommes, & sa chaleur a fait trouver des jambes à l'Hyver, quelque engourdy qu'il fût : il ne luy a prêté de mouvement que ce qu'il en falloit pour fuïr, & cependant ces longues nuits qui sembloient ne faire qu'un pas en une heure (à cause que pour être dans l'obscurité, elles n'osoient courir à tâtons) sont aussi loin de nous que la premiere qui fit dormir Adam : l'air n'a guéres si condensé par la gelée, que les Oyseaux n'y trouvoient point de place, semble n'être aujourd'huy qu'un grand espace imaginaire, où ces Musiciens, à peine soûtenus de nôtre pensée, paroissent au Ciel de petits Mondes balancez par leur propre centre : Le Serain n'enrheumoit pas au païs d'où ils viennent, car ils font icy beau bruit : O Dieux quel tintamarre ! sans doute ils sont en procez pour le partage des terres dont l'Hyver par sa mort les a fait heritiers : ce vieux jaloux non content d'avoir bouclé presque tous les animaux, avoit gelé jusqu'aux rivieres, afin qu'elles ne produisent pas même des images: Il avoit malicieusement tourné vers eux la glace de ses miroirs qui coulent du côté du vif argent, & ils y seroient encore, si le Printemps à son retour ne les eut renversez : Aujourd'huy le Bêtail s'y regarde nager en courant : la Linote & le Pinson s'y reproduisent sans perdre leur unité, s'y ressuscitent sans mourir, & s'étonnent qu'un nid si froid leur fasse éclorre en un moment des petits aussi grands qu'eux-mêmes : enfin nous tenons la terre en bonne humeur, nous n'avons d'orénavant qu'à bien choyer ses bonnes graces : A la verité depitée de s'être vûë au pillage de l'Automne, elle s'étoit tellement endurcie contre nous avec les forces que luy prêta l'Hyver, que si le Ciel n'eût pleuré deux mois sur son sein, elle ne se fut jamais atteindre : mais Dieu mercy elle ne se souvient plus de nos larcins. Toute son attention n'est aujourd'huy qu'à mediter quelque fruit nouveau : elle se couvre d'herbe mole, afin d'être plus douce à nos pieds : elle n'envoye rien sur nos tables qui ne regorge de son lit : si elle nous offre des Chenilles, c'est en guise de vers à soye sauvages : & les hanetons sont de petits Oyseaux qu'elle a eu soin d'inventer pour servir de joüets à nos enfans : elle s'étonne elle-même de sa richesse, elle s'imagine à peine être la Mere de tout ce qu'elle produit & grosse de quinze jours, elle avorte de mille sortes d'insectes, parce que ne pouvant toute seule goûter tant de plaisir, elle ébauche des enfans à la hâte pour avoir à qui faire du bien, ne semble-t'il pas en attachant aux branches de nos forests des feüilles si toufuës, que pour nous faire rire, elle se soit égayée à porter un pré sur un arbre ; mais parce qu'elle sçait que les contentemens excessifs sont préjudiciables, elle force en cette saison les Févves de fleurir pour moderer nôtre joye, par la crainte de devenir fols ; c'est le seul mauvais présage qu'elle n'ait point chassé de dessus l'Hemisphere. Par tout on voit la Nature accoucher, & ses enfans à mesure qu'ils naissent, joüer dans leur berceau. Considerez le zephire qui n'ose quasi respirer qu'en tremblant : comme il agite les bleds & les caresse : Ne direz-vous pas que l'herbe est le poil de la terre, & que ce vent est le peigne qui a soin de le démesler ; je pense même que le Soleil fait l'amour à cette saison, car j'ay remarqué qu'en quelque lieu qu'elle se retire, il s'en approche toûjours. Ces insolens Aquilons qui nous bravoient en l'absence de ce Dieu de tranquilité (surpris de sa venuë) s'unissent à ses rayons pour obtenir la paix par leurs caresses, & les plus coupables se cachent dans les Atomes & se tiennent cois sans bouger, de peur d'en être reconnus : Tout ce qui ne peut nuire par sa vie est en pleine liberté. Il n'est pas jusqu'à nôtre ame qui ne répande plus loin que sa prison, afin de monstrer qu'elle n'en est pas contenuë. Je pense que la Nature est aux Nopces; on ne voit que danses, que concerts, que festins; & qui voudroit chercher dispute, n'auroit pas le contentement d'en trouver, sinon de celles qui pour la beauté surviennent entre les fleurs. Là possible au sortir du combat un Oeillet tout sanglant tombe de lassitude; là un bouton de Rose, enflé du mauvais succez de son Antagoniste, s'épanoüit de joye; là le Lys, ce Colosse entre les fleurs, ce geant de laict caillé, glorieux de voir ses images triompher au Louvre, s'éleve sur ses compagnes, les regarde de haut en bas, & fait devant soy prosterner la Violette, qui jalouse & fâchée de ne pas monter aussi haut, redouble ses odeurs, afin d'obtenir de nôtre nez la preference que nos yeux luy refusent: là le gason de Thin s'agenoüille humblement devant la lippe, cause qu'elle porte un Calice: là d'un autre côté la Terre dépitée que les arbres portent si haut & si loin d'elles les bouquets dont elle les a couronnez, refuse de leur envoyer des fruits, qu'ils ne luy ayent redonné ses fleurs. Cependant je

elle ébauche des enfans à la hâte pour avoir à qui faire du bien, ne semble-t'il pas en attachant aux branches de nos forests des feüilles si toufuës, que pour nous faire rire, elle se soit égayée à porter un pré sur un arbre; mais parce qu'elle sçait que les contentemens excessifs sont préjudiciables, elle force en cette saison les Fébves de fleurir pour moderer nôtre joye, par la crainte de devenir fols; c'est le seul mauvais présage qu'elle n'ait point chassé de dessus l'Hemisphere. Par tout on voit la Nature accoucher, & ses enfans à mesure qu'ils naissent, joüer dans leur berceau. Considerez le zephire qui n'ose quasi respirer qu'en tremblant: comme il agite les bleds & les caresse : Ne direz-vous pas que l'herbe est le poil de la terre, & que ce vent est le peigne qui a soin de le démesler; je pense même que le Soleil fait l'amour à cette saison, car j'ay remarqué qu'en quelque lieu qu'elle se retire, il s'en approche toûjours. Ces insolens Aquilons qui nous bravoient en l'absence de ce Dieu de tranquilité (surpris de sa venuë) s'unissent à ses rayons pour obtenir la paix par leurs caresses, & les plus coupables se cachent dans les Atomes & se tiennent cois sans bouger, de peur d'en être reconnus : Tout ce qui ne peut nuire par sa vie est en pleine liberté. Il n'est pas jusqu'à nôtre ame qui ne répande plus loin que sa prison, afin de monstrer qu'elle n'en est pas contenuë. Je pense que la Nature est aux Nopces ; on ne voit que danses, que concerts, que festins; & qui voudroit chercher dispute, n'auroit pas le contentement d'en trouver, sinon de celles qui pour la beauté surviennent entre les fleurs. Là possible au sortir du combat un Oeillet tout sanglant tombe de lassitude ; là un bouton de Rose, enflé du mauvais succez de son Antagoniste, s'épanoüit de joye ; là le Lys, ce Colosse entre les fleurs, ce geant de laict caillé, glorieux de voir ses images triompher au Louvre, s'éleve sur ses compagnes, les regarde de haut en bas, & fait devant soy prosterner la Violette, qui jalouse & fâchée de ne pas monter aussi haut, redouble ses odeurs, afin d'obtenir de nôtre nez la preference que nos yeux luy refusent : là le gason de Thin s'agenoüille humblement devant la lippe, cause qu'elle porte un Calice : là d'un autre côté la Terre dépitée que les arbres portent si haut & si loin d'elles les bouquets dont elle les a couronnez, refuse de leur envoyer des fruits, qu'ils ne luy ayent redonné ses fleurs. Cependant je ne trouve pas pour ces difputes que le Printemps en foit moins agreable : Mathieu Gareau faute de tout fon cœur au broüet de fa Tante : le plus mauvais garçon du Village jure par *fa fy* qu'il fera cette année grand peur au Papegay : le Vigneron appuyé fur un échalas, rit dans fa barbe à mefure qu'il void pleurer fa Vigne : Enfin l'exemple de la Nature me perfuade fi bien le plaifir, que toute fujetion étant douloureufe, je fuis prefque à regret,

MONSIEUR,

Vôtre Serviteur,

AV MESME,

POUR L'ETE'.

LETTRE III.

MONSIEUR,

Que ne direz-vous point du Soleil s'il vous avoit été vous-même ; puis que vous vous plaignez de luy, lors qu'il hâte l'affaifonnement de vos viandes ?

De toute la terre il n'a fait qu'une grande marmitte ; il a dessous attisé l'Enfer pour la faire boüillir, il a disposé les vents tout autour comme des souflets, afin de l'empêcher de s'éteindre ; & lors qu'il r'allume le feu de vôtre Cuisine, vous vous en formalisez : il échauffe les eaux, il les distile, il les rectifie, de peur que leur crudité ne vous nuise ; & vous luy chantez poüille, pendant même qu'il boit à vôtre santé. Pour moy je ne sçay pas quelle posture d'orénavant se pourra mettre ce pauvre Dieu, pour être à nôtre gré. Il envoye à nôtre lever les Oyseaux nous donner la Musique ; il échauffe nos bains, & ne nous invite point qu'il n'en ait essayé le peril en s'y plongeant le premier. Que pouvoit-il ajoûter à tant d'honneur, sinon de manger à nôtre table ? mais jugez ce qu'il demande quand il n'est jamais plus proche de nos Maisons qu'à Midy : Plaignez-vous, Monsieur, aprés cela, qui déseiche l'humeur des rivieres : helas ! sans cette attraction, que serions nous devenus ? les fleuves, les lacs, les fontaines ont succé toute l'eau qui rendoit la terre feconde, & l'on se fâche qu'au hazard d'en faire gagner l'hydropisie à la moyenne region, il prenne la charge de la repuiser, & de promener par le Ciel les nuës, ces grands arrousoirs dont il éteint la soif de nos Campagnes alterées, encore dans une saison où il est si fort épris de nôtre beauté, qu'il nous veut voir tous nuds. J'ay bien de la peine à m'imaginer s'il n'attiroit à soy beaucoup d'eau pour y moüiller & rafraîchir ses rayons, comment il nous baiseroit sans nous brûler, mais quoy qu'on dise, nous en avons toûjours le reste; car au temps même que la Canicule par son ardeur, ne nous en laisse precisément que pour la necessité; n'a-t'il pas soin de faire enrager les siens de peur qu'ils n'en boivent? vous fulminez encore contre luy, sur ce qu'il dérobe (dites-vous) jusqu'à nos ombres : il nous les ôte (je l'avoüe) & il n'a garde de les laisser auprés de nous, voyant qu'à toute heure elles se divertissent à nous effrayer, voyez comme il monte au plus haut de nôtre horison pour les mettre à nos pieds, & pour les recogner sous terre, d'où elles sont parties. Quelque haine cependant, qu'il leur porte, quelque proche de leur fin qu'elles se trouvent, il leur donne la vie quand nous nous mettons entre deux; c'est pourquoy ces Filles de la nuit courent tout à l'entour de nous pour se tenir à couvert des armes du Soleil; sçachant bien qu'il aimera mieux s'abstenir de la victoire, que de se resoudre à les tuër au travers de nos corps. Ce n'est pas que durant toute l'année il ne soit pour nous tout de feu ; & il le montre assez, n'en reposant ny nuit ny jour : Mais en Eté toute-fois sa passion devient bien autre ; il brûle, il court, il semble devaler de son cercle, & se voulant jetter à nôtre col, il en tombe de si prés, que pour legere que soit l'Essence d'un Dieu, la moitié des hommes dégoutte de sueur en le portant. Nous ne laissons pas toutefois de nous affliger quand il nous quitte ; les nuits mêmes sympatisant à sa complexion, deviennent claires & chaudes, à cause qu'à son départ la laissé sur l'Horison une partie de son équipage, comme ayant à revenir bien-tôt. Le mois de May veritablement fait germer les fruits, les nouë & les grossit : mais il leur laisse une âpreté mortelle qui nous étrangleroit, si celuy de Juin n'y passoit du sucre. Possible m'objectera-t'on que par ses chaleurs excessives il met les herbes en cendre, & qu'en-suite il fait couler dessus des orages de pluye : mais pensez-vous qu'il ait grand tort (nous voyant tout salis du hâle) de nous mettre à la lessive ? & je veux qu'il fut brûlant jusqu'à nous confommer, ce feroit au moins une marque de nôtre paix avec Dieu, puis qu'autrefois chez fon peuple il ne faifoit décendre le feu du Ciel que fur les Victimes purifiées. Encore s'il nous vouloit brûler, il n'envoyeroit pas la rofée pour nous rafraîchir, cette belle rofée qui nous fait croire par fes infinies goutes de lumiere, que le flambeau du Monde eft en poudre dedans nos prez, qu'un million de petits cieux font tombez fur la terre, ou que c'eft l'ame de l'Univers, qui ne fçachant quel honneur rendre à fon Pere, fort au devant de luy, & le va recevoir jufques fur la pointe des herbes. Les Villageois s'imaginent, tantôt que ce font des poux d'argent tombez au matin de la tête du Soleil qui fe peigne, tantôt la fueur de l'air corrompuë par le chaud, où des vers luifans fe font mis : tantôt la falive des Aftres qui leur tombe de la bouche en dormant : mais enfin quoy que ce puiffe être, il n'importe, fuffent les larmes de l'Aurore, elle s'afflige de trop bonne grace pour ne nous en pas réjoüir, & puis c'eft le temps où la Nature nous met à même fes trefors : Le Soleil en perfonne affifte aux couches de Cerés & chaque épy de bled parnît une boulangerie de petits pains de laict, qu'il a pris la peine de cuire. Que si quelques-uns plaignent que sa trop longue demeure avec nous jaunit les feüilles aprés les fruits, qu'ils sçachent que ce Monarque des Estoilles en use ainsi pour composer de nôtre climat le jardin des Héperides, en attachant aux arbres des feüilles d'or aussi bien que des fruits : toutesfois il a beau tenir la campagne, il a beau dans son Zodiaque s'échauffer avec le Lyon. Il n'anra pas demeuré vingt-quatre heures chez la Vierge, qu'il luy fera les doux yeux, il deviendra tous les jours plus froid : & enfin quelque nom de Pucelle qu'il laisse à la pauvre fille, il sortira de son lit tellement énervé, que six mois à peine le gueriront de cette impuissance. O ! que j'ay cependant peur de voir croître l'Eté, parce que j'ay peur de le voir diminuër; c'est luy qui débarasse l'eau, le bois, le métail, l'herbe, la pierre, & tout les Corps differens que la gelée avoit fait venir aux prises : il appaise leurs froideurs, il demesle leurs antipaties, il moyenne entr'eux un échange de prisonniers, il reconduit paisiblement chacun chez soy : & pour vous montrer qu'il sepáre les natures les plus jointes, c'est que n'étant vous & moy qu'une même chose, je ne laisse pas aujourd'huy de me considerer separément de vous, pour éviter l'impertinence qu'il y auroit de me mander à moy-même. Je suis,

MONSIEUR,

Vôtre Serviteur.

AV MESME.

CONTRE
L'AUTOMNE.
LETTRE IV.

MONSIEUR,

Il me semble que j'aurois maintenant bien du plaisir à pester contre l'Automne, si je ne craignois de fâcher le Tonnerre, luy qui non content de nous tuer, n'est pas satisfait s'il n'assemble trois Bourreaux differens dans une mort, & s'il ne nous massacre tout à la fois par les yeux, par les oreilles, & par le toucher: c'est-à-dire, par l'éclair, le Tonnerre, & le carreau: l'éclair s'allume pour éteindre nôtre vûë à force de lumiere, &

précipitant

précipitant nos paupieres sur nos prunelles, il nous fait passer de deux petites nuits de la largeur d'un double, dans une autre aussi grande que l'Univers. L'air en s'agitant enflamme ses aposthumes ; en quelque part que nous tournions la vûë, un nuage sanglant semble avoir déplié entre-nous & le jour, une tenture de gris brun, doublé de tafetas cramoisy ; le Foudre engendré dans la nuë, créve le ventre de sa Mere, & la nuë grosse en travail s'en délivre avec tant de bruit, que les roches les plus sauvages s'ouvrent aux cris de cét accouchement. Il ne sera pourtant pas dit, que cette orgueilleuse saison me parle si haut, & que je n'ose luy répondre ; Cette insolente, aux crimes de laquelle il ne manquoit plus que de faire imputer à son Createur les vices de la Nature. Mais quand l'injustice de cent mille coups de Tonnerre seroit une production de la Sagesse inscrutable de Dieu, il ne s'ensuit pas pour cela que la saison du Tonnerre, c'est-à-dire, la saison destinée à châtier les coupables soit plus agreable que les autres, ou bien il faut conclure que le temps le plus doux de la vie d'un criminel, est celuy de son execution : Je croy qu'en suite de ce funeste Metheore nous

B

pouvons passer au vin, puis que c'est un Tonnerre liquide, un courroux portable, & un trépas qui fait mourir les yvrognes de santé ; Il est cause, le furieux, que la définition qu'Aristote a donnée pour l'homme, d'animal raisonnable, est fausse au moins pour ceux qui en boivent trop ; mais vous semble-t'il pas qu'on peut dire du Cabaret, que c'est un lieu où l'on vend la folie par bouteilles, & je doute même s'il n'est point allé jusques dans les Cieux faire sentir ses fumées au Soleil, voyant comme il se couche tous les jours de si bonne heure. Quelques Philosophes de ce siecle en ont tant avalé, qu'ils en ont fait piroüetter la terre dessous eux, & si veritablement elle se meut, je pense que ce sont des S S que l'yvrognerie luy fait faire : Pour moy, je porte tant de haine à ce poison, qu'encore que l'eau de vie soit un venin beaucoup plus furieux, je ne laisse pas de luy pardonner, à cause que ce m'est un témoignage qu'elle luy a fait rendre l'esprit. Nous voila donc en ce temps condamnez à mourir de soif, puis que nôtre breuvage est empoisonné : voyons si nôtre manger que l'Automne nous étend sur la terre, comme sur une table, est moins dangereux que sa boisson. Helas ! pour un seul fruit qu'Adam mangea, cent mille millions de personnes moururent qui n'étoient pas encore; l'arbre même est forcé par la Nature de commencer le supplice de ses enfans criminels; il les jette contre terre, la tête en bas ! le vent les secoüe, & le Soleil les precipite. Aprés cela, Monsieur, ne trouvez pas mauvais que je désaprouve qu'on die voila du fruit en bon état. Comment y pourroit-il être, luy qui s'est pendu soy-même ? Aussi à considerer comme les cailloux y vont à l'offrande, n'est-ce pas une occasion de douter de leur innocence, puis qu'ils sont lapidez à chaque bout de champs ? Ne voyez-vous pas même que les arbres en produisant les fruits, ont soin de les enveloper de feüilles pour les cacher, comme s'ils n'avoient pas assez d'effronterie pour montrer à nud leurs parties honteuses : Mais admirez encore comment cette horrible saison traite les arbres en leur disant Adieu ? Elle les charge de Vers, d'Araignées, & de Chenilles, & tous chauves qu'elle les a rendus, elle ne laisse pas encore de leur mettre de la vermine à la tête : Nommez-vous cela des presens d'une bonne Mere à ses enfans ? & merite-t'elle que nous la remercions aprés nous avoir ôté presque tous les alimens

B ij

utiles, mais son dépit passe encore plus outre; car elle tâche d'empoisonner ceux qui ne sont pas morts de faim, & je n'avance rien que je ne prouve: N'est-il pas vray que ne nous restant plus rien de peur entre tant de choses dont l'usage nous est necessaire, sinon l'air, la Marastre l'a suffoqué de Contagion; Ne voyez-vous pas comme elle traîne la peste, cette maladie sans queuë qui tient la mort penduë à la sienne en toutes les Villes de ce Royaume ? comme elle renverse toute l'œconomie de l'Univers & de la societé des hommes, jusqu'à couvrir de pourpre des miserables sur un fumier, & jugez si le feu dont elle s'alume contre nous est ardent, quand il suffit d'un charbon sur un homme pour le consumer.

Voilà, Monsieur, les tresors & l'utilité de cette adorable saison, par qui vous pensiez avoir trouvé le secret de la Corne d'abondance. En verité, ne merite-t'elle pas bien mieux des Satyres que des Eloges, & ne devrions-nous pas même détester les autres, à cause qu'elles sont en compagnie, & qu'elles la suivent toûjours & la précedent ? Pour moy, je ne doute point qu'un jour cette enragée ne pervertisse toutes ses compagnes; & en effet, nous observons qu'elles ont déja toutes à son exemple leur façon particuliere d'estropier, & que pour les maux dont elles nous accablent, l'Hyver nous contraint de reclamer saint Jean, le Printemps saint Mathurin, l'Eté saint Hubert, & l'Automne saint Roch, puis que l'un cause le mal caduc, l'autre la folie, l'autre la rage, l'autre la peste. Pour moy, je ne sçay qui me tient que je ne me procure la mort de dépit que j'ay de ne pouvoir vivre que dessus leur regne, mais principalement de ce que la maudite Automne me passe tous les ans sur la tête pour me faire enrager : il semble qu'elle tâche d'embarasser ses Sœurs dans ses crimes ; car enfin, Monsieur, grosse de foudre comme nous la voyons, n'induit-elle pas à croire que toutes ensemble elles composent un Monstre qui aboye par les pieds, que pour elle elle est une Harpie affamée qui mord de la glace pendant que sa queuë est au feu ; qui se sauve d'un embrasement par un deluge, & qui vieille à quatre-vingts jours, est si passionnée d'amour pour l'Hyver, à cause qu'il nous tuë, qu'elle expire en le baisant ; mais ce qui me semble encore plus étrange est, que je me sois abstenu de luy reprocher son plus grand crime, je veux dire le sang, dont elle soüille depuis tant d'années la face de toute l'Europe, car je le devois faire pour la punir de ce qu'ayant prodigué des fruits à tout le monde, elle ne m'en a pas encore donné un qui puisse vous dire aprés ma mort, je suis,

MONSIEUR,

Vôtre Serviteur.

DESCRIPTION II.
DE L'ACQUEDUC,
OU LA FONTAINE
D'ARCUEIL.

A MES AMIS LES BEVVEVRS d'Eau.

LETTRE V.

Cette Lettre d'Arcueil ayant été perduë, l'Auteur long-temps après en fit une autre: mais comme il ne se souvenoit presque plus de la première, il ne rencontra pas les mêmes pensées: Depuis il retrouva la perduë: & comme il est assez ennemy du travail, il ne creut pas que le sujet fût digne d'épurer chaque Lettre en ôtant de chacune les imaginations qui se pourroient rencontrer dans l'autre.

MESSIEURS,

Pied-là, pied-là ; ma tête sert de Pont à une riviere, je suis dessous, tout au fonds sans nager ; & toutesfois j'y respire à mon aise. Vous jugez bien que c'est d'Arcueil que je vous écris. Icy l'eau conduite en triomphe, marche en haye d'un Regiment de pierres : on luy a dressé cent Portiques pour la recevoir : & le Roy la jugeant fatiguée d'être venuë à pied de si loin, envoya l'appuyer de peur qu'elle ne tombât. Ces excez d'honneur l'ont renduë si glorieuse, qu'elle n'iroit pas à Paris si l'on ne l'y portoit : s'étant morfonduë d'avoir si long-temps couché contre terre, elle s'est fait dresser un lit plus haut : & l'on tient par tradition que cét Aqueduc luy sembla si pompeux & si beau, qu'elle vint d'elle-même s'y promener pour son plaisir : cependant elle est renfermée entre quatre murailles, seroit-ce qu'on l'eût convaincuë de s'être jadis trouvé en la compagnie de celle de la mer pendant quelque naufrage ? Il le faut bien : car la Justice est icy tellement severe, qu'on y contraint jusqu'aux fontaines de marcher droit : & l'air de la Ville est si contagieux qu'elles n'en sçauroient approcher sans gagner la pierre : ces obstacles toutesfois n'ont point empêché qu'il n'ait pris à celle-cy une telle démangeaison de la voir, qu'elle s'en gratte demie lieuë durant contre des roches, il luy tarde qu'elle ne contrefasse l'Hypocrene entre les Muses de l'Université : elle n'en peut tenir son eau. Voyez comme des montagnes de Rongis elle pisse en l'air jusqu'au Fauxbourg saint Germain, elle va recevoir de S. A. R. l'ordre des visites qu'elle a à faire ; & quelques sourdes menasses qu'elle murmure en chemin, quelque formidable qu'elle paroisse, Luxembourg ne l'a pas plûtôt apperçuë, que d'un seul Regard il la disperse de tous côtez. En verité l'amour pouvoit-il joindre Arcueil & Paris par un lieu plus fort que celuy de la vie ? Ce reptile est un morceau pour la bouche du Roy : c'est une grande espée qui va faire mettre par les Porteurs d'eau des bouts de bois à son fourreau : c'est une Couleuvre immortelle, qui s'enfonce dans son écaille, à mesure qu'elle en sort, c'est une aposteme artificielle qu'on ne sçauroit crever sans mettre Paris en danger de mort, c'est un pâté, dont la sauce est vive ; c'est un os, dont la moüelle chemine ; c'est un Serpent liquide, dont la queuë va devant la tête ; Enfin je pense qu'elle a resolu de ne rien faire icy que des choses impossibles à croire : elle ne va droit qu'à cause qu'elle est voutée : elle ne se corrompt

B v

point, encore qu'elle soit au tombeau; elle est vive depuis qu'elle est en terre : elle passe par-dessus des murs, dont les portes sont ouvertes : elle marche droit à tâtons, & court de toute sa force sans tomber. Hé bien, Messieurs, aprés tant de miracles ne meriteroit-elle pas bien d'être canonisée à Paris sous le nom de S. Cosme, S. Benoist, S. Michel, S. Severin : Qui diroit cependant que la largeur de deux pieds mesure le destin de tout un peuple ? Connoissez par là quel honneur ce vous est, que moy, qui puis, quand bon me semble, arrêter la liqueur qui desaltere tant d'honnêtes gens à Paris, & qui tous les jours me fais servir devant le Roy, je m'abaisse jusqu'à me dire,

MESSIEURS,

Vôtre Serviteur,
DE BERGERAC.

AVTRE,
SUR LE MESME
Sujet.

LETTRE IV..

MESSIEURS,

Miracle, miracle, je suis au fond de l'eau, & je n'ay pas dequoy boire, j'ay un fleuve sur la tête, je n'ay point perdu pied : & enfin je me trouve en un païs où les fontaines volent, & où les rivieres sont si delicates qu'elles passent par dessus des ponts de peur de se mouiller : Ce n'est point hiperbole, car à considerer les grands Portiques sur lesquels celle-cy va comme en triomphe, il semble qu'elle se soit montée sur des échasses pour voir de plus loin, & pour remarquer dans Paris les lieux où elle est necessaire; ce sont comme des arcs avec lesquels elle décoche un million de fleches d'argent liquide contre la soif, Tout à l'heure elle étoit assise à cul-nu contre terre: mais la voila maintenant qu'elle se promene dans ses galeries : elle porte sa tête à l'égal des Montagnes : & croyez toutefois qu'elle n'eſt pas de moins belle taille pour être voûtée : Je ne ſçay pas ſi nos Bourgeois prennent cette Arche pour l'Arche d'Alliance, je ſçay ſeulement que ſans elle ils ſeroient du vieux Teſtament : elle encherit en leur faveur au deſſus des forces de la Nature : Elle fait pour eux l'impoſſible, juſqu'à courir deux lieuës durant avec des jambes mortes qu'elle ne peut remuër. On diroit à la voir jallir en haut comme elle fait, qu'aprés avoir long-temps pouſſé contre le Globe de la terre qui peſoit ſur elle, s'en trouvant tout à coup déchargée, elle ne ſe peut plus retenir, & continuë en l'air malgré ſoy la ſecouſſe qu'elle s'étoit donnée : Mais d'où vient qu'à Rougis pour un peu de ſable qu'elle a dans les reins, elle n'urine que goute à goute, & que dans Arcueil où elle eſt atteinte de la pierre, elle piſſe par deſſus des Montagnes ? encores ce ne ſont là que des coups d'eſſay, elle fait bien d'autres miracles : elle ſe gliſſe éternellement hors de ſa peau, ſans jamais achever d'en ſortir; & plus ſçavante que les Docteurs de la faculté d'Hipocrate, tous les jours à Paris elle guerit d'un Regard plus de quatre cens mille alterez : elle ſe morfond à force de courir, elle s'enterre toute vive dans un tombeau pour vivre plus long-temps : n'est-ce point que sa beauté l'oblige à se cacher du Soleil de peur d'en être enlevée, ou que pour s'être entenduë cajoler au Village, elle devienne glorieuse qu'elle ne vueille plus marcher si on ne la porte ; je sçay bien que dans ce long bocal de pierre (où ne sçauroit même entrer un filet de lumiere) on ne peut pas dire qu'elle soit éventée ; & je sçay bien pourtant qu'elle n'est pas sage de passer par dessus des portes ouvertes : cependant peut-être que je la blâme à tort : car je parle de ce mole d'Architecture, sans sçavoir encore au vray ce que c'est : c'est possible une nuë petrifiée, un grand os dont la moüelle chemine, un Arc en-Ciel solide, qui puise de l'eau dans Arcueil pour la verser en cette Ville, en pâté de poisson qui a trop de sauce, une Nayade au lit qui a le cours de ventre, un Apoticaire de l'Université qui luy donne des Clisteres : enfin la Mere nourrice de toute une Ville, dont les Robinets sont les mammelles qu'elle luy presente à teter. Puis donc qu'une si longue prison la rend méconnoissable, allons un peu plus loin la voir au sortir du ventre de sa Mere : O Dieu !

qu'elle est gentille, qu'elle a l'air frais & la face unie : je l'entends qui gazoüille avec le gravier, & qui semble par ses begayemens, vouloir étudier la langue du pays : considerez-là de prés, ne la voyez vous pas qui se couche tout de son son long dans cette coupe de marbre ? elle repose & ne laisse pas de s'enfler sous l'égoût de sa source, comme si elle tâchoit de succer en dormant le tetin de sa Nourrice : au reste vous ne trouveriez pas auprés d'elle le moindre poisson, car la pauvre petite est encore trop jeune pour avoir des enfans : ce n'est pas toutefois manque de connoissance, elle a reçû avec le jour une lumiere naturelle & du bien & du mal, & pour vous le montrer, c'est qu'on ne l'approche jamais qu'elle ne fasse voir à l'œil la laideur ou la beauté de celuy qui la consulte. A son aage pourtant à cause que ses traits sont encore informes, on a de la peine à discerner si ce n'est point un jour de quatre pieds en quarré, ou bien un œil de la terre qui pleure : mais non, je me trompe, elle est trop vive pour ressembler à des choses mortes, c'est sans doute la Reyne des fontaines de ce pays, & son humeur royale se remarque en ce que par une liberalité toute extraordinaire, elle ne reçoit visite de personne qu'elle ne luy donne son portrait : en recompense elle a reçû du Ciel le don de faire des miracles; ce n'est pas une chose que j'avance pour ayder à son Panegyrique : approchez-vous du bord, & vous verrez qu'à l'exemple de cette Fontaine sacrée qui deïfioit ceux qui se beignoient, elle fait des corps sans matiere, les plonge dans l'eau sans les moüiller, & nous montre chez soy des hommes qui vivent sans aucun usage de respiration. Encore ne sont-ce là que des coups qu'elle fait en dormant : à peine a-t'elle reposé autant de temps qu'il en faut pour mesurer quatre ajambées, qu'elle part de son Hôtellerie, & ne s'arrête point qu'elle n'ait reçû de Paris un favorable Regard. Sa premiere visite c'est à Luxembourg si-tôt qu'elle est arrivée, elle se jette en terre, & va tomber aux pieds de son Altesse Royale, à qui par son murmure, elle semble demander en langage de ruisseau les Maisons où il plaît qu'elle s'aille loger, elle est venuë avec tant de hâte, qu'elle en est encore toute en eau : & pour n'avoir pas eu le loisir sur les chemins de mettre pied à terre, elle est contrainte jusques dans le Palais d'Orleans d'aller au bassin en presence de tout le monde.

Cependant elle a beau gronder à nos Robinets, & verser des torrens de larmes pour nous exciter à compassion de sa peine, l'ingratitude en ce temps est si prodigieuse, que les alterez luy font la mouë : quantité de Coquins luy donnent les Seaux, & tout le monde est ravy de la voir pisser sous elle ; l'un dit qu'elle est bien mal apprise de venir avec tant de hâte se loger parmy des Bourgeois pour leur pisser dans la bouche : l'autre que c'est en vain qu'elle marche avec tant de Pompe pour ne faire à Paris que de l'eau toute claire : ceux-cy disent, que son impudence est bien grande d'allonger le col de si loin à dessein de nous cracher au nez ; ceux-là, qu'elle est bien malade de ne pouvoir tenir son eau : Enfin il n'est pas jusqu'à ceux qui font semblant de la baiser, qui ne luy montre les dents. Pour moy je m'en lave les mains, car j'ay devant les yeux trop d'exemples de la punition des yvrognes qui la méprisent : La Nature même, qui est la Mere de cette belle fille, a ce semble eu si peur que quelque chose ne manquât aux pompes de sa reception, qu'elle a donné à tous les hommes un Palais pour la recevoir, mais cette belle n'abuse point des honneurs qu'on luy fait : au contraire, à peine est-elle arrivée à Paris, que pour les fatigues d'une trop longue course, se sentant à l'extrêmité, & prévoyant sa fin, elle court à Saint Cosme, Saint Benoist, & Saint Severin, pour obtenir leur benediction. Voilà tout ce que je puis dire à la loüange de ce bel Aqueduc & de son Hôtesse ma bonne amie : ça donc qui veut de l'eau, en voulez-vous, Messieurs, je vous la garantis de fontaine sur la vie ; & puis vous sçavez que je suis,

Vôtre Serviteur.

AVTRE,
SUR L'OMBRE
que faisoient des Arbres dans l'Eau.

LETTRE VII.

MONSIEUR,

Le ventre couché sur le gason d'une riviere, & le dos étendu sous des branches d'un Saule qui se mire dedans, je voy renouveller aux Arbres l'histoire de Narcisse : cent Peupliers precipitent dans l'onde cent autres Peupliers, & ces aquatiques ont été tellement épouventez de leur cheute, qu'ils tremblent encore tous les jours du vent qui ne les touche pas : je m'imagine que la nuit ayant noircy toutes choses, le Soleil les plonge dans l'eau pour les laver : mais que diray-je de ce miroir fluide, de ce petit monde renversé, qui place les Chesnes au dessous de la mousse, & le Ciel plus bas que les Chesnes : Ne sont-ce point de ces vierges de jadis metamorphosées en arbres, qui desesperées de sentir encore violer leur pudeur par les baisers d'Apollon, se precipitent dans ce fleuve la tête en bas : Ou n'est-ce point qu'Apollon luy-même offensé qu'elles ayent osé proteger contre luy la fraîcheur, les ait ainsi penduës par les pieds ? Aujourd'huy le poisson se promene dans les bois, & des forests entieres sont au milieu des eaux sans se moüiller : un vieil Orme entr'autres vous feroit rire qui s'est couché jusques dessus l'autre bord, afin que son image prenant la même posture, il fit de son corps & de son portrait un hameçon pour la pesche : l'onde n'est pas ingrate de la visite que ces Saules luy rendent ; elle a percé l'Univers à jour de peur que le vase de son lit ne souillât leurs rameaux, & non contente d'avoir formé du cristal avec de la bourbe, elle a voûté des Cieux & des Astres par dessous, afin qu'on ne pût dire que ceux qui l'étoient venus voir, eussent perdu le jour qu'ils avoient quitté pour elle : Maintenant nous pouvons baisser les yeux au Ciel, & par elle le jour se peut vanter que tout foible qu'il est à quatre heures de matin, il a pourtant la force de precipiter le Ciel dans des abîmes : mais admirez l'empire que la basse region de l'ame exerce sur la haute, aprés avoir découvert que tout ce miracle n'est qu'une imposture des sens, je ne puis encore empêcher ma vûë de prendre au moins ce Firmament imaginaire pour un grand lac sur qui la terre flote ; le Rossignol qui du haut d'une branche se regarde dedans, croit être tombé dans la Riviere : Il est au sommet d'un Chesne, & toutesfois il a peur de se noyer ; mais lors qu'aprés s'être affermy de l'œil & des pieds, il a dissipé sa frayeur, son portrait ne luy paroissant plus qu'un rival à combattre, il gazoüille, il éclate, il s'égosille, & cét autre Rossignol, sans rompre le silence, s'égosille en apparence comme luy, & trompe l'ame avec tant de charmes, qu'on se figure qu'il ne chante que pour se faire oüir de nos yeux, je pense même qu'il gazoüille du geste, & ne pousse aucun son dans l'oreille, afin de répondre en même temps à son ennemy, & pour n'enfraindre pas les loix du Païs, dont le peuple est muet, la Perche, la Dorade, & la Truite qui le voyent ne sçavent si c'est un Poisson vétu de plumes, ou si c'est un Oyseau dépoüillé de son corps ; elles s'amassent autour de luy, le considerent comme un Monstre, & le Brochet (ce Tyran des Rivieres) jaloux de rencontrer un Estranger sur son Trône, le cherche en le trouvant, le touche & ne le peut sentir : court aprés luy au milieu de luy-même, & s'étonne de l'avoir tant de fois traversé sans le blesser. Moy-même, j'en demeure tellement consterné, que je suis contraint de quitter ce tableau. Je vous prie de suspendre sa condamnation, puis qu'il est mal aisé de juger d'une ombre ; car quand mes antousiasmes auroient la reputation d'être fort éclairez, il n'est pas impossible que la lumiere de celuy-cy soit petite, ayant été prise à l'ombre ; & puis, quelle autre chose pourrois-je ajoûter à la description de cette Image enluminée, sinon que c'est un rien visible, un cameleon spirituel, une nuit que la nuit fait mourir, un procez des yeux & de la raison, une privation de clarté que la clarté met au jour ; enfin que c'est un esclave qui ne manque non plus à la matiere, qu'à la fin de mes Lettres,

Vôtre Serviteur.

DESCRIPTION D'UN CYPREZ.
LETTRE VIII.

MONSIEUR,

J'avois envie de vous envoyer la description d'un Cyprez ; mais je ne l'ay qu'ébauchée, à cause qu'il est si pointu, que l'esprit même ne sçauroit s'y asseoir : sa couleur & figure me font souvenir d'un Lezard renversé qui picque le Ciel en mordant la terre. Si entre les Arbres il y a comme entre les Hommes, difference des métiers, à voir celuy-cy chargé d'halaînes au lieu de feüilles, je croy qu'il est le Cordonnier des Arbres. Je n'ose quasi pas même approcher mon imagination de ses éguilles, de peur de me piquer de trop écrire : de vingt mille lances il n'en fait qu'une sans les unir. On diroit d'une fleche que l'Univers revolté darde contre le Ciel, ou d'un grand clou dont la Nature attache l'empire des vivans à celuy des morts, cét Obelisque, cét Arbre dragon, dont la queuë est à la tête, me semble une Piramide bien plus commode que celle de Mausolée : car au lieu qu'on portoit les Trépassez dans celle-là, on porte celle-cy à l'enterrement des Trépassez : Mais je prophane l'avanture du jeune Cyrapisse, les amours d'Apollon, de luy faire joüer des personnages indignes de luy dans le monument, ce pauvre metamorphosé se souvient encore du Soleil : il creve sa sepulture & s'éguise en montant, afin de percer le Ciel pour se joindre plûtôt à son amy : il y seroit déja sans la Terre, sa Mere qui le retient par le pied. Phœbus en fait en recompense un de ses vegetaux, à qui toutes les saisons portent respect. Les chaleurs de l'Eté n'osent l'incommoder, comme étant le mignon de leur Maître, les gelées de l'Hyver l'apprehendent comme la chose du Monde la plus funeste : de sorte que sans couronner le front des Amans, ny des

Vainqueurs, il n'eſt non plus obligé que le Laurier ou le Myrrhe, de ſe décoëffer quand l'année luy dit Adieu: Les Anciens même qui connoiſſoient cét Arbre pour le ſiege de la Parque, le traînoient aux funerailles, afin d'intimider la mort par la crainte de perdre ſes meubles. Voilà ce que je vous puis mander du tronc & des bras de cét Arbre : je voudrois bien achever par le ſommet, afin de finir par une pointe : mais je ſuis ſi mal-heureux que je ne trouverois pas de l'eau dans la mer. Je ſuis deſſus une pointe, & je ne la puis voir, à cauſe poſſible qu'elle m'a crevé les yeux : conſiderez je vous prie, comme pour échapper ma penſée, elle s'aneantit en ſe formant, elle diminuë à force de croître ; & je dirois que c'eſt une riviere fixe qui coule dans l'air, ſi elle ne s'étreciſſoit à meſure qu'elle che-mine, & s'il n'étoit plus probable de penſer que c'eſt une pique allumée dont la flamme eſt verte : ainſi je force le Cyprés, cét Arbre fatal qui ne ſe plaiſt qu'à l'ombre des tombeaux ; de ſe re-preſenter du feu, car c'eſt bien la raiſon qu'il ſoit au moins une fois de bon pre-ſage, & que par luy, je me ſouvienne tous les jours, quand je le verray, qu'il a été cauſe en me fourniſſant matiere d'une Lettre, que j'ay eu l'honneur de me dire pour finir,

MONSIEUR,

Vôtre Serviteur.

DESCRIPTION D'UNE TEMPESTE.
LETTRE IX.

MONSIEUR,

Quoy que je sois icy couché fort mollement, je n'y suis pas fort à mon aise ; plus on me berce, moins je dors : Tout au tour de nous les Côtes gemissent du choc de la tourmente : la Mer blanchit de courroux, le vent sifle contre nos cables : l'eau seringue du Sel sur nôtre Tillac, & cependant, l'Ancre & les Voilles sont levées : Déja les Litanies des passagers se mêlent aux blasphêmes des Matelots ; nos vœux sont entrecoupez de hoquets, Ambassadeurs tres-certains d'un degobillis tres-penible : Bon Dieu ! nous sommes attaquez de
toute

toute la Nature : il n'est pas jusqu'à
nôtre cœur qui ne se soûleve contre
nous ; la Mer vomit sur nous, & nous
vomissons sur elle ; Une seule vague
quelquefois nous envelope si generalement, que qui nous contempleroit du
rivage prendroit nôtre Vaisseau pour une
Maison de verre où nous sommes enchassez, l'eau semble exprés se bossuer
pour nous faire un Tableau du Cimetiere : & quand je prête un peu d'attention,
je m'imagine discerner (comme s'ils
portoient de dessous l'Occean) parmy
les effroyables mugissemens de l'Onde,
quelques versets de l'Office des Morts :
Encore l'eau n'est pas nôtre seule partie :
le Ciel a si peur que nous échapions,
qu'il assemble contre nous un bataillon
de Metheores : Il ne laisse pas un Atome
de l'air qui ne soit occupé d'un boulet de
grêle ; les Cometes servent de torches à
celebrer nos funerailles ; tout l'Horison
n'est plus qu'un grand morceau de fer
rouge ; les Tonnerres temissent l'oüie
par l'aigre imagination d'une piece de
Camelot qu'on déchire, & l'on diroit à
voir la nuë sanglante & grosse comme
elle est, qu'elle va ébouler sur nous,
non la foudre, mais le Mont-Æthna
tout entier. O ! Dieu sommes nous tant

C

de chose pour avoir excité de la jalousie entre les Elemens, à qui nous perdra le premier : C'est donc à dessein que l'eau va jusques aux mains de Jupiter, étendre la flâme des éclairs; pour arracher au feu l'honneur de nous avoir brûlé ; mais non contente de cela, nous faisans engloutir aux abîmes qu'elle creuse dans son sein, comme elle voit nôtre Vaisseau tout proche de se casser contre un écüeil, elle se jette vîtement dessous, & nous releve de peur que cét autre Element ne participe à la gloire quelle prétend toute seule. Ainsi nous avons le creve-cœur de voir disputer à nos ennemis l'honneur d'une défaite, où nos vies seront les dépoüilles ; elle prend bien quelquefois la hardiesse, l'insolente, de foüiller avec son écume l'azur du Firmament, & de nous porter si haut entre les Astres, que Jason peut penser que c'est le Navire Argo qui commence un second voyage : puis dardez que nous sommes, jusqu'au sablon de son lit, nous rejalissons à la lumiere d'un tour de main si prompt, qu'il n'y en a pas un de nous qui ne croye quand nôtre Nef est remontée, qu'elle a passé à travers la masse du Monde sur la mer

Description d'une Tempête.

de l'autre côté : Helas où sommes-nous, l'impudence de l'orage ne pardonne pas même au nid des Alcions : les Baleines sont étouffées dans leur propre Element : la Mer essaye à nous faire un couvre-chef de nôtre Chaloupe : Il n'y a que le Soleil qui ne se mêle point de cét assassinat : la Nature l'a bandé d'un torchon de grosses nuées, de peur qu'il ne le vît, ou bien c'est que ne voulant pas participer à cette lâcheté, & ne la pouvant empêcher, il est au bord de ces Rivieres volantes, qui s'en lave les mains : ô ! Vous toutefois à qui j'écris, sçachez qu'en me noyant je bois ma faute, car je serois encore à Paris plein de santé, si quand vous me commandâtes de suivre toûjours le plancher des Vaches, j'eusse été,

MONSIEUR,

Vôtre obeïssant Serviteur.

POUR UNE DAME ROUSSE.
LETTRE X.

MADAME,

Je sçay bien que nous vivons dans un Païs où les sentimens du vulgaire sont si déraisonnables, que la couleur Rousse, dont les plus belles chevelures sont honorées ; ne reçoit que beaucoup de mépris : mais je sçay bien aussi que ces stupides qui ne sont animez que de l'écume des ames raisonnables ne sçauroient juger comme il faut des choses excellentes, à cause de la distance qui se trouve entre la bassesse de leur esprit, & la sublimité des ouvrages dont ils portent jugement sans les connoître ; mais qu'elle que soit l'opinion mal saine de ce monstre à cent têtes, permettez que je parle de vos divins cheveux comme un homme d'esprit : Lumineux dégorgement de l'essence du plus beau des estres visibles, intelligente reflexion du feu radical de la Nature, Image du Soleil la mieux travaillée, je ne suis point si brutal de méconnoître pour ma Reyne, la fille de celuy que mes peres ont connu pour leur Dieu. Athenes pleura sa Couronne tombée sous les Exemples abbatus d'Apollon ; Rome cessa de commander à la Terre, quand elle refusa de l'encens à la lumiere ; & Bisance est entrée en possession de mettre aux fers le Genre humain, aussi-tôt qu'elle a pris pour ses armes celles de la Sœur du Soleil. Tant qu'à cét esprit universel Perse fit hommage du rayon qu'il tenoit de luy, quatre mil ans n'ont pû vieillir la jeunesse de sa Monarchie : mais sur le point de voir briser ses Simulacres, il se sauva dans Pequin des outrages de Babylone. Il semble maintenant échauffer à regret d'autres terres que celles des Chinois. Et j'apprehende qu'il ne se fixe dessus leur Hemisphere, s'il peut un jour s'en venir à nous leur donner les quatre saisons. La France toutefois MADAME, a des mains en vôtre visage qui ne sont pas moins fortes que les mains de Josué pour l'enchaîner; Vos triomphes ainsi que les Victoires de ce Heros, sont trop illustres pour être cachez de la nuit : il manquera plûtôt de promesse à l'homme, qu'il ne se tienne toûjours en lieu, d'où il puisse contempler à son aise l'ouvrage de ses ouvrages le plus parfait: Voyez comme par son amour l'Été dernier, il échauffa les signes d'une ardeur si longue & si vehemente, qu'il en pensa brûler la moitié de ses maisons, & sans consulter l'Almanach, nous n'avons pû jamais distinguer l'Hyver de l'Automne pour sa benignité, à cause qu'impatient de vous recevoir, il n'a pû se resoudre à continuër son voyage jusqu'au Tropique, ne pensez point que ce discours soit une Hyperbole. Si jadis la beauté de Climene l'a fait décendre du Ciel, la beauté de M..... est assez considerable pour le faire un peu détourner de son chemin: l'égalité de vos gages, la conformité de vos corps, la ressemblance peut-être de vos humeurs, peuvent bien r'allumer en luy ce beau feu. Mais si vous êtes fille du Soleil, adorable Alexie, j'ay tort de dire que vôtre Pere soit amoureux de vous: Il vous aime veritablement, & la passion dont il s'inquiette pour vous, est celle qui luy fit soûpirer le mal-heur de son Phaëton, & de ses Sœurs, non pas celle qui luy fit répandre des larmes à la mort de Daphné. Cét ardeur dont il brûle pour vous, est l'ardeur dont il brûla jadis tout le Monde;

non pas celle dont il fut luy-même brûlé. Il vous regarde tous les jours avec les frissons & les tendresses que luy donne la memoire du desastre de son fils aîné : Il ne voit sur la terre que vous où il se reconnoisse ; s'il vous considere marcher, voilà, dit-il, la genereuse insolence dont je marchois contre le Serpent Python : s'il vous entend discourir sur des matieres délicates, c'est ainsi que je parle, dit-il, sur le Parnasse avec mes Sœurs : enfin ce pauvre Pere ne sçait en quelle façon exprimer la joye que luy cause l'imagination de vous avoir engendrée : Il est jeune comme vous, vous êtes belle comme luy, son temperament & le vôtre sont tout de feu : Il donna la vie & la mort aux hommes, & vos yeux comme les siens font la même chose comme luy, vous avez les cheveux Roux : J'en étois là de ma Lettre, adorable M........ lors qu'un Censeur à contre-sens m'arracha la plume, & me dit que c'étoit mal se prendre au Panegyrique, de loüer une jeune personne de beauté, parce qu'elle étoit rousse : Moy ne pouvant punir cét orgueilleux plus sensiblement que par le silence : Je pris une autre plume, & continué ainsi. Une belle tête sous une Perruque rousse n'est autre chose que le Soleil au milieu de ses rayons, ou le Soleil luy-même n'est autre chose qu'un grand œil sous la Perruque d'une rousse : cependant tout le monde en médit à cause que peu de monde à la gloire de l'être ; & cent femmes à peine en fournissent une, parce qu'étant envoyez du Ciel pour commander, il est besoin qu'il y ait plus de sujets que de Seigneurs : Ne voyons-nous pas que toutes choses en la Nature, sont ou plus ou moins nobles, selon qu'elles sont ou plus ou moins rousses : Entre les Elemens celuy qui contient le plus d'essence & le moins de matiere, c'est le feu, à cause de sa rousse couleur : l'or a reçû de la beauté de sa teinture, la gloire de regner sur les métaux : & de tous les Astres le Soleil n'est le plus considerable, que parce qu'il est le plus roux : Les Cometes chevelus qu'on voit voltiger au Ciel à la mort des grands hommes, sont-ce pas les rousses moustachez des Dieux qu'ils s'arrachent de regret ? Castor & Pollux ces petits feux qui font prédire aux Matelots la fin de la Tempête, peuvent-ils être autre chose que les cheveux roux de Junon qu'elle envoye à Neptune en signe d'amour ? enfin sans le desir qu'eurent les hommes de posseder la

Toison d'une Brebis rousse, la gloire de trente Demy-Dieux seroit au berceau des choses qui ne sont pas nées ; & (un Navire n'étant encore qu'un estre de raison) Americ ne nous auroit pas conté que la terre à quatre parties. Apollon, Venus, & l'Amour, les plus belles divinitez du Pantheon sont rousses en cramoisy ; & Jupiter n'est brun que par accident, à cause de la fumée de son foudre, qui l'a noircy. Mais si les exemples de la Mithologie ne satisfont pas les ahourtez qu'ils confrontent l'Histoire. Sanson qui tenoit toute sa force penduë à ses cheveux, n'avoit-il pas reçû l'energie de son miraculeux estre dans le roux coloris de sa Perruque ; les Destins n'avoient-ils pas attaché la conservation de l'Empire d'Athenes, à un seul cheveu rouge de Nisus ? Et Dieu n'eût-il pas envoyé aux Ethyopiens la lumiere de la Foy, s'il eût trouvé parmy eux seulement un Rousseau ; On ne douteroit point de l'éminente dignité de ces personnes-là, si l'on consideroit que tous les hommes qui n'ont point été faits d'hommes, & pour l'ouvrage de qui Dieu luy-même a choisi & petry la matiere, ont toûjours été Rousseaux. Adam qui creé par la main de Dieu même devoit être le plus accomply des hommes, fut Rousseau : & toute Philosophie bien correcte doit apprendre que la Nature qui tend au plus parfait, essaye toûjours en formant un homme, de former un Rousseau : de même qu'elle aspire à faire de l'or en faisant du Mercure ; car quoy qu'elle rencontre un Archer n'est pas estimé mal adroit, qui lâchant trente fléches, en adresse cinq ou six au but : comme le temperament le mieux balancé, est celuy qui fait le milieu du flegme & de la melancolie ; il faut être bien-heureux pour frapper justement un point indivisible : au deçà sont les blonds, & delà sont les noirs : c'est-à-dire, les volages & les opiniâtres, entre deux est le milieu où la Sagesse en faveur des Rousseaux a logé la vertu ; aussi leur chair est bien plus delicate, le sang plus subtil, les esprits plus épurez & intellect, par consequent plus achevé à cause du mélange parfait des quatre qualitez ; c'est la raison qui fait que les Rousseaux blanchissent plus tard que les noirs, comme si la Nature se fâchoit de détruire ce qu'elle a pris plaisir à faire ; En verité je ne vois jamais de chevelure blonde, que je ne me souvienne d'une touffe de filasse mal habillée : mais je veux que les femmes blondes quand elles sont jeunes soient agreables, ne semble-t'il pas si-tôt que leurs jouës commencent à cotonner que leur chair se divise par filamens pour leur faire une barbe : je ne parle point des barbes noires, car on sçait bien que si le diable en porte, elle ne peut être que fort brune. Puis donc que nous avons tous à devenir esclaves de la beauté, ne vaut-il pas bien mieux que nous perdions nôtre franchise dessous des chaînes d'or, que sous des cordes de chanvre, ou des entraves de fer ? Pour moy tout ce que je souhaite, ô ma belle M........ est qu'à force de promener ma liberté dedans ces petits labyrinthes d'or, qui vous servent de cheveux, je l'y perde bien-tôt, & tout ce que je souhaite, c'est de ne la jamais recouvrer quand je l'auray perduë Voudriez-vous bien me promettre que ma vie ne sera point plus longue que ma servitude ; Et que vous ne serez point fâchée que je me die jusqu'à la mort,

MADAME,

Vôtre je ne sçay quoy,

AVTRE,
LE CAMPAGNARD,
LETTRE XI.

MONSIEUR,

J'ay trouvé le Paradis d'Edem, j'ay trouvé l'âge d'or, j'ay trouvé la jeunesse perpetuelle ; enfin j'ay trouvé la Nature au maillot, on rit icy de tout son cœur ; nous sommes grands Cousins le Porcher du Village & moy ; & toute la Paroisse m'assure que j'ay la mine, avec un peu de travail, de bien chanter un jour au Lutrin ; ô Dieux ! un Philosophe comme vous peut-il proferer au repos d'une si agreable retraite, la vanité, les chàgrins, & les embarras de la Cour : Ha ! Monsieur, vous sçaurez qu'un Gentil-homme champêtre est un Prince inconnu, qui n'entend parler du Roy qu'une fois l'année, & ne le connoît que par quelque vieux cousinage ; & si de la Cour où vous êtes, vous aviez des yeux assez bons pour appercevoir jusques icy ce gros Garçon qui garde vos Codindes, le ventre couché sur l'herbe, ronfler paisiblement un somme de dix heures tout d'une piece, se guerir d'une fiévre ardante en devorant un quartier de lard jaune, vous confesseriez que la douceur d'un repos tranquille, ne se goûte point sous les lambris dorez. Revenez donc, je vous prie à vôtre solitude : pour moy je pense que vous en avez perdu la memoire : oüi sans doute, vous l'avez perduë : Mais en verité reste-il encore quelque sombre idée dans vôtre souvenir de ce Palais enchanté dont vous vous êtes banny ? ha! je vois bien que non, il faut que je vous en envoye le Tableau dans ma Lettre : Ecoutez-le donc, le voicy, car c'est un Tableau qui parle. On rencontre à la porte de la Maison une Etoile de cinq avenuës, tous les Chesnes qui la composent font admirer avec extase l'énorme hauteur de leurs cimes en élevant les yeux depuis la racine jusqu'au faiste, puis les précipitant du sommet jusques aux pieds, on doute si la terre les porte, ou si eux-mêmes ne portent point la terre penduë à leurs racines, vous diriez que leur front orgueilleux plie comme par force sous la pesanteur des globes celestes, dont ils ne soûtiennent la charge qu'en gemissant. Leurs bras étendus vers le

AVTRE,
LE CAMPAGNARD,
LETTRE XI.

MONSIEUR,

J'ay trouvé le Paradis d'Edem, j'ay trouvé l'âge d'or, j'ay trouvé la jeuneſſe perpetuelle; enfin j'ay trouvé la Nature au maillot, on rit icy de tout ſon cœur; nous ſommes grands Couſins le Porcher du Village & moy; & toute la Paroiſſe m'aſſure que j'ay la mine, avec un peu de travail, de bien chanter un jour au Lutrin; ô Dieux! un Philoſophe comme vous peut-il proferer au repos d'une ſi agreable retraite, la vanité, les chàgrins, & les embarras de la Cour: Ha! Monſieur, vous ſçaurez qu'un Gentil-homme champêtre eſt un Prince inconnu, qui n'entend parler du Roy qu'une fois l'année, & ne le connoît que par quelque vieux couſinage; & ſi de la Cour où vous êtes, vous aviez des yeux aſſez bons pour appercevoir juſques icy ce gros Garçon qui garde vos Codindes, le ventre couché sur l'herbe, ronfler paisiblement un somme de dix heures tout d'une piece, se guerir d'une fiévre ardante en devorant un quartier de lard jaune, vous confesseriez que la douceur d'un repos tranquille, ne se goûte point sous les lambris dorez. Revenez donc, je vous prie à vôtre solitude: pour moy je pense que vous en avez perdu la memoire: oüi sans doute, vous l'avez perduë: Mais en verité reste-il encore quelque sombre idée dans vôtre souvenir de ce Palais enchanté dont vous vous êtes banny? ha! je vois bien que non, il faut que je vous en envoye le Tableau dans ma Lettre: Ecoutez-le donc, le voicy, car c'est un Tableau qui parle. On rencontre à la porte de la Maison une Etoile de cinq avenuës, tous les Chesnes qui la composent font admirer avec extase l'énorme hauteur de leurs cimes en élevant les yeux depuis la racine jusqu'au faiste, puis les précipitant du sommet jusques aux pieds, on doute si la terre les porte, ou si eux-mêmes ne portent point la terre penduë à leurs racines, vous diriez que leur front orgueilleux plie comme par force sous la pesanteur des globes celestes, dont ils ne soûtiennent la charge qu'en gemissant. Leurs bras étendus vers le

Ciel, semblent en l'embrassant demander aux Etoiles la benignité toute pure de leurs influences, & les recevoir auparavant qu'elles ayent rien perdu de leur innocence au lit des Elemens; là de tous côtez les fleurs sans avoir eu d'autre Jardinier que la Nature, respirent une haleine sauvage qui réveille & satisfait l'odorat, la simplicité d'une Rose sur l'Eglantier, & l'azur éclatant d'une violette sous des ronces, ne laissant point de liberté pour le choix, font juger qu'elles sont toutes deux plus belles l'une que l'autre. Là le Primtemps compose toutes les saisons, là ne germe point de plantes venimeuse que sa naissance aussi-tôt ne trahisse sa conservation, là les ruisseaux racontent leurs voyages aux cailloux, là mille petites voix emplumées font retenir la Forest au bruit de leurs Chansons, & la tremoussante assemblée de ces gorges melodieuses est si generale, qu'il semble que chaque feüille dans les bois ait pris la figure & la langue du Rossignol, tantôt vous leur oyez chatoüiller un Concert, tantôt traîner & faire languir leur musique, tantôt passionner une Elegie par des soûpirs entre-coupez, & puis amolir l'éclat de leurs sons pour exciter plus tendrement la pieté, tantôt auſſi reſſuſciter leur harmonie, & parmy les roulades, les fugues, les crochets & les éclats, rendre l'ame & la voix tout enſemble. Echo même y prend tant de plaiſir, qu'elle ſemble ne repeter leurs airs que pour les apprendre ; & les ruiſſeaux jaloux de leur muſique, grondent en fuyant, irritez de ne le pouvoir égaler. A côté du Château ſe découvre deux promenoirs, dont le gaſon vert & contigu, forme une émeraude à perte de vûë : le mélange confus des couleurs que le Printemps attache à cent petites fleurs, égare les nuances l'une de l'autre, & leur teint eſt ſi pur qu'on juge bien qu'elles ne courent ainſi après elles-mêmes que pour échapper aux amoureux baiſers les vents qui les careſſent. On prendroit maintenant cette Prairie pour une mer fort calme, mais aux moindres Zéphirs qui ſe preſentent pour y folâtrer, ce n'eſt plus qu'un ſuperbe Occean, coupé de vagues & de flots, dont le viſage orgueilleuſement renfrogné, menace d'engloutir ces petits temeraires. Mais parce que cette mer n'offre point de rivage, l'œil comme épouventé d'avoir couru ſi loin ſans découvrir le bord, y envoye vîtement la pensée, & la pensée doutant encore que ce terme qui finit ses regards ne soit celuy du monde, veut quasi nous persuader que des lieux si charmans auront forcé le Ciel de se joindre à la terre. Au milieu d'un tapis si vaste & si parfait, court à boüillons d'argent, une fontaine rustique qui voit les bords de son lit émaillé de Jassemins, d'Orangers & de Mirthes, & ces petites fleurs qui se pressent tout à l'entour, font croire qu'elles disputent à qui se mirera la premiere : A considerer sa face jeune & polie comme elle est, qui ne montre pas la moindre ride, il est bien aisé de juger qu'elle est encore dans le sein de sa Mere, & les grands cercles dont elle se lie, & s'entortille en revenant tant de fois sur soy-même, témoignent que c'est à regret qu'elles se sont obligées de sortir de sa maison natale : mais j'admire sur toutes choses sa pudeur ; quand je vois que comme si elle étoit honteuse de se voir caresser si proche de sa Mere, elle repousse avec murmure les mains audacieuses qui la touche. Le Voyageur qui s'y vient rafraîchir, courbant sa tête dessous l'onde, s'étonne qu'il soit grand jour sur son Horison, pendant qu'il voit le Soleil aux Antipotes, & ne se panche jamais sur le bord, qu'il n'ait peur de tomber aux Firmament: Je me laisserois choir avec cette Fontaine au ventre de l'Etang qui la devore, mais il est si vaste & si profond, que je doute si mon imagination s'en pourroit sauver à nage: j'obmettray les autres particularitez de vôtre petit Fontaine-bleau, puis qu'autre-fois elles vous ont charmé comme moy, & que vous les connoissez encore mieux: mais sçachez cependant que je vous y montreray quelque chose qui sera nouveau, même aux intentions de vôtre Peintre: Resoluez-vous donc une bonne fois à vous dépetrer des embarras de Paris: vôtre Concierge vous aime tant, qu'il jure de ne point tuer son grand Cochon que vous ne soyez de retour, il promet bien de vous faire dépoüiller cette gravité dont vous morguez les gens avec vos illustres emplois: hier au soir il nous disoit à table, aprés avoir un peu trinqué, que si vous luy parliez par tu, il vous répondroit par toy: & n'en doutez point, puis qu'il eut la hardiesse de me soûtenir que j'étois un sot, de ce moy qui ne suis point à vos gages je me disois,

MONSIEUR,

Vôtre obeïssant
Serviteur.

AUTRE,
POUR
LES SORCIERS
LETTRE XII.

MONSIEUR,

Il m'est arrivé une si étrange avanture depuis que je n'ay eu l'honneur de vous voir, que pour y ajoûter foy, il en faut avoir beaucoup plus, que ce personnage qui par la force de la sienne, transporta des Montagnes. Afin donc de commencer mon Histoire, vous sçaurez qu'hier lassé sur mon lit, de l'attention que j'avois prêtée à ce sot Livre que vous m'aviez autrefois tant vanté ; je sortis à la promenade pour dissiper les sombres & ridicules imaginations dont le noir galimatias de sa science m'avoit remply ; & comme je m'efforçois à dépendre ma pensée de la memoire de ses contes obscurs, m'étant enfoncé dans vôtre petit bois aprés un quart d'heure ce me semble de chemin, j'apperçûs un manche de baley qui se vint mettre entre mes jambes & à califourchon, bon gré malgré que j'en eusse : & je me sentis envoler par les vagues de l'air : Or sans me souvenir de la route de mon enlevement, je me trouvay sur mes pieds au milieu d'un desert où ne se rencontroit aucun sentier ; je repassay cent fois sur mes brisées, mais cette solitude m'étoit un nouveau Monde, je resolus de penetrer plus loin ; mais sans appercevoir aucun obstacle, j'avois beau pousser contre l'air, mes efforts ne me faisoient rencontre par tout que l'impossibilité de passer outre : à la fin fort harassé, je tombé sur mes genoux, & ce qui m'étonna davantage, ce fut d'avoir passé en un moment de midy à minuit ; je voyois les Etoiles luire au Ciel avec un feu bluetant, la Lune étoit en son plein, mais beaucoup plus pâle qu'à l'ordinaire : Elle éclipsa trois fois, & trois fois devala de son cercle, les vents étoient paralitiques, les fontaines étoient muetes, les Oyseaux avoient oublié leur ramage, les poissons se croyoient enchassez dans du verre, tous les animaux n'avoient de mouvement que ce qui leur en faloit pour trembler, l'horreur d'un silence effroyable, qui regnoit pour tout

& par tout la Nature, sembloit être en suspend de quelque grand avanture, je mêlois ma frayeur à celle dont la face de l'Horison paroissoit agitée ; quand au clair de la Lune, je vis sortir du fond d'une Caverne, un grand & venerable Vieillard vêtu de blanc, le visage basané, les soucils touffus & relevez, l'œil effrayant, la barbe renversée par dessus les épaules ; il avoit sur la tête un Chapeau de Verveine, & sur le dos une ceinture tissuë du foürgere de May, fait en tresses. A l'endroit du cœur, étoit attachée sur sa robe une Chauve-Souris à demy morte, & autour du col un Carcan chargé de sept differentes pierres précieuses, dont chacune portoit le caractère du Planete qui le dominoit, ainsi mysterieusement habillé, portant à la main gauche un Vase fait en triangle plein de rosée, & de la droite une houssine de Sureau en sceve, dont l'un des bouts étant ferré d'un mélange de tous les métaux, l'autre servoit de manche à un petit encensoir : Il baisa le pied de sa grote, puis aprés s'être déchaussé, & arraché en gromelant certains mots du creux de la poitrine, il aborda le couvert d'un vieux Chesne à reculons, à quatre pas duquel il creusa trois cernes l'un dans l'autre : & la terre obéïssante aux ordres du Negromantien, prenoit elle-même en frémissant les figures qu'il vouloit y tracer. Il y grave les noms des Intelligences, tant du Siecle que de l'Année, de la Saison, du Mois, de la Semaine, du jour & de l'heure, de même ceux de leurs Roys, avec leurs chiffres differens chacun en sa place propre, & les encensa tous chacun avec leurs ceremonies particulieres. Cecy achevé il posa son Vase au milieu des cercles, le découvrit, mit le bout pointu de sa baguette entre ses dents, se coucha la face tournée vers l'Orient, & puis il s'endormit. Environ au milieu de son sommeil, j'apperçûs tomber dans le Vase cinq graines de Fougere. Il les prit toutes quand il fut éveillé, en mit deux dans ses oreilles, une dans sa bouche, l'autre qu'il replongea dans l'eau, & la cinquiéme il la jetta hors des cercles : Mais à peine celle-là fut-elle partie de sa main, que je le vis environné de plus d'un million d'animaux de mauvais augure, tant d'insectes que de parfaits. Il toucha de sa baguette un Chat-huant, un Renard & une Taupe, qui aussi-tôt entrerent dans les cernes, en jettant un formidable cry. Avec un coûteau d'airain, il leur fendit l'estomach, puis leur ayant arraché le cœur, & envelopé chacun dans trois feüilles de Laurier, il les avala. Il separa le foye, qu'il espreignit dans un vaisseau de figure exagonne : cela finy il recommença les suffumigations. Il mêla la rosée & le sang dans un bassin, y trempa un Gand de Parchemin Vierge qu'il mit à sa main droite, & aprés quatre ou cinq heurlemens horribles, il ferma les yeux, & commença les invocations.

Il ne remuoit presque point les levres, j'entendois neanmoins dans sa gorge un broüissement comme de plusieurs voix entremêlées. Il fut élevé de terre à la hauteur d'une palme, & de fois à d'autres, il attachoit fort attentivement la vûë sur l'ongle indice de sa main gauche. Il avoit le visage enflammé & se tourmentoit fort ; ensuite de plusieurs contorsions épouventables, il chut en gemissant sur ses genoux, mais aussi-tôt qu'il eut articulé trois paroles d'une certaine oraison, devenu plus fort qu'un homme, il soûtint sans vaciller les monstrueuses secousses, d'un vent épouventable, qui souffloit contre luy ; tantôt par bouffées, tantôt par tourbillons, ce vent sembloit tâcher le faire sortir des cernes ; aprés ce signe, les trois ronds tournerent sans luy ; cét autre fut suivy d'une grêle rouge comme du sang, & celuy-cy fit encore place à un quatriéme beaucoup plus effroyable. C'étoit un torrent de feu, qui broüissoit en tournant, & se divisoit par globes, dont chacun se fendoit en éclats, avec un grand coup de tonnerre. Il fut le dernier, car une belle lumiere blanche & claire, dissipa ces tristes Meteores. Tout au milieu parut un jeune homme, la jambe droite sur un Aigle, l'autre sur un Linx, qui donna au Magicien trois phioles pleines de je ne sçay quelle liqueur. Le Magicien luy presenta trois cheveux, l'un pris au devant de sa tête, les deux autres aux tempes, il fut frappé sur l'épaule d'un petit bâton que tenoit le Fantôme, & puis tout disparut. Ce fut alors que les Etoiles blesmies, à la venuë du Soleil, s'unirent à la couleur des Cieux. Je m'allois remettre en chemin pour trouver mon Village : mais sur ces entrefaites, le Sorcier m'ayant envisagé, s'aprocha du lieu où j'étois. Encore qu'il cheminât à pas lents, il fut plûtôt à moy que je ne l'apperçûs bouger. Il étendit sous ma main une main si froide, que la mienne en demeura fort long-temps engourdie. Il n'ouvrit ny la bouche ny les yeux, & dans ce profond silence, il me conduisit à travers des mazures, sous les effroyables ruines d'un vieux Château des-habité, où les siecles depuis mille ans travailloient à mettre les chambres dans les caves.

Aussi-tôt que nous fûmes entrez; vante-toy me dit-il (en se tournant vers moy) d'avoir contemplé face à face le Sorcier Agrippa, & dont l'ame (par metenphisicose) est celle que jadis animoit le sçavant Zoroastre, Prince des Bactriens. Depuis prés d'un siecle que je disparus d'entre les hommes, je me conserve icy par le moyen de l'or potable, dans une santé, qu'aucune maladie n'a jamais interrompuë. De vingt ans en vingt ans, j'avale une prise de cette Medecine universelle qui me rajeunit, restituant à mon corps ce qu'il a perdu de ses forces. Si tu as consideré trois phioles, que m'a presenté le Roy des Demons ignées, la premiere en est pleine, la seconde de poudre de projection, & la troisiéme d'huile de Talc. Au reste tu m'és bien obligé, puis qu'entre tous les mortels je t'ay choisi pour assister à des Mysteres que je ne celebre qu'une fois en vingt ans. C'est par mes charmes qui sont envoyez quand il me plaît, les

sterelitez

Pour les Sorciers.

sterilitez ou les abondances. Je suscite les guerres, en les allumant entre les Genies qui gouvernent les Roys. J'enseigne aux Bergers la Patenoſtre du Loup. J'apprens aux Devins la façon de tourner le Sas. Je fais courir les Ardans ſur les Mareſts & ſur les fleuves, pour noyer les Voyageurs. J'excite les Fées à danſer au clair de la Lune. Je pouſſe les Joüeurs à chercher le Treſſle à quatre fëuilles ſous les Gibets. J'envoye à minuit les Eſprits hors du Cimetiere, entortillez d'un drap, demander à leurs heritiers l'accompliſſement des vœux qu'ils ont faits à la mort. Je commande aux Demons d'habiter les Châteaux abandonnez, d'égorger les Païſans qui y viendront loger, juſqu'à ce que quelque reſolu les contraigne de luy monter le treſor. Je fais trouver des Mains de Gloire aux miſerables que je veux enrichir. Je fais brûler aux voleurs des Chandelles de graiſſe de Pendu pour endormir les Hôtes, pendant qu'ils executent leur vol. Je donne la Piſtole volante, qui vient reſſauter dans la pochette quand on l'a employée. Je donne aux Laquais ces Bagues, qui les font aller & revenir de Paris à Orleans en un jour. Je fais tout renverſer dans une Maison par des Esprits Folets, qui font culbuter les bouteilles, les verres, les plats, quoy que rien ne se casse, rien ne se répande, & qu'on ne voye personne. Je montre aux Vieilles à guerir la fiévre avec des paroles. Je réveille les Villageois la veille de saint Jean, pour cüeillir son herbe à jeun & sans parler. J'enseigne aux Sorciers à devenir Loups-garoux. Je les force à manger les enfans sur le chemin, & puis les abandonne quand quelque Cavalier, leur coupant une pâte (qui se trouve la main d'un homme) ils sont reconnus & mis au pouvoir de la Justice. J'envoye aux personnes affligées un grand homme noir qui leur promet de les faire riches, s'ils se veulent donner à luy. J'aveugle ceux qui prennent des cedules, en sorte que quand ils demandent 30 ans de terme, je leur fais voir le trois devant l'o, que j'ay mis aprés. Je tors le col à ceux qui lisent dans le grimoire sans le sçavoir, me font venir, & ne me donne rien. Je m'en retourne paisiblement d'avec ceux qui m'ayant appellé me donnent seulement une savate, un cheveu, ou une paille. J'emporte des Eglises qu'on dédie, les pierres qui n'ont pas été payées. Je me fais paroître aux personnes ennuitées qui rencontrent les Sorciers allant au Sabat, qu'une troupe de Chats dont le Prince est Marcou. J'envoye tous les confederez à l'offrande, & leur presente à baiser le cul du Bouc, assis dessus une escabelle. Je les traitte splandidement, mais avec des viandes sans sel. Je fais tout évanoüir, quelque Etranger ignorant des coûtumes, fait la benediction, & je le laisse dans un desert, au milieu des épines, à trois cens lieuës de son Païs. Je fais trouver dans le lit des Ribauts aux femmes des Incubes, aux hommes des Succubes. J'envoye dormir le Cochemard, en forme d'une longue piece de marbre, avec ceux qui ne se sont pas signez en se couchant. J'enseigne aux Negromantiens à se défaire de leurs ennemis, faisant une image de cire, & la piquant ou la jettant au feu pour faire sentir à l'original ce qu'ils font souffrir à la copie. J'ôte sur les Sorciers le sentiment aux endroits où le Bélier les a marquez de son Sceau. J'imprime une vertu secrete à *Nolite fieri*, quand il est recité à rebours, qui empêche que le beurre ne se fasse. J'instruits les Païsans à mettre sous le seuil de la Bergerie qu'ils veulent ruïner, une toupe de cheveux, ou un Crapaut, avec trois maudiſſons, pour faire mourir étiques les Moutons qui paſſent deſſus. Je montre aux Bergers à noüer l'éguillette, le jour des Nopces lors que le Prêtre dit *Conjungo vos*. Je donne de l'argent qui ſe trouve aprés des feüilles de Cheſne. Je prête aux Magiciens un Demon familier qui les accompagne, & leur défend de rien entreprendre ſans le congé de Maître Martinet. J'enſeigne pour rompre le ſort d'une perſonne charmée, de faire pétrir le gâteau triangulair de S. Loup, & le donner par aumône au premier pauvre qu'il trouvera. Je guéris les malades du Loup-garou, leur donnant un coup de fourche juſtement entre les deux yeux. Je fais ſentir les coups aux Sorciers, pourvû qu'on les batte avec un bâton de Sureau. Je delie le Moyne bourru aux Advents de Noël, luy commande de rouler comme un tonneau, ou traîner à minuit les chaînes dans les ruës, afin de tordre le col à ceux qui mettront la tête aux fenêtres. J'enſeigne la compoſition des Brevets, des Sorts, des Charmes, des Sigilles, des Taliſmans, des Miroirs magiques, & des figures conſtellées. Je leurs apprens à trouver le Guy de l'an neuf, l'Herbe de fourvoyement, les Gumachez, l'Emplâtre magnetique, j'envoye le Gobelin, la Mulle ferrée, le Filourdy, le Roy Hogon, le Conestable, les Hommes noirs, les Femmes blanches, les Lemures, les Farfadets, les Larmes, les Lamies, les Ombres, les Manes, les Spectres, les Fantômes ; enfin je suis le Diable Vauvert, le Juif errant, & le grand Veneur de la Forest de Fontainebleau. Avec ces paroles le Magicien disparut, les couleurs des objets s'éloignerent, une large & noire fumée couvrit la face du climat, & je me trouvay sur mon lit, le cœur encore palpitant, & le corps froissé du travail de l'ame. Mais avec une si grande lassitude, qu'alors que je m'en souviens, je ne croy pas avoir la force d'écrire au bas de la Lettre, je suis,

MONSIEUR,

Vôtre Serviteur.

AUTRE, CONTRE LES SORCIERS.

LETTRE XIII.

MADAME,

En bonne foy, ma derniere lettre ne vous a-t'elle point épouventé ? Quoy que vous en difiez, je pense que le grand homme noir aura pû faire quelque émotion, finon dans vôtre ame, au moins dans quelqu'un de vos fens. Voilà ce que c'eft de m'avoir autrefois voulu faire peur des efprits : ils ont eu leur revanche, & je me fuis vangé, malicieufement de l'importunité, dont tant de fois perfecuté de reconnoître les veritez de la Magie. Je fuis pourtant fâché de la fiévre qu'on m'a écrit, que cét horrible tableau vous a caufée ; mais pour effacer ma faute, je le veux effacer à fon tour, & vous faire voir fur la même toile la tromperie de fes couleurs, de fes traits, & de fes ombres.

Imaginez-vous donc qu'encore que par tout le monde on ait tant brûlé de Sorciers, convaincus d'avoir fait pact avec le diable, que tant de miserables ayent avoüé sur le Bucher d'avoir été au Sabat : & que même quelques-uns dans l'interrogation, ayent confessé aux Juges qu'ils avoient mangé à leurs festins des enfans, qu'on a depuis la mort des Condamnez trouvez pleins de vie, & qui ne sçavoient ce qu'on leur vouloit dire quand on leur en parloit : on ne doit pas croire toutes choses d'un homme, parce qu'un homme peut dire toutes choses : car quand même par une permission particuliere de Dieu, une ame pourroit revenir sur la terre demander à quelqu'un le secours de ses prieres, est-ce à dire que les Esprits ou des Intelligences, s'il y en a, soient si badines que de s'obliger aux quintes écervelées d'un Villageois ignorant, s'aparoître à chaque bout de champ, selon que l'humeur noire sera plus ou moins forte dans la tête mal timbrée d'un ridicule Berger, venir au Leüre comme un Faucon, sur le poing du Giboyeur qui le reclame, & selon le caprice de ce maraut, dancer la guimbarde ou les maraffins. Non je ne croy point des Sorciers, encore que plusieurs grands Personnages n'ayent pas été de mon avis, & je ne diffère à l'authorité de personne, si elle n'est accompagnée de raison, ou si elle ne vient de Dieu. Dieu qui tout seul doit être crû de ce qu'il dit, à cause qu'il le dit. N'y le nom d'Aristote, plus sçavant que moy, ny celuy de Platon, ny celuy de Socrate, ne me persuadent point si mon jugement n'est convaincu par raison de ce qu'ils disent : la raison seule est ma Reyne, à qui je donne volontairement les mains, & puis je sçay par experience, que les esprits les plus sublimes ont choppé le plus lourdement ; comme ils tombent de plus haut, ils font de plus grandes cheutes ; enfin nos peres se sont trompez jadis, leurs neveux se trompent maintenant : les nôtres se tromperont quelque jour. N'embrassons donc point une opinion, à cause que beaucoup la tiennent, ou parce que c'est la pensée d'un grand Philosophe : mais seulement à cause que nous voyons plus d'apparence qu'il soit ainsi que d'être autrement. Pour moy je me mocque des Pedans qui n'ont point de plus forts argumens pour prouver ce qu'ils disent, sinon d'alleguer que c'est une maxime : comme si leurs maximes étoient bien plus certaines que leurs autres proportions : Je les en croiray pourtant, s'ils me montrent une Philosophie, dont les principes ne puissent être revoquez en doute, desquels toute la Nature soit d'accord, ou qui nous ayent été relevez d'enhaut, autrement je m'en mocque, car il est aisé de prouver tout ce qu'on veut, quand on ajuste les principes aux opinions, & non pas les opinions aux principes. Outre cela, quand il seroit juste de defferer à l'authorité de ces grands Hommes; & quand je serois contraint d'avoüer que les premiers Philosophes ont étably ces principes; je les forcerois bien d'avoüer à leur tour, que ces Anciens là, non plus que nous, n'ont pas toûjours écrit ce qu'ils ont crû : Souvent les Loix & la Religion de leur Païs, les a contraints d'accommoder leur preceptes à l'interest, & au besoin de la Politique. C'est pourquoy on ne doit croire d'un homme que ce qui est humain, c'est-à-dire, possible & ordinaire; enfin je n'admets point de Sorciers à moins qu'on me le prouve. Si quelqu'un par des raisonnemens plus forts & plus pressans que les miens, me le peut démontrer: ne doutez point que je ne luy dise, soyez Monsieur, le bien venu ; c'est vous que j'attendois ; je renonce à mes opinions, & j'embrasse les vôtres, autrement qu'auroit l'habille par dessus le sot, s'il pensoit ce que pense le sot ; il doit suffire au peuple qu'une grande ame fasse semblant d'acquiescer aux sentimens du plus grand nombre, pour ne pas resister au torrent, sans entreprendre de donner des menotes à sa raison ? au contraire un Philosophe doit juger le vulgaire, & non pas juger comme le vulgaire. Je ne suis point pourtant si déraisonnable, qu'après m'être soustrait à la tyrannie de l'authorité, je veüille établir la mienne sans preuve ; c'est pourquoy vous trouverez bon que je vous apprenne les motifs que j'ay eu de douter de tant d'effets étranges, qu'on raconte des Esprits ; il semble avoir observé beaucoup de choses bien considerables pour me débarrasser de cette chimere. Premierement on ne m'a jamais recité aucune histoire de Sorciers que je n'aye pris garde qu'elle étoit ordinairement arrivée à trois ou quatre cens lieuës de là. Cét éloignement me fit soupçonner qu'on avoit voulu dérober aux curieux, l'envie & le pouvoir de s'en informer ; joignez à cela, que cette bande d'hommes habillez en Chats, trouvée au milieu d'une

Campagne sans témoins, la Foy d'une personne seul doit être suspecte en chose si miraculeuse, prés d'un Village, il en a été plus facile de tromper des Idiots. C'étoit une pauvre Vieille : elle étoit pauvre, la necessité l'a pû contraindre à mentir pour de l'argent. Elle étoit Vieille, l'âge affoiblit la raison, l'âge rend babillard, elle a inventé ce conte pour entretenir ses voisins : L'âge affoiblit la vûë, elle a pris un Liévre pour un Chat : L'âge rend timide, elle en a crû voir 50 au lieu d'un. Car enfin il est plus facile qu'une de ces choses soit arrivée, qu'on voit tous les jours arriver, qu'une avanture surnaturelle, sans raison & sans exemple. Mais examinons ces Sorciers. Vous trouverez que c'est un Païsan fort grossier, qui n'a pas l'esprit de se démêler des filets dont on l'embarasse, à qui la grandeur du peril assomme l'entendement en telle sorte, qu'il n'a plus l'âme assez presente pour se justifier, qui n'oseroit même répondre pertinemment, de peur de donner à conclurre aux preocupez, que c'est le diable qui parle par sa bouche. Si cependant il ne dit mot, chacun crie qu'il est convaincu de sa conscience, & aussi-tôt le voila jetté au feu. Mais le diable est-il si fou ; luy qui a bien pû autrefois le changer en chat, de ne le pas maintenant changer en mouche, afin qu'il s'envole ? Les Sorciers (disent-ils) n'ont aucune puissance, dés qu'ils sont entre les mains de la Justice. O par ma foy, cela est bien trouvé ; donc Maître Jean Guillon, de qui le Pere a volé les biens de son Pupille, s'est acquis par le moyen de vingt mille écus dérobez, que luy coûta son Office de Juge, le pouvoir de commander aux diables, vrayement les diables portent grand respect aux Larrons. Mais ces diables au moins devoient éloigner ce pauvre malheureux, leur tres-humble serviteur, quand ils sçûrent qu'on étoit en campagne pour le prendre: Car ce n'est pas donner courage à personne de le servir, d'abandonner ainsi les siens, pour des Natures qui ne sont qu'esprits, elles sont de grands pas de Clerc. J'ay aussi remarqué, que tous ces Magiciens prétendus, sont gueux comme des Diogenes. O Ciel ! est-il donc vray-semblable, qu'un homme s'exposât à brûler éternellement, sous l'esperance de demeurer pauvre, hay, affamé, & en crainte continuelle de se voir griller en place Publique : Satan luy donneroit, non des feüilles de Chefne, mais des Piſtoles de poids pour acheter des Charges qui le mettroient à couvert de la Juſtice. Mais vous verrez que les Demons de ce temps-cy ſont extrêmement niais, & qu'ils n'ont pas l'eſprit d'imaginer tant de fineſſe: Ce malautru Berger que vous tenez dans vos priſons, à la veille d'être boüilly, ſur quelles convictions le condamnez-vous; On l'a ſurpris, recitant la Patenôtre du Loup; Ha de grace, qu'il la repete, vous n'y remarquerez que de grandes ſotiſes, & moins de mal, qu'il n'y en a dedans un mort-diable, pour laquelle cependant on ne fait mourir perſonne. Outre cela dit-on, il a enſorcelé des Troupeaux; où ce fut par paroles, ou par la vertu cachée de quelques poiſons naturels. Par paroles, je ne croy pas que les vingt-quatre Lettres de l'Alphabet, couvent dans la Grammaire, la malignité occulte d'un venin ſi preſent, ny que d'ouvrir la bouche, ſerrer les dents, appuyer la langue au pallais, de telle ou telle façon, ait la force d'empeſter les Moutons, ou de les guerir. Car ſi vous me répondez que c'eſt à cauſe du pact: Je n'ay point encore lû dans la chronologie, le temps auquel le diable accorda avec le Genre humain, que quant on articuleroit de certains mots qui doivent avoir été specifiez au contract, il tüeroit, qu'à d'autres il gueriroit, & qu'à d'autres il viendroit nous parler, & je veux qu'il en eut passé concordat avec un particulier; ce particulier-là n'auroit pas le consentement de tous les hommes pour nous obliger à cét accord. A quelque sillabes toutesfois, qu'un Lourdaut sans y penser aura proferées, il avolera incontinent pour l'effrayer, & ne rendra pas la moindre visite à une personne puissante, dépravée, illustre, spirituelle, qui par son exemple seroit cause de la perte de cent mille ames. Vous m'avoüerez peut-être que les paroles magiques n'ont aucun pouvoir, mais qu'elles couvrent sous de mots barbares, la maligne vertu des simples, dont tous les enchanteurs empoisonnent le bestial. Hé bien pourquoy donc ne les faites-vous mourir en qualité d'empoisonneurs, & non pas de Sorciers. Ils confessent (repliquez-vous) d'avoir été au Sabat, d'avoir envoyé des diables dans les corps de quelques personnes qui se sont trouvées démoniaques. Pour les voyages du Sabat, voicy ma croyance; c'est qu'avec des huîles assoupissantes, dont ils se graissent, comme alors qu'ils veillent; ils se figurent être bien-tôt emportez à cali-fourchon sur un baley par la cheminée, dans une sale où l'on doit festiner, danser, faire l'amour, baiser le cul du Bouc; l'imagination fortement frappée de ces Fantômes, leur represente dans le sommeil ces mêmes choses, comme un baley entre les jambes, une campagne qu'il passent en volant, un Bouc, un festin, des Dames; c'est pourquoy quand ils se réveillent, ils croyent avoir vû ce qu'ils ont songé. Quant à ce qui concerne la possession, je vous en diray aussi ma pensée avec la même franchise. Je trouve en premier lieu, qu'il se rencontre dix mille femmes pour un homme. Le diable seroit-il un Ribaud, de chercher avec tant d'ardeur l'accouplement des femmes; Non, non, mais j'en devine la cause, une femme à l'esprit plus leger qu'un homme, & plus hardy, par conséquent à resoudre des Comedies de cette nature. Elle espere que pour peu de Latin qu'elle écorchera, pour peu qu'elle fera de grimasses, de sauts, de cabriolles & de postures, on les croira toûjours beaucoup au dessus de la pudeur, & de la force d'une fille; Et enfin elle pense être si forte de sa foiblesse, que l'imposture étant découverte, on attribuëra ses extravagances à quelques suffocations de matrice, ou qu'au pis aller, on pardonnera à l'infirmité de son sexe. Vous répondrez peut-être que pour y en avoir de fourbes, cela ne conclud rien contre celles qui sont veritablement possedées. Mais si c'est là vôtre nœud Gordien, j'en seray bien-tôt l'Alexandre. Examinons donc, sans qu'il nous importe de choquer les opinions du vulgaire, s'il y a autrefois eu des Demoniaques, & s'il y en a aujourd'huy. Qu'il y en ait eu autrefois : je n'en doute point, puis que les Livres sacrez asseurent qu'une Caldéenne par art Magique, envoya un Demon dans le Cadavre du Prophête Samuël, & le fit parler. Que David conjuroit avec sa Harpe, celuy dont Saül étoit obsedé : & que nôtre Sauveur Jesus-Christ chassa les diables des corps de certains Hebreux, & les envoya dans des corps de Pourceaux. Mais nous sommes obligez de croire, que l'Empire du diable cessa quand Dieu vint au Monde. Que les Oracles furent étouffez sous le berceau du Messie, & que Sathan perdit la parole en Bethléem, l'influence alterée de l'Etoile des trois

Roys, luy ayant sans doute causé la peupie. C'est pourquoy je me mocque de tous les énergumenes d'aujourd'huy, & m'en mocqueray jusqu'à ce que l'Eglise me commande de les croire. Car de m'imaginer que cette Penitence de Goffredy, cette Religieuse de Loudun, cette fille d'Evreux, soient endiablées, parce qu'elles font des cullebutes, des grimasses, & des gambades ; Scaramouche, Colle, & Cardelin les mettront à quia. Comment, elles ne sçavent pas seulement parler Latin ! Lucifer à bien peu de soin de ses diables, de ne les pas envoyer au College. Quelques-unes répondent assez pertinemment, quand l'Exorciste declame une Oraison de Breviaire, dont en quelque façon elles escorchent le sens à force de le reciter ; à moins que cela, vous les voyez contrefaire les enragées, feindre à tout ce qu'on leur prêche, une distraction d'esprit perpetuelle, & cependant j'en ay surpris d'attentives à guetter au passage quelque Verset de leur Office, pour répondre à propos, comme ceux qui veulent chanter à Vespres, & ne les sçavent pas, attendent à l'affust le *Gloria Patri*, &c. pour s'y égosiller. Ce que je trouve encore de bien divertissant, sont les méprises, où elles s'embarassent quand il faut obeïr ou ou n'obeïr pas, Le Conjurateur commandoit à une de baiser la terre toutes les fois qu'il articuleroit le sacré nom de Dieu : ce diable d'obeïssance le faisoit fort dévotement ; Mais comme il vint encore un coup à luy ordonner la même chose en autres termes, que ceux dont il usoit ordinairement, (car il luy commanda par le Fils Coëternel du Souverain Estre) ce Novice Demoniaque, qui n'étoit pas Theologien, demeura plat, rougit, & se jetta aux injures : Jusqu'à ce que l'Exorciste l'ayant appaisé par des mots plus ordinaires, il se remit à raisonner. J'observay outre cela, que selon que le Prêtre haussoit sa voix, le diable augmentoit sa colere, bien souvent à des paroles de nul poids ; à cause qu'il les avoit prononcées avec plus d'éclat ; Et qu'au contraire, il avaloit doux comme lait, des Exorcismes qui faisoient trembler, à cause qu'étant las de crier, il les avoit prononcez d'une voix basse. Mais ce fut bien pis quelque temps aprés, quand un Abbé les conjura. Elles n'étoient point faites à son stile, & cela fût cause que celles qui voulurent répondre, répondirent si fort à contresens, que ces pauvres diables, au front de qui restoit encore quelque pudeur, devindrent tous honteux, & depuis en toute la journée, il ne fut pas possible de tirer un méchant mot de leur bouche. Ils crierent à la verité fort long-temps qu'ils sentoient là des Incredules ; qu'à cause d'eux ils ne vouloient rien faire de miraculeux, de peur de les convertir. Mais la feinte me semble bien grossiere ; car s'il étoit vray, pourquoy les en avertir ? ils devoient au contraire pour nous endurcir en nôtre incredulité se cacher dans ce corps, & ne pas faire des choses qui pussent nous défaveugler. Vous répondez que Dieu les force à cela, pour manifester la Foy. Oüy, mais je ne suis point convaincu, ny obligé de croire que ce soit le diable qui fasse toutes ces singeries, puis qu'un homme les peut faire naturellement. De se détourner le visage vers les épaules, je l'ay vû pratiquer aux Bohemiens. De sauter, qui ne le fait point hors les Parelitiques : De jurer, il ne s'en rencontre que trop. De marquer sur la peau certains caracteres ; Ou des eaux, ou des pierres, colorent ainsi sans prodige nôtre chair. Si les diables sont forcez, comme vous dites de faire des miracles afin de nous illuminer, qu'ils en fassent de convaincants, qu'ils prennent les Tours de Nôtre-Dame de Paris, où il y a tant d'incredules, & les portent sans fraction dans la Campagne saint Denis, danser un Sarabande Espagnole. Alors nous seront convaincus. J'ay pris garde encore que le diable qu'on dit être si médisant, n'induit jamais ces personnes Demoniaques, (au milieu de leurs grandes fougues) à médire l'une de l'autre. Au contraire, elles s'entreportent un tres-grand respect, & n'ont garde d'agir autrement, parce que la premiere offensée découvriroit le mystere. Pourquoy, mon Reverend Pere, n'instruit-on vôtre procez, en consequence des crimes dont le diable vous accuse; le diable (dites-vous) est Pere de mensonge, pourquoy donc l'autre jour sistes-vous brûler ce Magicien ; qui ne fut accusé que par le diable : Car je répons comme vous, le diable est pere de mensonge. Avoüez, avoüez mon Reverendissime, que le diable dit vray ou faux, selon qu'il est utile à vôtre malicieuse paternité. Mais, bons Dieux ! je vois tressaillir ce diable quand on luy jette de l'eau benîte, est-ce donc une chose si sainte qu'il ne la puisse souffrir sans horreur ? Certes cela fait que je m'étonne qu'il ait osé s'enfermer dans un corps humain, que Dieu a fait à son Image, capable de la vision du Tres-haut, reconnu son enfant par la generation Baptismale, marqué des saintes Huiles, le Temple du Saint Esprit, & le Tabernacle de la Sainte Hostie. Comment a-t'il eu l'impudence d'entrer en un lieu qui luy doit être bien plus venerable que de l'eau, sur laquelle on a simplement recité quelque prieres. Mais nous en aurons bonne issuë, je vois le Demoniaque qui se tempête fort à la vûë d'une Croix qu'on luy presente ! ô Monsieur l'Exorciste, que vous êtes bon, ne sçavez-vous pas qu'il n'y a aucun endroit dans la Nature, où il n'y ait des Croix, mais que par toute la matiere, il y a longueur & largeur, & que la Croix n'est autre chose qu'une longueur consideree avec une largeur. Qu'ainsi ne soit, cette Croix que vous tenez, n'est pas une Croix, à cause qu'elle est d'Ebenne, cette autre n'est pas une Croix à cause qu'elle est d'argent, mais l'une & l'autre sont des Croix, à cause que sur une longueur, on a mis une largeur qui la traverse. Si donc cette énergumene, a cent mille longueurs & cent mille largeurs, qui sont toutes autant de Croix, pourquoy luy en presenter de nouvelles? Cependant vous voyez cette femme, que pour en avoir approché les lévres par force, contrefait l'interdite. O quelle piperie! Prenez, prenez une bonne poignée de verges, & me la foüettez en amy, car je vous engage ma parole, que si on condamnoit d'être jettez à l'eau tous les énergumenes, que cent coups d'étrivieres par jour n'auroient pû guerir, il ne s'en noyeroit point. Ce n'est pas comme je vous ay dit, que je doute de la puissance du Createur sur ses Creatures : mais à moins d'être convaincu par l'authorité de l'Eglise, à qui nous devons donner aveuglement les mains, je nommeray tous ces grands effets de Magie, la Gazette des Sots, ou le *Credo* de ceux qui ont trop de Foy. Je m'apperçois bien que ma Lettre est un peu trop longue, c'est le sujet qui m'a poussé au de-là de mon dessein, mais vous pardonnerez cette importunité à une personne qui fait vœu d'être jusqu'à la mort, de vous, & de vos contes d'Esprit,

MONSIEUR,

Vôtre obeïssant

A MONSIEUR GERZAN,

SUR SON TRIOMPHE DES DAMES.

LETTRE XIV.

Messieurs,

Aprés les Eloges que vous donnez aux Dames ; resolument je ne veux plus être homme ; Je m'en vay toute à l'heure tâcher d'obtenir de la dexterité des Chirurgiens, ce que l'Empereur Heliogabale impetra du Rasoir de ses Empyriques. Si vous vous donnez patience encore huit jours, vous allez voir en moy un miracle tout contraire à celuy qui se passe dans le Fable d'Iphic & Jante. Resolument je vais me faire tronçonner d'un coup de serpe, ce qui m'oblige à porter un caleçon, & m'empêche de me masquer en autre temps qu'au Carnaval. Que je porte envie du bon-heur de Tiresias, qui sans souffrir tous les maux où je me prepare, eut l'avantage de changer d'espece pour avoir frappé sur un Serpent. La Sagesse de Dieu, qui d'ordinaire agit par progrez, & monte par degré les choses les moins nobles aux plus hautes, a bien fait voir la préeminence que les Femmes ont au dessus des Hommes, quand elle n'a pas voulu faire Eve, qu'elle n'eût fait Adam auparavant. Aussi est-ce une marque évidente de l'estime que la Nature à toûjours faite des Femmes, de dire qu'elle les a choisies pour nous porter, ne s'étant pas voulu fier de nôtre jeunesse à nous-même ; mais la Nature aussi nous fait connoître au partage de ses biens, qu'elle a voulu avantager la cadette au préjudice de l'aînée, luy donnant la beauté, dont chaque trait est une Armée qui va quand il luy plaît, bouleverser des Trônes, déchirer des Diadêmes, & traîner en servitudes les orgueilleuses Puissances de la Terre. Que si comme nous elles ne vaquent pas à massacrer des hommes, si elles ont horreur de porter au côté ce qui nous

fait

fait detreſter un Bourreau : c'eſt à cauſe qu'il ſeroit honteux que celles qui nous donnent à la lumiere, portaſſent dequoy nous ravir ; & parce auſſi qu'il eſt beaucoup plus honnête de ſuer à la conſtruction, qu'à la deſtruction de ſon eſpece : Donc en matiere de viſage, nous ſommes de grands gueux : & ſur ma foy de tous les biens de la Terre en general, je les voy plus riches que nous, puiſque ſi le poil fait la principale diſtinction de la brute & du raiſonnable, les hommes ſont au moins par l'eſtomach, les jouës & le menton, plus bêtes que les femmes : malgré toutesfois ces muettes, mais convaincantes Prédications de Dieu & de la Nature ; ſans vous, Monſieur, ce déplorable ſexe alloit tomber ſous le nôtre ; vous qui tout caduc, & preſt à choir de cette vie, avez relevé cent mille Dames qui n'avoient point d'appuy : Qu'elles ſe vantent aprés cela de vous avoir donné le jour, quand elles vous auroient enfanté plus douloureuſement que la Mere d'Hercule, elles vous devroient encore beaucoup à vous qui non content de les avoir enfantez toutes enſemble, les avez fait triompher en naiſſant. Une femme à la verité, vous a porté neuf mois, mais vous les avez toutes portées ſur la tête

E

de leurs ennemis. Pendant vingt siecles, elles avoient combattu, elles avoient vaincu pendant vingt autres : & vous depuis quatre mois seulement leur avez decerné le Triomphe : Ouy, Monsieur, chaque periode de vôtre Livre est un Char de victoire où elles triomphent plus superbement que les Scipions, ny les Cesars n'ont jamais fait dans Rome : Vous avez fait de toute la Terre un Païs d'Amazones, & vous nous avez réduits à la Quenoüille : Enfin l'on peut dire qu'avant vous toutes les Femmes n'étoient que des Pions, que vous avez mis à Dame ; Nous voyons cependant que vous nous trahissez, que vous tournez casaque au genre Masculin, pour vous ranger de l'autre ; Mais pour vous punir de cette faute ? Comment se resoudre à diffamer une personne qui a fait entrer nos Meres & nos Sœurs dans son party ; Et puis on ne sçauroit vous accuser de poltronerie, vous étant rangé du côté le plus foible, ny vôtre plume d'être interessée ayant commencé l'Eloge des Dames en un âge où vous êtes incapable d'en recevoir des faveurs : Confessez pourtant, aprés les avoir fait triompher, & avoir triomphé de leur Triomphe même, que leur sexe n'eût jamais vaincu sans le secours du nôtre : Ce qui m'étonne à la verité, c'est que vous ne leur avez point mis en main pour nous détruire, les armes ordinaires ; Vous n'avez point cloüé des Etoiles dans leurs yeux ? Vous n'avez point dressé des Montagnes de neige à la place de leur sein : L'Or, l'Yvoire, l'Azur, le Corail, les Roses & les Lys, n'ont point été les matereaux de vôtre bâtiment, ainsi que tous nos Escrivains modernes, qui malgré la diligence que fait le Soleil pour se retirer de bonne heure, ont l'impudence de le dérober en plein jour, & des Etoiles aussi que je ne plains pas pour leur apprendre à ne pas tant aller la nuit ; mais ny le feu ny la flâme, ne vous ont point donné de froides imaginations : Vous nous avez porté des bottes, dont nous ignorons la parade, Enfin je rencontre dans ce Livre des choses si divinement conçuës, que j'ay de la peine à croire que le S. Esprit fût à Rome quand vous le composâtes ; Jamais les Dames n'ont sorty de la presse en meilleure posture, ny moy jamais mieux resolu de ne plus aller au Tombeau du Pere Bernaul, pour voir un miracle, puis que Monsieur de Gerzan loge à la porte de l'Eglise : O ! Dieux

E ij

de leurs ennemis. Pendant vingt siecles, elles avoient combattu, elles avoient vaincu pendant vingt autres : & vous depuis quatre mois seulement leur avez decerné le Triomphe : Ouy, Monsieur, chaque periode de vôtre Livre est un Char de victoire où elles triomphent plus superbement que les Scipions, ny les Cesars n'ont jamais fait dans Rome : Vous avez fait de toute la Terre un Païs d'Amazones, & vous nous avez réduits à la Quenoüille : Enfin l'on peut dire qu'avant vous toutes les Femmes n'étoient que des Pions, que vous avez mis à Dame ; Nous voyons cependant que vous nous trahissez, que vous tournez casaque au genre Masculin, pour vous ranger de l'autre ; Mais pour vous punir de cette faute ? Comment se resoudre à diffamer une personne qui a fait entrer nos Meres & nos Sœurs dans son party ; Et puis on ne sçauroit vous accuser de poltronerie, vous étant rangé du côté le plus foible, ny vôtre plume d'être interessée ayant commencé l'Eloge des Dames en un âge où vous êtes incapable d'en recevoir des faveurs : Confessez pourtant, aprés les avoir fait triompher, & avoir triomphé de leur Triomphe même, que leur sexe n'eût jamais vaincu sans le secours du nôtre : Ce qui m'étonne à la verité, c'est que vous ne leur avez point mis en main pour nous détruire, les armes ordinaires ; Vous n'avez point cloüé des Etoiles dans leurs yeux ? Vous n'avez point dressé des Montagnes de neige à la place de leur sein : L'Or, l'Yvoire, l'Azur, le Corail, les Roses & les Lys, n'ont point été les matereaux de vôtre bâtiment, ainsi que tous nos Escrivains modernes, qui malgré la diligence que fait le Soleil pour se retirer de bonne heure, ont l'impudence de le dérober en plein jour, & des Etoiles aussi que je ne plains pas pour leur apprendre à ne pas tant aller la nuit ; mais ny le feu ny la flâme, ne vous ont point donné de froides imaginations : Vous nous avez porté des bottes, dont nous ignorons la parade, Enfin je rencontre dans ce Livre des choses si divinement conçûës, que j'ay de la peine à croire que le S. Esprit fût à Rome quand vous le composâtes ; Jamais les Dames n'ont sorty de la presse en meilleure posture, ny moy jamais mieux resolu de ne plus aller au Tombeau du Pere Bernaul, pour voir un miracle, puis que Monsieur de Gerzan loge à la porte de l'Eglise : O ! Dieux

E ij

encore une fois, la belle chose que vos Dames! Ha, Monsieur, vous avez tellement obligé le sexe par ce Panegyrique, que pour meriter aujourd'huy l'affection d'une Reyne, il ne faut être,

MONSIEUR,

Que vôtre Serviteur.

AVTRE,
LE DUELLISTE.
LETTRE XV.

MONSIEUR,

Quoy que je me porte en homme qui créve de santé, je ne laisse pas d'être malade depuis trois semaines, que ma Philosophie est tombée à la mercy des Gladiateurs : Je suis incessamment travaillé de la tierce & de la carte : J'aurois perdu la connoissance du papier, si les Cartels s'écrivoient sur autre chose : Je ne discerne déja plus l'ancre d'avec le noir à noircir ; Et enfin pour vous faire réponse, j'ay presque été forcé de vous écrire avec mon épée, tant il est glorieux d'écrire mal parmy des personnes, dont les plumes ne se taillent point : Il faudroit, je pense, que Dieu accomplit quelque chose d'aussi miraculeux que le souhait de Caligula, s'il vouloit finir mes querelles : Quand tout le Genre-humain seroit erigé en une tête, quand de tous les vivans il n'en resteroit qu'un, ce seroit encore un Duel qui me resteroit à faire : Vrayement vous auriez grand tort de m'appeller maintenant le premier des hommes : car je vous proteste qu'il y a plus d'un mois que je suis le second de tout le monde : Il faut bien que vôtre départ ayant deserté Paris, l'herbe ait crû par toutes les ruës, puis qu'en quelque lieu que j'aille, je me trouve toûjours sur le pré. Cependant ce n'est pas sans risque, mon Portrait que vous fistes faire a été trouvé si beau qu'il a pris possible envie à la Mort d'en avoir l'Original : Elle me fait à ce dessein mille querelles d'Allemand. Je m'imagine quelquefois être devenu Porc-épic, voyant que personne ne m'approche sans se piquer : & l'on n'ignore plus quand quelqu'un dit à son ennemy, encore une fois, la belle chose que vos Dames ! Ha, Monsieur, vous avez tellement obligé le sexe par ce Panegyrique, que pour meriter aujourd'huy l'affection d'une Reyne, il ne faut être,

MONSIEUR,

Que vôtre Serviteur.

AVTRE,
LE DUELLISTE.
LETTRE XV.

MONSIEUR,

Quoy que je me porte en homme qui créve de santé, je ne laisse pas d'être malade depuis trois semaines, que ma Philosophie est tombée à la mercy des Gladiateurs : Je suis incessamment travaillé de la tierce & de la carte : J'aurois perdu la connoissance du papier, si les Cartels s'écrivoient sur autre chose : Je ne discerne déja plus l'ancre d'avec le noir à noircir ; Et enfin pour vous faire réponse, j'ay presque été forcé de vous écrire avec mon épée, tant il est glorieux d'écrire mal parmy des personnes, dont les plumes ne se taillent point : Il faudroit, je pense, que Dieu accomplit quelque chose d'aussi miraculeux que le souhait de Caligula, s'il vouloit finir mes querelles : Quand tout le Genre-humain seroit erigé en une tête, quand de tous les vivans il n'en resteroit qu'un, ce seroit encore un Duel qui me resteroit à faire : Vrayement vous auriez grand tort de m'appeller maintenant le premier des hommes : car je vous proteste qu'il y a plus d'un mois que je suis le second de tout le monde : Il faut bien que vôtre départ ayant deserté Paris, l'herbe ait crû par toutes les ruës, puis qu'en quelque lieu que j'aille, je me trouve toûjours sur le pré. Cependant ce n'est pas sans risque, mon Portrait que vous fistes faire a été trouvé si beau qu'il a pris possible envie à la Mort d'en avoir l'Original : Elle me fait à ce dessein mille querelles d'Allemand. Je m'imagine quelquefois être devenu Porc-épic, voyant que personne ne m'approche sans se piquer : & l'on n'ignore plus quand quelqu'un dit à son ennemy, qu'il s'aille faire piquer, que ce ne soit de la besongne que l'on me taille? Ne voyez vous pas aussi qu'il y a maintenant plus d'ombre sur nôtre Horison, qu'à vôtre départ ; c'est à cause que depuis ce temps-là ma main en a tellement peuplé l'enfer, qu'elles regorgent sur la terre : A la verité, ce m'est une consolation bien grande d'être hay, parce que je suis aimé, de trouver par tout des ennemis, à cause que j'ay des amis par tout, & de voir que mon malheur vient de ma bonne fortune, mais j'ay peur que cette démangeaison de gloire, ne m'invite à porter mon nom jusqu'en Paradis : C'est pourquoy pour éviter à de si dangereuses Propheties, je vous conjure de venir promptement remettre mon ame en son assiette de Philosophie ; car il me fâcheroit fort qu'à vôtre retour, au lieu de me trouver dans mon Cabinet, vous trouvassiez dans une Eglise, Cy gist,

MONSIEUR,

Vôtre Serviteur.

SUR LE RECOUVREMENT DE SANTE'.
LETTRE XVI.

MESSIEURS,

Vous me permettrez bien de railler maintenant avec vôtre fiévre, puis qu'elle vous a tourné les talons; par ma foy je m'étonne qu'elle ait osé jetter le Gand à un hardy Chevalier comme vous; aussi quelques braveurs dont elle ait triomphé entrant dans la carriere, j'ay prévû la honte de sa défaite; cependant tout le monde vous croyoit party pour les Champs Elisées; & déja quelques-uns qui ne sont pas les plus chers de vos amis, vous publioient arrivé dans l'affreuse Cité dont vous n'étiez pas encore aux Fauxbourgs. J'admire en verité, comment vous qui choisissez toûjours les choses les plus faciles, n'y ayant qu'une ajambée à faire de vôtre Chambre à la Chapelle où dorment vos encestres, vous ayez tourné bride avec tant de précipitation: Cependant je soûtiendray à la barbe de vôtre grand cœur, que vous avez agy en habille homme ; le gîte n'est pas bon, l'Hôte n'y change point de draps, & quoy que le lit soit appuyé si ferme, qu'il ne puisse trembler que par un tremblement de terre, la Chambre est froide & caterreuse, les jeûnes s'y observent perpetuels, & quoy qu'à la Flamande on ait de la Biere jusques par dessus les yeux, on n'y boit que de l'Eau benîte : au reste vous n'y eussiez pas trouvé une personne raisonnable, ny de l'un, ny de l'autre sexe ; car on n'y reçoit point des hommes à moins qu'ils ayent perdu l'esprit : & pour les femmes, encore qu'elles ayent là une bonne qualité qu'elles n'ont pas icy, qui est de se taire, elles y sont si laides en recompense, que la plus belle est Camuse ? Ne vous repentez donc point, quelque genereux que nous vous croyons, d'avoir usé si à propos du privilege de Normandie ? les ombres de là-bas ne sont pas si charmantes que celles de vos allées couvertes : & je vous proteste qu'en moins d'un clin d'œil, vous alliez faire un voyage si éloigné, que vous n'eussiez pas été de retour avant la Resurrection : & moy-même en ce Païs, je n'aurois pas trouvé un homme qui eût voulu se charger de vous aller dire de ma part, que je suis,

MONSIEUR,

Vôtre Serviteur.

LETTRES SATYRIQUES DE MONSIEUR DE CYRANO BERGERAC. CONTRE UN POLTRON.

LETTRE I.

MONSIEUR,

Je sçay que vous êtes trop sage pour conseiller jamais un Duel; c'est pourquoy je vous demande vôtre avis sur celuy que j'ay resolu de faire ; car enfin (comme vous sçavez) l'honneur saly ne se lave qu'avec du sang. Hier je fus appellé sot, & l'on s'émancipa de me donner un souf-flet en ma presence ; Il est vray que ce fut en une compagnie fort honorable ; Certains stupides en matieres de démêlez, disent qu'il faut que je perisse, ou que je me vange. Vous Monsieur, dites-moy, vous mon plus cher amy, & que j'estime trop sage pour m'exciter à aucune action cruelle : Ne suis-je pas assez mal-traité de la langue, & de la main de ce Poltron, sans irriter encore son épée : car quoy que je sois marry d'être appellé sot, je serois bien plus fâché qu'on me reprochât d'être défunt. Si j'étois enfermé dans un sepulchre ; il pourroit à son aise, & en seureté mal parler de mon courage : Ne seray-je donc pas mieux de demeurer au monde, afin d'être toûjours present pour le châtier quand sa temerité m'en donnera sujet. Infailliblement ceux qui me conseillent la tragedie, ne jugent pas que si j'en suis la catastrophe, il se moquera de ma valeur : Si je le tuë, on croira que je l'ay chassé du monde, parce que je n'osois y demeurer tant qu'il y seroit : Si je luy ôte la rapiere, & on dira que j'apprehendois qu'il demeurât armé. Si nous demeurons égaux, à quoy bon se mettre au hazard du plus grand de tous les malheurs, qui est la mort, pour ne rien décider : Et puis quand j'aurois Lettre du Dieu Mars, de sortir de ce combat à mon honneur, il pourroit au moins se vanter de m'avoir contraint à commettre une insigne folie : Non, non, je ne déguaisne point, c'est craindre son ennemy de vouloir par le moyen de la mort, ou l'éloigner de soy, ou s'éloigner de luy : Pour moy je n'apprehende pas qu'il soit où je seray : il tient à gloire de n'avoir jamais redouté les Parques : s'il veut que je croye qu'il se tuë, j'iray consulter tous les Sages pendant soixante ou quatre-vingt ans, pour sçavoir s'il a bien fait ; & si l'on me répond qu'oüy, alors je tâcheray d'en vivre encore autant pour faire le reste de mes jours penitence de ma poltronnerie. Vous trouverez peut-être ce procedé fort étrange dans un homme de cœur comme moy : Mais, Monsieur, à parler franc, je trouve que la vie est une si bonne chose, que j'aime mieux me tenir à ma carte, que de me mettre au hazard en les broüillant, d'en avoir une pire. Ce Monsieur le Matamore veut peut-être mourir bien-tôt, afin d'en être quitte de bonne heure ; mais moy qui suis plus genereux, je tâche de vivre plus long-temps, au risque d'être long-temps en état de pouvoir mourir. Pense-t'il se rendre fort recommandable, pour témoigner qu'il s'ennuye de ne pas retourner à la nuit sa premiere maison, est-ce qu'il a peur du Soleil : Helas ! pauvre buffle, s'il sçavoit ce que c'est d'être trépassé, rien ne le presseroit. Un homme ne fait rien d'illustre qui devant trente ans met sa vie en danger, parce qu'il expose ce qu'il ne connoit pas ; mais lors qu'il la hazarde depuis cét âge-là, je soûtiens qu'il est enragé de la risquer, l'ayant connuë. Quant à moy je trouve le jour tres-beau, & je n'aime point à dormir sous terre, à cause qu'on n'y voit goutte. Qu'il ne s'enfle point pourtant de ce refus, car je veux bien qu'il sçache que je sçay une botte à tuër même un Geant charmé, & qu'à cause de cela je ne veux point me battre, de peur qu'on ne l'apprehende. Il y a cent autres raisons encore qui me font abhorrer le Duel ; Moy j'irois sur le pré, & la fauché parmy l'herbe, m'embarquer possible pour l'autre monde ; Helas ! mes creanciers n'attendent que cela pour m'accuser de banqueroute ; mais penseroit-il même m'avoir mis à jubé quand il m'auroit ôté la vie ; au contraire, j'en deviendrois plus terrible, & je suis asseuré qu'il ne pourroit me regarder quinze jours aprés, sans que je luy fisse peur : S'il aspire à la gloire de m'avoir égorgé pourvû que je me porte bien, je luy permets de se vanter par tout d'être mon bourreau ; aussi bien quand il m'auroit tué, la gloire ne seroit pas grande, une poignée de Syguë en feroit bien autant. Il va s'imaginer peut-être que la Nature m'a fort mal-traité en me refusant du courage : mais qu'il apprenne que la Nature ne sçauroit nous joüer un plus vilain trait, que de se servir contre nous de celuy du sort ; que la moindre Puce en vie, vaut mieux que le grand Alexandre decedé : & qu'enfin je me sens indigne d'obliger des Torches benîtes à pleurer sur mes armoiries ; J'aime veritablement qu'on me flâte de toutes les qualitez d'un bel esprit, horsmis de celle d'heureuse memoire, qui m'est insupportable, & pour cause ; Une autre raison me deffend encore les batailles ; J'ay composé mon Epitaphe, dont la pointe est fort bonne, pourvû que je vive cent ans ; & j'en ruïnerois la rencontre heureuse, si je me hazardois de mourir plus jeune : ajoûtez à cela que j'aborre sur toutes choses les maladies, & qu'il n'y a rien plus nuisible à la santé que la mort. Ne vaut-il donc pas bien mieux s'encourager à devenir Poltron, que de se rendre la cause de tant de desastres ; Ainsi) forts de nôtre foiblesse) on ne nous verra jamais pâlir, ny trembler, que d'apprehension d'avoir trop de cœur. Et toy ? ô ! salutaire poltronnerie, je te vouë un Autel, & je promets de te servir avec un culte si devot, que pour commencer dés aujourd'huy, je dédie cette Epître au Lâche le plus confirmé de tes Enfans, de peur que quelque Brave, à qui je l'eusse envoyée, ne se fût imaginé que j'étois homme à se servir pour ces quatre méchants mots qu'on est obligé d'écrire à la fin de toutes les Lettres ; Je suis,

MONSIEUR,

Vôtre Serviteur, &c.

CONTRE UN MEDISANT.
LETTRE II.

MONSIEUR,

Je sçay bien qu'une ame basse comme la vôtre, ne sçauroit naturellement s'empêcher de médire; aussi n'est-ce pas une abstinence où je vous veüille condamner; La seule courtoisie que je veux de vous, c'est de me déchirer si doucement, que je puisse faire semblant de ne le pas sentir : Vous pouvez connoître par-là qu'on m'envoye la Gazette du Païs Latin ; Remerciez Dieu, de ce qu'il m'a donné une ame assez raisonnable, pour ne pas croire tout le monde de toutes choses, à cause que tout le monde peut dire toutes choses, autrement j'aurois appliqué à vos maux de rate un plus solide & plus puissant antidote que le discours ; Ce n'est pas que j'aye jamais attendu des actions fort humaines d'une personne qui sortoit de l'Humanité : mais je ne pouvois croire que vôtre cervelle eut si generalement échoüée contre les bancs de la Rhetorique, que vous eussiez porté en Philosophie un homme sans tête. On auroit à la verité trouvé fort étrange, que dans un corps si vaste, vôtre petit esprit ne se fût pas perdu, aussi ne l'a-t'il pas fait longue, & j'ay ouy dire qu'il y a de bonnes années que vous ne sçauriez plus abandonner la vie, que vôtre trépas accompagné de miracle ne vous fasse canoniser : Ouy, prenez congé du Soleil quand il vous plaira, vous êtes asseuré d'une ligne dans nos Litanies, quand le Consistoire apprendra que vous serez mort sans avoir rendu l'esprit : mais consolez-vous, vous n'en durerez pas moins pour cela : les Cerfs & les Corbeaux, dont l'esprit est taillé à la mesure du vôtre, vivent quatre cens ans ; & si le manque de genie est la cause de leur durée, vous devez être celuy qui fera l'Epitaphe du genre-humain : C'est sans doute, en consequence de ce brutal instinct de vôtre nature, que vous choisissiez l'or & les pierres précieuses pour répandre dessus vôtre venin. Souffrez donc, encore que vous prétendiez vous soustraire de l'empire que Dieu a donné aux hommes sur les bêtes, que je vous commande de vomir sur quelque chose de plus salle que mon nom, & de vous ressouvenir (car je croy que les animaux comme vous ont quelque reminiscence) que le Createur n'a donné à ceux de vôtre espece une langue que pour avaler, & non pas pour parler; souvenez-vous en donc, c'est le meilleur conseil que vous puissiez prendre; car quoy que vôtre foiblesse fasse pitié, celle des Poux & des Puces qui nous importunent, ne nous obligent pas à leur pardonner: Enfin cessez de mordre, simulachre de l'envie: car quoy que je sois peu sensible à l'injure, je suis severe à la punir; rien n'empêcheroit la vertu d'un Elebore, qu'on appelle en François Tricot, duquel pour vous montrer que je suis Philosophe (ce que vous ne croyez pas) je vous châtirois avec si peu d'animosité, que le chapeau dans une main, & dans l'autre un bâton, je vous dirois en vous brisant les os, Je suis,

MONSIEUR,

    Vôtre obeïssant Serviteur.

CONTRE UNE DEMOISELLE AVARE.
LETTRE III.

MADEMOISELLE,

Si tout le monde étoit obligé comme moy, pour faciliter la lecture de ses Lettres, d'envoyer de l'argent, les Balzacs n'auroient jamais écrit, & les Aveugles sçauroient lire : Mais quoy, si les miennes ne sont eclairées par la reflexion de l'or de quelques Loüis, vous n'y voyez que du noir de Grimoire : & quand même je les aurois prises dans Polexandre, je suis asseuré d'avoir pour vous écrit en Hebreu ; Ouvrir la bouche, & mouvoir les lévres en toutes les façons necessaires à l'expression de nôtre langue, ne vous fait entendre que de l'Arabe : Pour vous parler François, il faut ouvrir la main, ainsi ma bourse devient chez moy le seul organe, par lequel je vous puisse éclaircir les difficultez de la Bible,

& vous rendre les Centuries de Nostradamus aussi faciles que le *Pater* : Enfin Mademoiselle, c'est de vous seule que l'on peut dire avec verité, point d'argent, point de Suisse ; Je me console aisément de vôtre humeur, parce que tant que vous ne changerez point, je suis asseuré d'être en puissance avec la Croix de quelques Pistoles, de chasser plus facilement, qu'avec l'eau benîte & l'exorcisme, le Demon d'avarice : mais j'ay tort de vous reprocher une si grande bassesse, ce sont au contraire des motifs de vertu qui vous font agir de la sorte ; car si vous tombez plus souvent sous la Croix, que les mal-faicteurs de Judée, c'est parce que vous croyez pieusement que les Justes ne vous sçauroient rien demander injustement, & que l'or ce symbole de la pureté, ne vous sçauroit être donné qu'avec des intentions tres-pures. Je pense même, comme vous êtes, aussi bien que bonne Chrétienne, encore meilleure Françoise, que vous vous abbaissez devant tous ceux qui vous presentent les images de nos Roys, & que même comme vous êtes d'une probité exemplaire, qui ne veut faire tort à personne, vous êtes tellement scrupuleuse à la distribution de vos faveurs, que vous appuyez davantage sur les baisers de dix Pistoles que sur ceux de neuf. Cette œconomie ne me déplaist pas, car je suis asseuré, tenant ma bourse dans une main, de tenir vôtre cœur dans l'autre : Tout ce qui me fâche, c'est de ce que cette chere Image, que vous juriez autrefois avoir imprimée fort avant dans vôtre cœur, vous la mettrez hors de chez vous par les épaules, si-tôt qu'elle y a demeuré trois jours sans payer son gîte : Pour moy je pense que vous avez oublié la définition de l'homme, car toutes vos actions me prouvent que vous ne me prenez que pour un animal donnant. Cependant je croyois être par l'opinion d'Aristote un animal raisonnable : mais je voy bien qu'il faut me resoudre à cesser d'être ce que je suis, du moment que je cesse de fouiller à ma poche : Corrigez, je vous prie, cette humeur qui convient fort mal à vôtre jeunesse & à cette generosité, dont vous vous faites toute blanche ; car il vous est honteux d'être à mes gages ; Moy qui suis,

MADEMOISELLE,

Vôtre Serviteur.

CONTRE UN INGRAT.
LETTRE IV.

MONSIEUR,

Par l'affection que je vous ay portée dont vous étiez indigne, je vous ay fait meriter d'être mon ennemy : Si les Philistins autrefois n'eussent laissé leurs vies sous les bras de Sanson, nous ne sçaurions pas aujourd'huy que la Terre eut porté des Philistins : Ils doivent leur vie à leur mort, & s'ils eussent vécu dix ans plus tard, ils fussent morts trente siecles plûtôt. Ainsi vous moissonnez malgré moy cette gloire de vôtre lâcheté, de m'avoir contraint de vous en punir. On me dira, je le sçay bien, que pour avoir détruit un Pigmée, je n'attacheray pas à mon fort la matiere d'une illustre Epitaphe : Mais à regarder sans interest le revers du paradoxe, ce Marius qui fit en trois combats un cymetiere à trois Nations, ne fut pas censé Poltron, lorsqu'il frappoit les Grenoüilles du Marais où il s'étoit jetté : Et Socrate ne cessa pas d'être le premier homme de l'Univers, quand il eut écrasé les poux qui le mordoient dans son cachot : Non, non, petit Nain, ne pensez pas être quelqu'autre chose : essayez de vous humilier en vôtre neant, & croyez comme une article Foy, que si vous êtes encore aussi petit qu'au jour de vôtre naissance, le Ciel l'a permis ainsi, pour empêcher un petit mal de devenir grand ; Enfin vous n'êtes pas homme ? & que diable êtes-vous donc ? Vous êtes peut-être une Monie que quelque Farfadet aura volée à l'Ecole de Medecine pour en effrayer le Monde : Encore, cela n'est-il point trop éloigné du vray-semblable, puis que si les yeux sont les miroirs de l'ame, vôtre ame est quelque chose de bien laid; cependant vous vous vantez de mon amitié : O ! Ciel, punisseur des heresies, châtiez celle-cy du Tonnerre : Je vous ay donc aimé ? Je vous ay donc porté mon cœur en offrande : donc vous m'estimiez sot au poinct d'avoir par charité donné mon ame au diable : mais ce n'est pas de moy seul que vous avez médit : les plus châtoüillans Eloges qui partent de vous sont des Satyres, & Dieu ne vous eut point échappé si vous l'eussiez connu : Tout ce qui respire interessé à la perte des Monstres, auroit déja tenté mes bonnes graces par vôtre mort, mais il l'a neglige comme un coup seur, sçachant que vous avez en moy seul,

   Vôtre Partie, Vôtre Juge,
     & Vôtre Bourreau.

CONTRE
SOUCIDAS.
LETTRE V.

HE'! par la mort, Monsieur le Coquin, je trouve que vous êtes bien impudent de demeurer en vie aprés m'avoir offensé : Vous qui ne tenez lieu de rien au monde, ou qui n'êtes au plus qu'un clou aux fesses de la Nature : Vous qui tomberez si bas, si je cesse de vous soûtenir ; qu'une Puce en leschant la terre, ne vous distinguera pas du pavé : Vous enfin si sale & puant, qu'on doute (en vous voyant) si vôtre Mere n'a point accouché de vous par le derriere, encore si vous m'eussiez envoyé demander le temps d'un *Peccavi* : Mais sans vous enquêter si je trouve bon que vous viviez encore demain, ou que vous mouriez dés aujourd'huy, vous avez l'impudence de boire & de manger, comme si vous n'étiez pas mort: Ha! je vous proteste de renverser sur vous un si long aneantissement, qu'il ne sera pas vray de dire que vous avez jamais vécu; Vous esperez sans doute m'atendrir par la dedicace de quelque ennuyeux Burlesque: Point, point, je suis inexorable, je veux que vous mouriez tout presentement, puis selon que ma belle humeur me rendra misericordieux, je vous ressusciteray pour lire ma Lettre; aussi-bien quand pour regagner mes bonnes graces, vous me dedieriez une Fare, je sçay que tout ce qui est sot ne fait pas rire; & qu'encore que pour faire quelque chose de bien ridicule, vous n'ayez qu'à parler serieusement, vôtre Poësie est trop des Halles, & je pense que c'est la raison pourquoy vôtre Jugement de Paris n'a point de debit: Donc si vous m'en croyez, sauvez-vous au Barreau des ruades de Pegase; vous y serez sans doute un Juge incorruptible, puis que vôtre Jugement ne se peut achepter. Au reste, ce n'est point de vôtre Libraire seul, que j'ay appris que vous rimassiez: Je m'en doutois déja bien, parce que c'eût été un grand miracle

racle si les Veas ne s'étoient pas mis dans un homme si corrompu : Vôtre haleine seule suffit à faire croire que vous êtes d'intelligence avec la mort, pour ne respirer que la peste ; & les Muscadins ne sçauroient empêcher que vous ne soyez par tout le Monde en fort mauvaise odeur ; Je ne m'irrite point contre cette putrefaction, c'est un crime de vos Peres ladres : Vôtre chair même n'est autre chose que de la terre crevassée par le Soleil, & tellement fumée ; que si tout ce qu'on y a semé avoit pris racine, vous auriez maintenant sur les épaules un grand bois de haute-fûtaye : aprés cela je ne m'étonne plus de ce que vous prouvez qu'on ne vous a point encore connu : Il s'en faut en effet plus de quatre pieds de crote qu'on ne vous puisse voir : Vous êtes ensevely sous le fumier avec tant de grace, que s'il ne vous manquoit un pot cassé pour vous gratter, vous seriez un Job accomply. Ma foy vous donnez un beau démenty à ces Philosophes qui se mocquent de la Creation. S'il s'en trouvent encore, je souhaite qu'ils vous rencontrent : car je suis asseuré qu'aprés vôtre vûë, ils croiront aisément que l'homme peut avoir été fait de bouë. Ils vous prêcheront, &

F

se serviront de vous-même, pour vous retirer de ce malheureux Atheïsme où vous croupissez : Vous sçavez que je ne parle point par cœur, & que je ne suis pas le seul qui vous a entendu prier Dieu, qu'il vous fît la grace de ne point croire en luy. Comment petit Impie, Dieu n'oseroit avoir laissé fermer une porte quand vous fuyez le bâton, qu'il ne soit par vous aneanty : & vous ne commencez à le recroire que pour avoir contre qui jurer, quand vos Dezescamotez répondent mal à vôtre avarice : J'avouë que vôtre sort n'est pas de ceux qui puissent patiemment porter la perte, car vous êtes gueux comme un Diogene, & à peine le Chaos entier suffiroit-il à vous rassasier, c'est ce qui vous a obligé d'affronter tant de monde : Il n'y a plus moyen que vous trouviez pour marcher en cette Ville une ruë non creanciere, à moins que le Roy fasse bâtir un Paris en l'air. L'autre jour au Conseil de Guerre, on donna avis à Monsieur de Turenne de vous mettre dans un Mortier, pour vous faire sauter comme une bombe dans sainte Menehould, pour contraindre en moins de trois jours par la faim, les Habitans de se rendre : Je pense en verité que ce stratagême la reüssiroit, puis que vôtre Nez, qui n'a pas l'usage de raison : ce pauvre Nez, le reposoir & le Paradis des Chiquenaudes, semble ne s'être retroussé que pour s'éloigner de vôtre bouche affamée : Vos dents ? Mais bons Dieux ! où m'embarassay-je, elles sont plus à craindre que vos bras, leur chancre & leur longueur m'épouvente ; aussi-bien quelqu'un me reprocheroit que c'est trop berner un homme, qui dit m'estimer beaucoup : Donc, ô plaisant : petit Singe, ô Marionnette incarnée, cela seroit-il possible ; mais je voy que vous vous cabrez de ce glorieux sobriquet ! Helas demandez ce que vous êtes à tout le monde, & vous verrez si tout le monde ne dit pas que vous n'avez rien d'homme que la ressemblance d'un Magot : Ce n'est pas pourtant, quoy que je vous compare à ce petit homme à quatre pattes, ny que je pense que vous raisonniez aussi bien qu'un Singe : Non, non, mesler gambade ; car quand je vous contemple si décharné, je m'imagine que vos nerfs sont assez secs & assez preparez pour exciter, en vous remuant, ce bruit que vous appellez parole, c'est infailliblement ce qui est cause que vous jasez & fretillez sans intervalle : Mais puis que parler y a, apprenez-moy de grace, si vous parlez à force de remuër, ou si vous remuez à force de parler ; ce qui fait soupçonner que tout le tintamarre que vous faites ne vient pas de vôtre langue, c'est qu'une langue seule ne sçauroit dire le quart de ce que vous dites, & que la plûpart de vos discours sont tellement éloignez de la raison, qu'on voit bien que vous parlez par un endroit qui n'est pas fort prés du cerveau : Enfin, mon petit Gentil Godenot, il est vray que vous êtes toute langue, que s'il n'y avoit point d'impieté d'adapter les choses saintes aux prophanes, je croirois que S. Jean prophetisoit de vous quand il écrivit ; que la parole s'étoit faite chair ; Et en effet, s'il me falloit écrire autant que vous parlez, j'aurois besoin de devenir plume ; mais puis que cela ne se peut, vous me permettrez de vous dire adieu ; Adieu donc, mon Camarade, sans compliment, aussi-bien seriez-vous trop mal obey, si j'étois,

Vôtre Serviteur.

CONTRE
MONSIEUR DE V***
LETTRE VI.

MONSIEUR,

Tant de careſſes de la Fortune que j'ay perduë, en perdant vôtre amitié, me perſuadent enfin de me repentir d'avoir ſi fort contribué à ſa perte, & ſi je ſuis en diſgrace, je confeſſe que je la merite, pour ne m'être pas conſervé plus ſoigneuſement, & l'eſtime & la vûë d'une perſonne qui fait paſſer les moindres, dont il eſt viſité, ſous le titre de Comtes & de Marquis : Certes, Monſieur, vous vous faites le Pere de forces grands Seigneurs qui ne croyent pas l'etre, & je commence à m'appercevoir que j'ay tort d'avoir ainſi negligé ma fortune, car j'aurois poſſible gagné à ce jeu-là une Principauté : Quelques-uns blâment cette humeur prodigue, mais ils ne ſçavent pas que ce qui vous engage à ces magnificences, eſt le paſſionné deſir qui vous emporte pour la multiplication de la Nobleſſe, & que

F iij

c'est pour cela que ne pouvant mettre au jour de Gentilhommes selon la chair, vous en voulez du moins produire spirituellement : Les Autheurs Romanesque que vous connoissez, donnent bien des Empires à tel qui souvent n'avoit pas possedé deux arpens de terre, mais vôtre talent est si égal au leur, qu'il vous met en droit d'user des mêmes privileges : On sçait assez que tous ces grands Autheurs ne parlent pas mieux que vous, puis que vous parlez tout comme eux, & qu'à chaque moment vous vomissez & Cassandre & Polexandre si crus, qu'on pense voir dans vôtre bouche le papier dessous les paroles : Les Critiques murmurent que le grand bruit dont vous éclatez, n'est pas la marque d'un grand esprit, que les vaisseaux vuides en excitent plus que ceux qui sont pleins, & que peut-être à cause du concave de vôtre cerveau remply de rien, vôtre bouche à l'exemple des cavernes, fait un écho mal distinct de tous les sons qui la frappent ; mais quoy qu'il se faut consoler, celuy-là est encore à naître, qui a sçû le moyen d'empêcher l'envie de mordre la vertu ; car je veux même, comme ils le disent, que vous ne fassiez pas un grand Genie, vous êtes toutefois un grand homme. Comment vous êtes capable par

vôtre ombre seule de noircir un Jeu de
Paulme tout entier ; personne n'entend
parler de vôtre taille, qu'il ne croye qu'on
fasse l'histoire d'une Cedre ou d'un Sapin ;
& d'autres qui vous connoissent un peu
plus particulierement, prouvant que vous
n'avez rien d'homme que le son de la
voix, asseurent qu'ils ont appris par tradition que vous êtes un Chesne transplan-
té de la Forest de Dodone : Ce n'est pas
de mon avis qu'ils portent ce jugement ;
au contraire, je leur ay dit cent fois qu'il
n'y avoit point d'apparence que vous fussiez un Chesne, puis que les plus sensez
tombent d'accord que vous n'êtes qu'une
Bûche; Pour moy qui pense vous connoître de plus longue main, je leur soûtiens
qu'il est tout-à-fait éloigné du vray semblable d'imaginer que vous soyez un
arbre, car encore que cette partie supe-
rieure de vôtre tout (qu'à cause du lieu
de sa scituation on appelle vôtre tête)
ne fasse aucune fonction raisonnable ny
même sensitive, je ne me persuade pas
pourtant qu'elle soit de bois, mais je m'i-
magine qu'elle a été privée de l'usage
des sens, à cause qu'une ame humaine
n'étant pas assez grande pour animer de
bout en bout un si vaste colose, la Nature a été contrainte de laisser en friche

F iiij

la Region d'enhaut; Et en effet, y a-t'il quelqu'un qui ne sçache que quand elle logea ce qu'en d'autres on nomme l'Esprit dans vôtre corps demesuré, elle eut beau le tirer & l'allonger, elle ne pût jamais le faire arriver jusqu'à vôtre cervelle; Vos membres même sont prodigieux, qu'à les considerer on croit que vous avez deux Geans pendus au bas du ventre, à la place de vos cuisses, & vous avez la bouche si large, que je crains quelquefois que vôtre tête ne tombe dedans; En verité s'il étoit de la Foy de croire que vous fussiez homme, j'aurois un grand motif à soupçonner, qu'il a donc fallu mettre dans vôtre corps pour luy donner la vie, l'ame universelle du monde. Il faut en effet, que vous soyez quelque chose de bien ample, puisque toute la Communauté des Frippiers est occupée à vous vétir, ou bien que ces gens là qui cherchent; le débit ne pouvant amener toutes les ruës de Paris à la Halle, ayent chargé sur vous leurs guenilles, afin de promener la Halle par tout Paris: Au reste, ce reproche ne vous doit point offenser, au contraire, il vous est avantageux, il fait connoître que vous êtes une personne publique, puisque le public vous habille à ses dépens, & puis assez d'autres choses vous rendent considerable : Je dis même sans mettre en ligne de compte, que comme l'épaisseur de la Vase du Nil, ensuite de son débordement, les Egyptiens jugent de leur abondance ; on peut supputer par l'épaisseur de nôtre embonpoint, le nombre des embrassemens illegitimes qui se sont faits en vôtre Fauxbourg : Et enfin, à propos d'arbre à qui je vous comparois tantôt, ont dit que vous en êtes un si fertil, qu'il n'y a point de jour que vous ne produisez ; mais je sçay bien que ces sortes d'injures passent fort loin de vous, & que vos calomniateurs n'eussent osé vous soûtenir en face tant d'injures, du temps que la troisiéme peinture des Cartes étoit vôtre portrait ; vous traîniez alors une brette, qui vous auroit vangé d'eux, ils ne vous eussent pas accusé comme aujourd'huy, d'effronterie en un état de condition, où vous changiez si souvent de couleur. Voilà, Monsieur, les peaux d'Anes à peu prés dont ils persecutent vôtre déplorable renommée : J'en ferois l'Apologie un peu plus longue, mais la fin du papier m'oblige de finir : Permettez donc que je prenne congé de vous sans les ceremonies accoûtumées, parce que ces Messieurs qui vous méprisent fort, & donc je fais

F v

beaucoup d'estime, penseroient que je fusse le valet du valet des Tambourineux, si j'avois mis au bas de cette Lettre, que je suis,

MONSIEUR,

Vôtre Serviteur, &c.

CONSOLATION
A UN AMY
SUR L'ETERNITE'
DE SON BEAU-PERE.
LETTRE VII.

MONSIEUR,

La Faculté bien mieux que moy, vous mettra quelque jour à couvert de la vie de ce personnage : laissez-là donc faire, elle a des bras dont personne ne pare les coups : Vous me répondrez sans doute qu'il a passé déja plus de six mois le temps de mourir ; que la Parque ne s'est pas souvenuë de luy, & que maintenant qu'elle a tant marché depuis, elle sera honteuse & paresseuse de revenir le prendre si loin : Non, non, Monsieur, esperez toûjours jusqu'à ce qu'il ait passé neuf cens ans, l'âge de Mathusalem ; mais enfin parlez-luy sans cesse en grondant, criez, pestez, tonnez dans sa maison, croisez par tout ses yeux, & faites en sorte qu'il se dépite contre le jour, n'est-il pas temps aussi-bien qu'il fasse place à d'autres : Comment Artehius & la Sibille Cumée au prix de luy, n'ont fait que semblant de vivre, il nâquit auparavant que la Mort fut faite, & la Mort à cause de cela, n'oseroit tirer sur luy, parce qu'elle craint de tuër son Pere : & puis même quand cette consideration ne l'empêcheroit pas, elle le void si foible de vieillesse, qu'il n'auroit pas la force de marcher jusqu'en l'autre monde : Et je pense qu'une autre raison encore le fait demeurer debout, c'est que la Mort qui ne luy voit faire aucune action de vie, le prenant plûtôt pour une statuë que pour un vivant, pense qu'il est du devoir, ou du temps, ou de la fortune, de le faire tomber. Aprés cela, Monsieur, je m'étonne fort que vous disiez qu'étant prest de fermer le cercle de ses jours, & arrivant au premier point dont il est party, il redevienne enfant ?

F vj

Ha! vous vous moquez, & pour moy, je ne sçaurois pas même m'imaginer qui l'ait jamais été, quoy luy petit garçon ? Non, non, il ne le fût jamais, ou Moyse s'est trompé au calcul qu'il a fait de la Creation du Monde : S'il est permis toutesfois de nommer ainsi tout ce qui peut à peine faire les fonctions d'un enfant, je vous donne les mains, car il faut en effet qu'il soit plus ignorant qu'une Plante même, de ne sçavoir pas mourir, chose que tout ce qui a vie sçait faire sans Precepteur. O ! que n'a-t'il été connû d'Aristote, ce Philosophe n'eût pas définy l'Homme Animal raisonnable : Ceux de la Secte d'Epicure, qui démonstrent que les bêtes usent de la raison, en doivent excepter celle-là encore s'il étoit bien vray qu'il fût bête : Mais, helas ! dans l'ordre des estres animez ; il est un peu plus qu'un Artichault, & un peu moins qu'une Huître à l'Escaille ; de sorte que j'aurois crû, si ce n'étoit que vous le soupçonnez la ladrerie, qu'il est, ce qu'on appelle la plante sensitive. Avoüez donc que vous avez tort de vous ennuyer de sa vie ; il n'a pas encore vécu, il n'a que dormy ; attendez au moins qu'il ait achevé un somme : êtes-vous asseuré qu'on ne luy ait pas dit que le sommeil & la mort sont freres, il fait peut-être scrupule (ayant bonne conscience) aprés avoir joüy de l'une, d'avoir affaire à l'autre. N'inferez pas cependant ensuite de cela que je veüille prouver par cette enfilade, que le personnage dont il est question soit un sot homme, point du tout, il n'est rien moins qu'homme ; car outre qu'il nous ressemble par le Baptême, c'est un privilege dont joüissent aussi bien que luy les Cloches de sa Paroisse. Je parlerois de cette vie jusqu'à la mort pour soulager vôtre ennuy, mais le sommeil commence de causer à ma main de si grandes foiblesses, que ma tête par compagnie, tombe sur mon oreille. Hà ! par ma foy, je ne sçay plus ce que j'écris. Adieu, bon soir.

MONSIEUR,

Vôtre Serviteur.

CONTRE UN PILLEUR DE PENSE'ES.
LETTRE VIII.

MONSIEUR,

Puis que nôtre amy butine nos Pensées, c'est une marque qu'il nous estime, il ne les prendroit pas s'il ne les croyoit bonnes, & nous avons grand tort de nous estomaquer de ce que qu'ayant point d'enfans, il adopte les nôtres: Pour moy ce qui m'offence en mon particulier (car vous sçavez que j'ay un esprit vangeur de torts, & fort enclin à la justice distributive) c'est de voir qu'il attribuë à son ingrate imagination les bons services que luy rend sa memoire, & qu'il se dise le pere de mille hautes conceptions: dont il n'a été au plus que la Sage-Femme ; Allons Monsieur, aprés cela nous vanter d'écrire mieux que luy, lors qu'il écrit tout comme nous, & tournons en ridicule qu'à son âge il ait encore un Escrivain chez luy, puis qu'il ne nous fait point en cela d'autre mal que de rendre nos œuvres plus lisibles ; nous devrions, au contraire, recevoir avec respect tant de sages avertissemens moraux, dont je tâche de reprimer les emportemens de jeunesses; Oüy certes, nous devrions y ajoûter plus de foy, & n'en douter non plus que de l'Evangile ; car tout le monde sçait que ce ne sont pas des choses qu'il ait inventées ? A la verité, d'avoir un Amy de la sorte, c'est entretenir une Imprimerie à bon marché ; Pour moy je m'imagine, en dépit de tous ses grands Manuscrits ; que si quelque jour aprés sa mort, on inventorie le Cabinet de ses Livres, c'est-à-dire, de ceux qui sont sortis de son Genie, tous ses Ouvrages ensemble, ôtant ce qui n'est pas de luy, composeront une Bibliotheque de papier blanc. Il ne laisse pas de vouloir s'attribuër les dépoüilles des morts, & de croire inventer ce dont il se souvient ; mais de cete façon il prouve mal la noble extraction de ses pensées de n'en tirer l'antiquité que d'un homme qui vit encore ; mais il veut par là conclure à la Metempsicose, & montrer que quand il se serviroit des imaginations de Socrate, il ne les voleroit point, ayant été jadis ce même Socrate qui les imagine ; & puis n'a-t'il pas assez de memoire pour être riche de ce bien-là seul ? Comment il l'a si grande, qu'il se souvient de ce qu'on a dit trente siecles auparavant qu'il fut au monde. Quant à moy qui suis un peu moins souffrant que les morts, obtenez de luy qu'il me permette de datter mes pensées, afin que ma posterité ne soit point douteuse : Il y eut jadis une Déesse Echo ; celuy-cy sans doute, en doit être le Dieu ; car de même qu'elle, il ne dit jamais que ce que les autres ont dit, & le repete si mot à mot, que transcrivant l'autre jour une de mes Lettres (il appelloit cela composer,) il eût toutes les peines du monde à s'empêcher de mettre, Vôtre Serviteur Beaulieu, parce qu'il y avoit au bas,

Vôtre Serviteur,
DE BERGERAC.

AVTRE, CONTRE UN PILLEUR DE PENSE'ES.
LETTRE IX.

MONSIEUR,

Aprés avoir échauffé contre nous cét homme qui n'est que flegme, n'apprehendons-nous point qu'un de ces jours on nous accuse d'avoir brûlé la riviere; cét esprit aquatique murmure continuellement comme les fontaines sans que l'on puisse entendre ce qu'il dit. Ha! Monsieur, que cét homme me fait prévoir à la fin des siecles une étrange avanture, c'est que s'il ne meurt qu'au bout de sa memoire, les Trompettes de la Resurrection n'auront pas de silence: Cette seule faculté dans luy ne laisse point de place aux autres, & il est un si grand persecuteur de sens commun, qui me fait soupçonner que le Jugement universel n'a été promis que pour en faire avoir aux personnes comme luy, qui n'en ont point eu de particulier; Et à vous parler ingenument, quiconque le fera sortir du monde aura grand tort, puis qu'il l'en fera sortir sans raison; mais cependant il parle autant que tous les Livres, & tous les Livres semblent n'avoir parlé que pour luy; il n'ouvre jamais la bouche que nous n'y trouvions un larcin, & il est si accoûtumé à mettre au jour son pillage, que même quand il ne dit mot, c'est pour dérober cela aux Muets. Nous sommes pourtant de faux braves, & nous partageons avec injustice les avantages du combat, nôtre esprit ayant trois facultez de l'opposer au sien, qui n'en a qu'une; c'est pourquoy s'il à dans la tête beaucoup de vuide, on luy doit pardonner, puis qu'il n'a pas été possible à la Nature de la remplir avec le tiers d'une ame raisonnable: En récompense il ne la laisse pas dormir, il la tient sans cesse occupée à dépoüiller quelqu'un; Et ces grands Philosophes, qui croyoient s'être mis par la pauvreté qu'ils professoient à couvert d'impôts & de contributions, luy doivent par jour chacun jusqu'au plus miserable, une rente de dix pensées, & ce Maltotier de conceptions, n'en laisse pas échaper un qu'il ne taxe aux aisez, selon l'étenduë de son revenu ; ils ont beau se cacher dans l'obscurité, il les sçait bien trouver, & les fait bien parler François : Encore ont-ils souvent le regret de confisquer leurs œuvres toutes entieres, quand ils n'ont pas le moyen de payer leur taxe, mais il continuë ces brigandages en seureté : Car il sçait que la Grece & l'Italie relevant d'autres Princes que du nôtre, il ne sera pas recherché en France des larcins qu'il aura faits chez eux. Je croy même qu'il pense, à cause que les Payens sont nos ennemis, ne pouvoit rien butiner sur eux qui ne soit pris de bonne guerre : Voilà, Monsieur, ce qui est cause que nous voyons chaque page de ses Epîtres être le cymetiere des vivans & des morts ; Ne doutez point aprés cela que si au jour de la consommation des siecles, chacun reprend ce qui luy appartient, le partage de ses écrits ne soit la derniere querelle des hommes. Aprés avoir été dans nos conversations cinq ou six jours à l'affust, aux pensées plus chargé de pointes qu'un Porc-espic, il les va ficher dans ses Epigrammes & dans ses Sonnets, comme des éguilles dans un ploton : Cependant il se vante qu'il n'y a rien dans ses écrits qui ne luy appartienne aussi justement, que le papier & l'ancre qu'il a payez : que les 24 lettres de l'Alphabet sont à luy comme à nous, & la disposition par consequent : & qu'Aristote étant mort, il peut s'emparer de ses Livres, puis que ses terres qui sont des immeubles, ne sont pas aujourd'huy sans Maîtres ; mais aprés tout cela, quelquesfois quand on luy trouve le manteau sur les épaules, il l'adopte pour sien, & proteste de n'avoir jamais logé dans sa memoire que ses propres imaginations : pour cela il se peut faire, ses écrits étans l'Hôpital où il retire les miennes. Si maintenant vous me demandez la définition de cét homme, je vous répondray que c'est un Echo qui s'est fait penser de la courte haleine, & qui auroit été muet si je n'avois jamais parlé : Pour moy, je suis un miserable Pere, qui pleure la perte de mes enfans : Il est vray que de ses richesses il en use fort genereusement, car elles sont plus à moy qu'à luy : Et il est encore vray que si l'on y mettoit le feu, en y jettant de l'eau, je ne sauverois que mon bien, c'est pourquoy je me retracte de tout ce que je luy ay reproché : De qu'elle faute, en effet, puis-je accuser un innocent qui n'a rien fait, ou qui (quoy qu'il ait fait) ne l'a fait enfin qu'aprés moy ? Je ne l'accuse donc plus, nous sommes trop bons amis, & j'ay toûjours été si joint à luy, qu'on ne peut pas dire qu'il ait jamais travaillé à quelque chose où je n'aye esté attentif. Ses ouvrages étoient mes seules pensées, & quand je m'occupois à imaginer, je songeois à ce qu'il devoit écrire : Tenez donc je vous supplie pour asseuré, que tout ce que je semble avoir reproché cy-dessus à sa mandicité, est seulement pour le prier qu'il épargne ses ridicules comparaisons de nos Peres, car ce n'est pas le moyen de devenir, comme il l'espere Escrivain sans comparaison, puis que c'est une marque d'avoir bien de la pente au larcin, de dérober jusqu'à des guenilles, & de n'avoir pour toute finesse de bien dire, que des comme, des de mêmes, ou des tout ainsi. Comment la foudre n'est pas assez loin des ses mains dans la moyenne region de l'air, ny les torrens de la Thrace assez rapides pour empêcher qu'il ne les détourne jusqu'en ce Royaume pour les marier par force à ses comparaisons : Je ne vois pas le motif de ce mauvais butin, si ce n'est que ce flegmatique, de peur de laisser croupir ses aquatiques pensées, essaye d'en former des torrens ; craignant qu'elles ne se corrompent, ou qu'il veüille échauffer ses froides rencontres avec le feu des Esclairs & des Tonnerres : Mais qu'enfin, pour tout ce que je luy sçaurois dire, il ne vainquera pas les tyranniques malignitez de sa Planette : & puis que cette inclination de Filou le gourmande avec tant d'empire, qu'il glanne au moins sur les bons Auteurs : car quel butin prétend-il faire sur un miserable comme moy, il ne se chargera que de vetilles : Cependant il consomme les nuits & les jours à me dépoüiller depuis les pieds jusqu'à la tête : & cela est si vray que je vous feray voir dans toutes ses Lettres le commencement & la fin des miennes. Je suis,

MONSIEUR,

Vôtre Serviteur.

CONTRE UN GROS HOMME.
LETTRE X.

ENfin, gros Homme, je vous ay vû, mes prunelles ont achevé sur vous de grands voyages, & le jour que vous éboulâtes corporellement jusqu'à moy, j'eus le temps de parcourir vôtre Hemisphere, ou pour parler plus veritablement, d'en découvrir quelques cantons : Mais comme je ne suis pas tout seul les yeux de tout le monde, permettez que je donne vôtre Portraict à la posterité : qui un jour sera bien aise de sçavoir comment vous étiez fait. On sçaura donc en prenant lieu, que la Nature qui vous ficha une tête sur la Poitrine, ne voulut pas expressement y mettre le col, afin de le dérober aux malignitez de vôtre Horoscope : Que vôtre ame est si grosse, qu'elle serviroit bien de corps à une personne un peu deliée : Que vous avez ce qu'aux hommes on appelle la face si fort au dessous des épaules, & ce qu'on appelle les épaules si fort au dessus de la face, que vous semblez un saint Denis portant son Chef en ses mains. Encore je ne dis que la moitié de ce que je voy, car si je décends mes regards jusqu'à vôtre Bedaine, je m'imagine voir aux Limbes tous les Fidelles dans le sein d'Abraham ; Sainte Ursule qui porte les onze mille Vierges enveloppées dans son manteau, ou le Cheval de Troye-farcy de quarante mille hommes ; Mais je me trompe, vous êtes quelque chose de plus gros, ma raison trouve bien plus d'apparence, à croire que vous êtes une louppe aux entrailles de la Nature, qui rend la Terre jumelle : Hé ! quoy, vous n'ouvrez jamais la bouche, qu'on ne se souvienne de la Fable de Phaëton, où le Globe de la Terre parle : oüy le Globe de la Terre : Et si la Terre est un Animal, vous voyant aussi rond, & aussi large quelle, je soûtiens que vous êtes son mâle, & qu'elle a depuis peu accouchée de l'Amerique, dont vous l'aviez engrossée : He ! bien qu'en dites-vous, le portrait est-il ressemblant, pour n'y avoir donné qu'une touche, par la description de vôtre sphere de chair, dont tous les membres sont si ronds, que chacun fait un cercle, & par l'arondissement universel de vôtre

épaisse

épaisse masse, n'ay-je pas appris à nos Neveux que vous n'étiez point fourbe, puis que vous marchez rondement ? Pouvois-je mieux convaincre de mensonge ceux qui vous menacent de pauvreté, qu'en leur faisant voir à l'œil que vous roulerez toûjours ? Et enfin étoit-il possible d'enseigner plus intelligiblement que vous êtes un miracle, puis que vôtre gras embonpoint vous fait prendre par vos Spectateurs pour une Longe de Veau, qui se promede sur ses lardons. Je me doute bien que vous m'objecterez qu'une Boule, qu'un Globe, n'y qu'un morceau de chair, ne sont pas des ouvrages, & que la belle Sidon vous a fait triompher sur les Theatres de Venise : Mais entre vous & moy, vous en connoissez l'encloüeure : il n'y a personne en Italie qui ne sçache que cette Tragedie est la Corneille d'Esope : que vous l'avez sçûë par cœur auparavant que de l'avoir inventée, étant tirée *de l'Aminte, du Pastor fido, de Guarini, du Cavalier Marion*, & de cent autres, on la peut appeller la Piece des Pieces, & que vous feriez non seulement un Globe, une Boule, & un morceau de chair : mais encore un miroir qui prend tout ce qu'on luy montre, n'étoit que vous represen-

G

tez trop mal : Sus donc confeſſez la debte, je n'en parleray point ; au contraire, pour vous excuſer, je diray à tout le monde que vôtre Reyne de Cartage doit être un corps compoſé de toutes les natures : parce qu'étant d'Afrique, c'eſt de-là que viennent les Monſtres ? Et j'ajoûteray même que cette piece parût ſi belle aux Nobles de cette Republique, qu'à l'exemple des Acteurs qui la joüoient, tout le monde la joüoit : Quelques ignorans peut-être concluront, à cauſe de la ſterilité des penſées qu'on y trouve, que vous ne penſiez à rien quand vous la fiſtes ; mais tous les habiles ſçavent qu'afin d'éviter l'obſcurité, vous y avez mis les bonnes choſes fort claires ; & quand même ils auroient prouvé que depuis l'Ortil juſqu'au Sapin, c'eſt-à-dire, depuis le Taſſe juſqu'à Corneille, les Poëtes ont accouché de vôtre enfant, ils ne pourroient rien inferer, ſinon qu'une ame ordinaire, n'étant pas aſſez grande pour vivifier vôtre maſſe de bout en bout, vous fûtes animé de celle du monde, & qu'aujourd'huy c'eſt ce qui eſt cauſe que vous imaginez par le cerveau de tous les hommes : Mais encore ils ſont bien éloignez d'avoüer que vous imaginez, ils ſoûtiennent qu'il n'eſt pas possible que vous puissiez parler, ou que si vous parlez, c'est comme jadis l'autre de la Sibille, qui parloit sans le sçavoir ? Mais encore que les fumées qui sortent de vôtre bouche, je voulois dire de vôtre bondon, soient aussi capables d'enyvrer que celles qui s'exhaloient de cette grotte, je n'y vois rien d'aussi prophetique : c'est pourquoy j'estime que vous n'êtes au plus que la Caverne des sept Dormans, qui ronflent par vôtre bouche. Mais, bons Dieux ! qu'est-ce que je voy ; vous me semblez encore plus enflé qu'à l'ordinaire. Est-ce donc le courroux qui vous sert de Seringue ; Déja vos jambes & vôtre tête sont tellement unies par leur extention à la circonference de vôtre Globe, que vous n'êtes plus qu'un balon. Vous vous figurez peut-être que je me mocque, par ma foy vous avez deviné, & le miracle n'est pas grand qu'une boule ait frappé au but : Je vous puis même asseurer que si les coups de bâton s'envoyoient par écrit, vous liriez ma Lettre des épaules : & ne vous étonnez pas de mon procedé, car la vaste étenduë de vôtre rondeur me fait croire si fermement que vous êtes une terre, que de bon cœur je planterois du bois sur vous pour voir

G ij

comment il s'y porteroit ; Pensez-vous donc à cause qu'un homme ne vous sçauroit battre tout entier en vingt-quatre heures, & qu'il ne sçauroit en un jour échigner qu'une de vos Omoplates, que je me veüille reposer de vôtre mort sur le Bourreau ? Non, non, je seray même vôtre Parque, & ce seroit déja fait de vous, si j'étois bien delivré d'un mal de rate, pour la guerison duquel les Medecins m'ont ordonné encore quatre ou cinq prises de vos impertinences : mais si-tôt que j'auray fait banqueroute aux divertissemens, & que je seray las de rire, tenez pour tout asseuré que je vous envoyeray deffendre de vous compter entre les choses qui vivent : Adieu, c'est fait. J'eusse bien finy ma Lettre à l'ordinaire, mais vous n'eussiez pas crû pour cela que je fusse vôtre tres-humble, tres-obeïssant, & tres-affectionné : C'est pourquoy, Gros Crevé,

Serviteur à la paillasse,

CONTRE RONSCARD.
LETTRE XI.

MONSIEUR,

Vous me demandez quel jugement je fais de ce Renard, à qui semblent trop vertes les Mures où il ne peut atteindre : je pense que comme on arrive à la connoissance d'une cause par ses effets, qu'ainsi pour connoître la force, ou la foiblesse de l'esprit de ce personnage, il ne faut que jetter la vûë sur ses productions : Mais je parle fort mal de dire ses productions, il n'a jamais sçû que détruire, témoin le Dieu des Poëtes de Rome, qu'il fait encore aujourd'huy radoter. Je vous avoücïay donc au sujet sur lequel vous desirez avoir mon sentiment, que je n'ay jamais vû de ridicule plus serieux, ny de serieux plus ridicule que le sien : Le peuple l'approuve, aprés cela concluez : Ce n'est pas toutefois que je n'estime son jugement ; d'avoir choisi pour écrire un ſtyle mocqueur, puis qu'écrire comme il fait, c'eſt ſe mocquer du monde. Les Partiſans ont beau crier pour élever ſa gloire, qu'il travaille d'une façon où il n'a perſonne pour guide, je le confeſſe : mais qu'ils mettent la main ſur leur conſcience : En verité n'eſt-il pas plus aiſé de faire l'Eneïde de Virgile comme Ronſcar, que de faire l'Eneïde de Ronſcar comme Virgile : Pour moy je m'imagine quand il ſe mêle de profaner le ſaint Art d'Apollon, entendre une Grenoüille fâchée croaſſer au pied du Parnaſſe. Vous me reprocherez peut-être que je traitte un peu mal cét Autheur de le reduire à l'inſecte : mais ne l'ayant jamais vû, puis que vous m'obligez à faire ſon Tableau, je ne ſçaurois pour le peindre agir d'autre façon que ſuivre l'idée que j'en ay reçûë de tous ſes amis. Il n'y en a pas un qui ne tombe d'accord, que ſans mourir il a ceſſé d'être homme, & n'eſt plus que la façon. Mais en effet à quoy le reconnoîtrions-nous, il marche à rebours du ſens commun, & il en eſt venu à ce point de beſtialité, que de bannir les pointes & les penſées de la compoſition des ouvrages ; Quand par malheur en liſant il tombe ſur quelqu'une, on diroit à voir l'horreur dont il est surpris, qu'il est tombé des yeux sur un Bazilic, ou qu'il a marché sur un Aspic. Si la terre n'avoit jamais connu d'autres pointes que celles des Chardons, la Nature l'a formé de sorte qu'il ne les auroit pas trouvé mauvaises, car entre vous & moy, lors qu'il fait semblant de sentir qu'une pointe le picque, je ne puis m'empêcher de croire que c'est afin de nous persuader qu'il n'est pas ladre, mais ladre ou non, je le laisserois en patience, s'il n'érigeoit point des trophées à la stupidité, en l'appuyant de son exemple. Comment, ce bon Seigneur veut qu'on n'écrive que ce qu'on a lû, comme si nous ne parlions aujourd'huy François, qu'à cause que jadis on a parlé Latin, & comme si l'on n'étoit raisonnable que quand on est moulé ; Nous sommes donc beaucoup obligez à la Nature de ne l'avoir pas fait naître le premier homme, car indubitablement il n'auroit jamais parlé s'il avoit entendu braire auparavant: Il est vray que pour faire entendre ses pensées, il employe une espece d'Idiome qui force tout le monde à s'étonner comment les vingt-quatre lettres de l'Alphabet se peuvent assembler en tant de façons sans rien dire ; Aprés cela vous me demanderez le jugement que je fais de cét homme, qui sans rien dire parle sans cesse; Helas, Monsieur, je n'en dis rien, sinon qu'il faut que son mal soit bien enraciné, de n'en être pas encore guery depuis plus de quinze ans qu'il a le flus de bouche; Mais à propos de son infirmité, on croit comme un miracle de ce saint homme, qu'il n'a de l'esprit que depuis qu'il est malade? Que sans ce que la maladie a troublé l'œconomie de son temperament, il étoit taillé pour être un grand sot : & que rien n'est capable d'effacer l'encre dont il a barboüillé son nom sur le front de la Memoire, puis que le Mercure & l'archet n'en ont pû venir à bout. Les railleurs ajoûtent à cela qu'il ne vit qu'à force de mourir, & qu'à cause que cette drogue de Naples luy a coûté bonne, & l'a fait monter au nombre des Autheurs, il la revend tous les jours aux Libraires; Mais quoy qu'ils disent, il ne mourra jamais de faim, car pourvû que rien ne manque à sa Chaire, je suis asseuré qu'il roulera jusqu'à la mort : S'il avoit mis ses Poëmes autant à couvert de la fureur de l'oubly, ils ne seroient pas en danger comme ils sont d'être bien-tôt inhumez en papier bleu : aussi n'y a-t'il guére d'apparence que ce pot pourry de Peaux-d'Asnes, fasse vivre Ronscar autant de siecles que l'Histoire d'Enée a fait durer Virgile: Il me semble au contraire qu'il seroit mieux d'obtenir un Arrest de la Cour, qui portât commandement aux Harangeres de parler toûjours un même jargon, de peur qu'introduisant de nouveaux rébus à la place des vieux, on ne doute avant quatre mois en quelle Langue il aura écrit. Mais helas! en ce terrestre séjour, qui peut répondre de son éternité dans la memoire des hommes, quand elle dépend de la viciscitude de leurs Proverbes: Je vous asseure que cette pensée m'a fait juger plusieurs fois, que les Chevaux qui traînent le Char de sa renommée, avoient besoin qu'il se servit de pointes pour la faire avancer; autrement elle porte la mine si elle marche aussi lentement que luy, de ne pas faire un long voyage: Comment les Grecs ont demeuré moins de temps au Siege de Troye, qu'il ne s'en est passé depuis qu'il est sur le sien? A le voir sans bras & sans jambes, on le prendroit (si sa langue étoit immobile) pour un Therme planté au Parvis du Temple de la Mort: Il fait bien de parler; on ne pourroit pas

G v

croire sans cela qu'il fut en vie : & je me trompe fort, si tout le monde ne disoit de luy, aprés l'avoir oüy tant crier sous l'archet, que c'est un bon violon : Ne vous imaginez pas, Monsieur, que je le boute ainsi pour m'escrimer de l'équivoque de violon, ou autre : A curieusement considerer le squelette de cette Momie, je vous puis asseurer que si jamais il prenoit envie à la Parque de danser une Sarabande, elle prendroit à chaque main une couple de Ronsears, au lieu de Castagnettes, ou tout au moins elle se passeroit leurs langues entre ses doigts pour s'en servir, comme on sert des cliquettes de ladres : Ma foy, puis que nous en sommes arrivez jusques-là, il vaut autant achever son portrait. Il ne figure donc (car il faut bien figurer les animaux que l'on ne montre pas pour de l'argent) que si ses pensées forment au monde de sa tête, il doit avoir la tête fort plate, que ses yeux sont des plus grands, si la Nature les luy a fendus de la longueur du coup de hache qui luy a fesié le cerveau. On ajoûte à sa description, qu'il y a plus de dix ans que la Parque luy a tordu le col sans le pouvoir étrangler : & ces jours passez un de ses amis m'asseura qu'aprés avoir contemplé ses bras tords, & petrifiez sur ses hanches, il avoit pris son corps pour un gibet où le diable avoit pendu une ame, & se persuade même qu'il pouvoit être arrivé que le Ciel, animant ce cadavre infecté & pourry, avoir voulu pour le punir des crimes qu'il n'avoit pas commis encore, jetter par avance son ame à la voirie. Au reste Monsieur, vous l'exorterez de ma part s'il vous plaist, de ne se point emporter pour toutes ces galanteries, par lesquelles je tâche de dérober sa pensée aux cruelles douleurs qui le tourmentent ; Ce n'est pas à dessein d'augmenter son affliction ; Mais quoy, il n'est pas facile de contraindre en son cœur toutes les veritez qui se pressent, & puis pour avoir peint le Tableau de son visage mal bâty, n'est-il pas manifeste à chacun que depuis le temps que les Medecins sont occupez à curer sa carcasse, ce doit être un homme bien vuidé ; Outre cela que sçait-on si Dieu ne le punit point de la haine qu'il porte à ceux qui sçavent bien penser quand nous voyons sa maladie incurable, pour avoir differé trop long-temps de se mettre entre les mains d'une personne qui sçût bien penser, je me persuade que c'est aussi en conséquence de cela que ce Cerbere enragé vomit son venin sur tout le monde : car j'ay appris que quelqu'un luy dépliant un Sonnet, qu'il disoit (n'étant pas bien informé) être de moy, il tourna sur luy des yeux qui l'obligerent de le repl'er sans le lire, mais son caprice ne m'étonne guéres, car comment eût-il pû voir cét ouvrage de bon œil, luy qui ne sçauroit même regarder le Ciel que de travers, luy qui persecuté de trois fleaux, ne reste sur la terre que pour être aux hommes un spectacle continuel de la vengeance de Dieu, luy dont la calomnie & la rage ont osé répandre leur écume sur la pourpre d'un Prince de l'Eglise, & tâché d'en faire réjallir la honte sur la face d'un Heros, qui conduit heureusement sous les auspices de Loüis le premier Estat de la Chrêtienté ; Enfin tout ce qui est noble, auguste, grand, & sacré, irrite à tel poinct ce Monstre, que semblable au Codinde, aussi-bien en sa disformité qu'en son courroux, il ne peut supporter la vûë d'un Chapeau d'Escarlate sans entrer en fureur, quoy que sous ce Chapeau la France glorieuse repose à couvert de ses ennemis ? Vous jugez donc bien à present que son mépris m'importe comme rien, & que sçauroit été un petit miracle si mon Sonnet qui passe pour assez doux, n'avoit pas semblé fade à un homme poivré : Mais je m'apperçoy que je vous traitte un peu trop familierement de vous entretenir d'un sujet si bas ; Au reste je vous conseille de vous passer de l'aimable Comedie que vous vous donneriez en luy montrant ma Lettre, ou bien faites-vous instruire de la langue qu'entendoit Esope pour luy expliquer le François. Voilà une partie de ce que j'avois à mander, l'autre consiste à le signer, je suis, en le faisant tomber mal à propos, parce qu'il est tellement ennemy des pensées ; que si quelque jour cette Lettre venoit entre ses mains, il prêcheroit par tout que je l'aurois mal concluë, si aprés qu'il l'auroit lûë il avoit trouvé que je n'aurois pas mis à la fin sans y penser, je suis,

MONSIEUR,

        Vôtre Serviteur.

A MESSIRE JEAN.

LETTRE XII.

MESSIRE JEAN,

Je m'étonne fort que sur la Chaire de verité, vous dressiez un Theatre de Charlatan, qu'au lieu de prêcher l'Evangile à vos Paroissiens, vous repaissiez leurs oreilles de cent contes pour rire, que vous ayez l'insolence de reciter des choses que Trivelin rougiroit sous son masque de prononcer; Que profanant la dignité de vôtre caractere, vous décriviez les plus sales plaisirs de la débauche, sous ombre de les reprendre, avec des circonstances si particulieres, que vous nous faites souvent (qu'elle abomination) des sacrifices qu'autrefois on faisoit à Priape, de qui le Pere étoit le Maquereau : Certes, Messire Jean, vous devriez exercer vôtre Charge avec moins de scandale, quand vous ne luy auriez aucune autre obligation que celle de vous avoir appellé du fumier où l'on vous à vû naître à l'Estat Ecclesiastique ; car si vous n'avez pas assez de force pour resister à vôtre bouffon d'ascendant, du moins dissimulez; Et quand vôtre devoir vous obligera d'anoncer l'Evangile, faites semblant de la croire; Permettez que nous puissions nous tromper, & nous crever les yeux de la raison, pour ne pas voir que vous sentez le fagot; & puis qu'en dépit du Loup-garou, vous êtes resolu de débiter nos Mysteres comme une farce, ne faites donc pas sonner les Cloches pour appeller le monde à vôtre Sermon; décendez de la Chaire de verité, & montez sur une borne au coin du Carrefour, servez-vous d'un Tambour de Biscaye, mettez gambader sur vos épaules une Guenon, puis pour achever la Momerie en toutes mesures, passez la main dans vôtre chemise, vous y trouverez Godenot dans sa gibeciere: Alors on ne se scandalisera point que vous divertissiez le Badaut, vous pourrez, comme un Basteleur, raconter les vertus de vôtre Mitridat, débiter des Chappelets de baume, des Savonettes pour la galle, & des Pomades odoriferantes. Vous pourriez même faire provision d'onguent pour la brûlure; car les Sorciers du Païs m'ont juré avoir lû dans la cedule que vous avez donnée,

(vous sçavez bien à qui) que le terme en expire à Noël. Vous avez beau même ne pas croire aux Possedez, on voit assez par les contorsions dont vous agitez les pedans de vôtre guaine corporelle, que vous avez le diable au corps ; mais vous avez beau tâcher à vous guérir du mal d'Enfer par une forte imagination, & courir les lieux de débauche, il ne nous importe, pourvû que vous n'accrochiez que des Vieilles ou des sterilles, parce que la venuë de l'Antechrist nous fait peur, & vous sçavez la Prophétie : Mais vous riez, Messire Jean, vous qui croyez à l'Apocalipse, comme à la Mithologie, & qui dites que l'Enfer est un petit conte pour épouvanter les hommes ; de même que pour effrayer les enfans, on les menaces de les faire manger à la Lune. Avoüez, avoüez, que vous êtes l'incomparable ; car expliquez-moy, je vous conjure, comment vous pouvez être impie & bigot tout ensemble, & composer avec les filets du tissu de vôtre vie, une toile mêlée de superstition & d'atheïsme : Ha ! Messire Jean, mon amy, vous mourrez en dansant les sonnettes ; Et en verité il n'est pas besoin de consulter un Oracle pour en juger : car aussi-tôt qu'on regarde les pieces de rapport qui composent l'assemblage & la simetrie de vos membres, on en demeure assez instruit : vos cheveux plus droits que vôtre conscience, vôtre front couppé de sillons, (c'est-à-dire, sur le modelle des Campagnes de Beausse) où le Soleil marque vôtre plage à l'ombre de vos rides, aussi juste qu'il marque l'heure sur un Cadran ; Vos yeux à l'abry de vos sourcils touffus qui ressemblent à deux precipices au bord d'un bois, sont tellement enfoncez, qu'à vivre encore un mois, vous nous regarderez par le derriere de la tête : On se persuade (habillez de rouge comme ils sont) voir deux Cometes sanglantes : & j'y trouve du vray-semblable, puisque plus haut dans vos sourcils on découvre des Etoiles fixes, que quelques-uns n'appellent pas ainsi. Vôtre visage est à l'ombre d'un nez, dont l'infection est cause que vous êtes par tout en fort mauvaise odeur : & mon Cordonnier m'asseura un jour qu'il avoit pris vos joües pour une peau de Maroquin noir, même je me suis laissé dire que les plus deliez poils de vos moustaches, fournissent charitablement de barbe au goupillon du Benêtier de vôtre Eglise. Voilà, je pense à peu prés l'image en hierogliphe, qui constituë vôtre horoscope. Je passerois plus loin, mais comme j'attens visite, je craindrois de perdre l'occasion de vous mander à la fin de ma Lettre, ce que l'on n'y mande pas ordinairement ; C'est que je ne suis, & ne seray jamais,

MESSIRE JEAN,

Vôtre Serviteur.

CONTRE UN PEDANT.
LETTRE XIII.

MONSIEUR,

Je m'étonne qu'une buche comme vous, qui semblez avec vôtre habit n'être devenu qu'un grand charbon, n'ait encore pû rougir du feu dont vous brûlez ? Pensez au moins, quand vôtre mauvais Ange vous revolte contre moy, que mon bras n'est pas loin de ma tête, & que jusqu'à present vôtre foiblesse & ma generosité vous ont garanty : quoy que tout vôtre composé soit quelque chose de fort méprisable, je m'en déliveray s'il me semble incommode ; ne me contraignez donc pas à me souvenir que vous êtes au monde : Et si vous voulez vivre plus d'un jour, rappellez souvent en vôtre memoire, que je vous ay deffendu de ne me plus faire la matiere de vos médisances : Mon nom remplit mal une periode, & l'épaisseur de vôtre masse carrée la pourroit mieux fermer : Vous faites le Cesar, quand du faiste de vôtre Tribune Pedagogue, & Bourreau de cent Ecoliers, vous regardez gemir sous un Sceptre de bois vôtre petite Monarchie : mais prenez garde qu'un Tyran n'excite un Brutus : car quoy que vous soyez l'espace de quatre heures sur la tête des Empereurs, vôtre domination n'est point si fortement établie, qu'un coup de Cloche ne la détruise deux fois par jour. On dit que par tout vous vous vantez d'exposer & vôtre conscience & vôtre salut : Je croy cela de vôtre pitié : mais de risquer vôtre vie à cette intention, je sçay que vous êtes trop lâche, & que vous ne la voudriez pas joüer contre la Monarchie du Monde ; Vous conseillez & concertez ma ruine, mais ce sont des morceaux que vous taillez pour d'autres ; Vous seriez fort aise de contempler seurement de la rive un naufrage en haute mer ; & cependant je suis dévoüé au pistolet par un Pedant bigot. Un Pedant *in sacris*, qui devroit pour l'exemple, si l'image d'un pistolet avoit pris place en sa pensée, se faire exorciser : Barbare Maître d'Ecole : Quel sujet vous ay-je donné de me tant vouloir de mal ; Vous feüilletez peut-être tous les crimes dont vous êtes capable, & pour lors il vous souvient de m'accuser de l'impieté que vous reproche vôtre memoire ; mais sçachez que je connois une chose que vous ne connoissez point, que cette chose est Dieu, & que l'un des plus forts argumens, aprés ceux de la Foy ; qui m'ont convaincu de sa veritable existance, c'est d'avoir consideré que sans une premiere & souveraine bonté qui regne dans l'Univers ; foible & méchant comme vous êtes, vous n'auriez pas vécu si long-temps impuny. Au reste, j'ay appris que quelques petits ouvrages un peu plus élevez, que les vôtres ont causé à vôtre timide courage tous les emportemens dont vous avez fulminé contre moy : Mais Monsieur, en verité je suis en querelle avec ma pensée, de ce qu'elle a rendu ma Satyre plus piquante que la vôtre, quoy que la vôtre soit le fruit de la sueur des plus beaux Genies de l'antiquité : Vous devez vous en prendre à la Nature, & non pas à moy qui n'en puis mais ; car pouvois-je deviner que d'avoir de l'esprit étoit vous offencer ? Vous sçavez de plus que je n'étois pas au ventre de la Jument qui vous conçût, pour disposer à l'humanité les organes & la complexion qui concouroient à vous faire Cheval. Je ne prétends point toutefois que les veritez que je vous prêche, rejallissent sur le Corps de l'Université, (cette glorieuse Mere des Sciences) de laquelle si vous composez quelques membres, vous n'en êtes que les Parties honteuses : Y a-t-il rien dans vous qui ne soit tres-difforme, vôtre ame même est noire, à cause qu'elle porte le deüil du trépas de vôtre conscience, & vôtre habit garde la même couleur pour servir de petite Oye à vôtre ame. A la verité je confesse qu'un chetif hypocondre comme vous, ne peut obscurcir l'estime des gens doctes de vôtre profession : & qu'encore qu'un ridicule orgueil vous persuade que vous êtes habille par dessus les autres Regens de l'Université : je vous proteste, mon cher Amy, que si vous êtes le plus grand homme en l'Academie des Muses, vous ne devez cette grandeur qu'à celle de vos membres, & que vous êtes le plus grand personnage de vôtre College, par le même Titre que saint Christofle est le plus grand Saint de Nôtre-Dame. Ce n'est pas que quand la Fortune & la Justice seront bien ensemble, vous ne meritez fort d'être le Principal de quatre cens Asnes qu'on instruit à vôtre College : Oüy, certes, vous le meritez, & je ne sçache aucun Maître des Hautes Oeuvres à qui le foüet siaye bien comme à vous, ny personne à qui il appartienne plus justement. Aussi de ce grand nombre, j'en sçay tel qui pour dix Pistoles, voudroit vous avoir écorché : mais si vous m'en croyez vous le prendrez au mot, car dix Pistoles font plus que ne sçauroit valoir la peau d'une bête à cornes, De tout cela & de toutes les autres choses que je vous manday l'autre jour, vous devez conclure ? ô petit Docteur ! que les Destins vous ordonnent par une Lettre, que vous vous contentiez de faire échoüer l'esprit de la jeunesse de Paris contre les bancs de vôtre Claſſe, ſans vouloir regenter celuy qui ne reconnoît l'empire, ny du Monet, ny du Theſaurus. Cependant vous me heurtez à corne émouluë, & reſſuſcitant en vôtre ſouvenir la memoire de vôtre épouventable avanture, vous en compoſez un Roman, dont vous me faites le Heros: Ceux qui veulent vous excuſer en rejettant la cauſe ſur la Nature qui vous a fait naître d'un Païs où la bêtiſe eſt le premier patrimoire, & d'une race dont les ſept pechez mortels ont compoſé l'Hiſtoire. Veritablement aprés cela, j'ay tort de me fâcher, que vous aſſaye de m'attribuër tous vos crimes, puis que vous êtes en âge de donner vôtre bien, & que vous paroiſſiez quelquefois ſi tranſporté de joye, en ſuputant les débordez du ſiecle, que vous y oubliez juſqu'à vôtre nom. Il n'eſt pas neceſſaire de demander qui peut m'avoir appris cette ſtupide ignorance que vous penſiez ſecrete, vous qui tenez à gloire de la publier, & qui la beuglez ſi haut dans vôtre Claſſe, que vous la faites oüir d'Orient juſqu'en Occident: Je vous conſeille toutesfois, Maître Picard, de changer deſormais de texte à vos Harangues, car je ne veux plus, ny vous voir, ny vous entendre, ny vous écrire; Et la raison de cela, est que Dieu qui possible est aux termes de me pardonner mes fautes, ne me pardonneroit pas celle d'avoir eu affaire à une Bête.

DESCRIPTION DU CARESME.

LETTRE XIV.

MONSIEUR,

Vous avez beau canoniser le Carême, c'est une Fête que je ne suis pas en devotion de chômer; Je me represente comme une large ouverture dans le corps de l'année, par où la mort s'introduit, ou comme un Canibale qui ne vit que de chair humaine, pendant que nous ne vivons que de racines: Le crul a si peur de manquer à nous détruire, qu'ayant sçû que nous devons perir par feu, dés le premier jour de son regne, il met tout le monde en cendre: Et pour exterminer par un Deluge les restes d'un embrasement, il fait ensuite de border la Marée jusques dans nos Villes; Ce Turc qui racontoit au Grand Seigneur que tous les François devenoient foux à certain jour de l'année, & qu'un peu de certaine poudre appliquée sur le front, les faisoit r'entrer dans leur bon sens, n'étoit pas de mon opinion; car je soûtiens qu'ils ne sont jamais plus sages que cette journée: Et si l'on m'objecte leurs Mascarades, je réponds qu'ils se déguisent, afin que le Carême qui les cherche ne les puisse trouver: En effet, il ne les attrape jamais que le lendemain au lit, lors qu'ils sont démasquez. Les Saints qui pour avoir l'esprit de Dieu sont plus prudens que nous, se déguisent aussi; mais ils ne se démasquent que le jour de Pâques, quand l'ennemy s'en est allé; Ce n'est pas que le Barbare ait pitié de nous, il se retire seulement, parce qu'alors nous sommes si chargez, que luy-même ne nous reconnoissant plus, il croit nous avoir pris pour d'autres: Vous voyez que déja nos bras se déchargent, nos jouës tombent, nos mentons s'éguisent, nos yeux se creusent, le ventre que vous connoissez commence à voir ses genoux, la Nature humaine

H

est effroyable ; Bref, jusques dans les Eglises nos Saints feroient peur s'ils ne se cachoient, & puis doutez qu'il soit rechapé des Martyrs, de la roüe, de la fournaise, & de l'huile boüillante, lors que dans six semaines nous verrons tant de gens se bien porter, aprés avoir essuyé la furie de quarante six Bourreaux, leur presence seule est terrible. Pour moy je me figure Carême Prenant, ce grand jour des Metamorphoses, un riche Aîné qui se creve pendant que quarante six Cadets meurent de faim : Ce n'est pas que la Loy du jeûne ne soit un stratagême bien inventé pour exterminer tous les Fols d'une République ; mais je trouve que de Veaux en une saison où ils ne permettent pas qu'on ne mange, & d'endurer que le mois de Mars souffle du côté de Rome, tant de vents de Marée si malins qu'ils nous empêchent de manger à demy. Hé ! quoy Monsieur, il n'y a pas un Chrétien dont le ventre ne soit une mare à Grenoüilles, ou un Jardin potager : Je pense que sur le Cadavre d'un Homme trépassé en Carême, on voit germer des Bettes-raves, des Cheruis, des Navets & des Carottes : Mais encore il semble à oüir nos Predicateurs, que nous ne devrions pas même être des chairs en ce temps. Comment il ne suffit pas à ce maigre impitoyable de nous ruiner le corps, s'il ne s'efforce de corrompre nôtre ame ; Il a téllement perverty les bonnes mœurs, qu'aujourd'huy nous communiquons aux femmes nos tentations de la chair sans qu'elles s'en offensent ; en sont-ce pas là des crimes pour lesquels on le devroit chasser d'un Estat bien policé : mais ce n'est pas d'aujourd'huy qu'il gouverne avec insolence, puis que Nôtre-Seigneur mourut sous le premier an de son regne ; La machine entiere du monde pensa s'en évanoüir, & le Soleil qui n'étoit pas accoûtumé à ces longues diettes, tomba le même jour en défaillance, & ne seroit jamais revenu de sa foiblesse si l'on n'eût promptement cessé le Carême : O ! trois & quatre fois heureux celuy qui meurt un Mardy gras : il est quasi le seul qui se puisse vanter d'avoir vécu une année sans Carême : Oüy, Monsieur, si j'étois asseuré d'abjurer l'heresie tous les Samedys Saints, je me ferois Huguenot tous les Mercredys des Cendres : Ma foy nos Peres Reformez doivent bien demander à Dieu que jamais le Pape ne soit mon prisonnier de guerre : car encore que je sois assez bon

Catholique, je ne le mettrois point en liberté, qu'il n'eût restitué pour sa rançon tous les jours gras qu'il nous a pris. Je l'obligerois encore à dégrader du nombre des douze mois de l'année celuy de Mars, comme étant le Genelon qui nous trahit: Il ne sert à rien de répondre qu'il n'est pas toûjours tout-à-fait contre nous, puis que des pieds ou de la tête il trempe toûjours dans la purée, qu'il ne se sauve de la migraine qu'avec la crampe: & qu'enfin le Carême est son gibet, où tous les ans il se trouve pendu par les pieds ou par le col: Il est donc la principale cause des maux que nos ennemis nous font, parce que c'est luy qui les loge pendant qu'ils nous persecutent, & ces persecutions ne sont pas imaginaires: Si la terre que les morts ont sur la bouche ne les empêchoit point de parler, ils en sçauroient bien que dire; Aussi je pense qu'on a placé Pâques tout exprés à la fin du Carême, à cause qu'il ne falloit pas moins à des personnes que le Carême a tuez qu'une Fête de la Resurrection: Ne vous étonnez donc pas que tant de monde l'extermine: car aprés avoir tant tué de monde, il merite bien d'être rompu: Cependant Monsieur, vous faites le Panegyrique du Carême, vous loüez celuy qui m'empêche de vivre, & je le souffre sans murmurer ; Il faut bien que je sois,

MONSIEUR,

Vôtre Serviteur, &c.

POUR
MADEMOISELLE ****
A MONSIEUR
LE COQ.
LETTRE XV.

MONSIEUR LE COQ,

Vôtre Coquette m'a prié de vous envoyer ce Poulet de sa part, tant d'autres que vous avez reçû d'elle n'ont vécu qu'en papier : mais celuy-cy élevé avec plus de soin, tette, rit, & respire; car la Poule a demeuré contre l'ordinaire de ses semblables neuf mois avant que de l'éclorre : On le prendroit ce poussin pour un petit homme sans barbe, & ceux qui ont dressé son horoscope ont predit qu'il seroit un jour grand Seigneur à Rome, à cause que la premiere fois qu'il a rompu le silence, ç'a été par le mot de Pape: Je luy ay fort recommandé de vous reprocher vôtre ingratitude, & de vous conjurer de revenir au nid de vôtre aimable Poule: mais encore qu'il ne se fasse qu'en son langage, n'ayez pas le cœur plus dur que saint Pierre, à qui le même langage pût suffire autrefois pour l'appeller à resipiscence: Cesse donc, ô volage Coq, de débaucher les femmes de vos voisins, revenez au Poulier de celle qui depuis si long-temps vous a donné son cœur, de celle dont si souvent les caresses on prevenu vos desirs, & de celle enfin qui m'a protesté, tout ingrat que vous êtes, de vous accabler de ses plus cheres faveurs, si vous luy faites seulement paroître l'ombre d'un repentir: mais rien ne vous émeut; Et quoy, Coq effronté, ne voyez-vous pas que vôtre barbe en rougit même de honte, quand au lieu de venir à ses pieds humblement traîner vos aîles contre terre, vous vous dressez sur vos ergots pour luy chanter des Satyres: Vous voyez bien peut-être que ce n'est pas-là parler en terme de Poule, mais je comprens bien aussi que les airs que vous entonnez à sa loüange, ne sont pas des Cocquericos : Vrayement voilà de beaux témoignages de gratitudes pour reconnoître la liberalité d'une personne qui vous envoye sa premiere couvée : Sans doute que l'autre jour quand vous le fûtes voir, vous ne le considerâtes qu'à demy : regardez-le maintenant de plus prés, ce petit tableau de vous-même, il vous ressemble fort, aussi l'a-t'elle fait aprés vous, & je vous proteste que c'est le plus beau fruit de bon Chrêtien qu'on ait cueilly chez elle de cette Automne : Mais à propos je me trompe, ce n'est pas un fruit, c'est un Poulet : faites donc à ce Poulet un aussi bon accueil qu'elle l'à fait aux vôtres ; Quand ce ne seroit que par rareté vous pourrez le montrer à tout Paris, comme le premier Coq qui jamais soit né sans coquille, autrement je désavoüeray tout; Et pour excuser la Coquetterie de vôtre Poule, je publieray que tout ce qu'elle en a fait, n'a été que pour faire,

MONSIEUR LE COQ,

Un petit Coq à l'Asne.

A UN COMTE
DE BAS-ALOY.
LETTRE XVI.

Monsieur,

Je ne sçay quelle bonne humeur de la Fortune a voulu qu'au même tems que vous lisiez mes informations, on me faisoit voir les vôtres, où il est averé par témoins irreprochables, qu'un Comte depuis trois jours, Comte fait à plaisir, Comte pour rire, enfin si petit Comte, qu'il ne l'est point du tout, vouloit s'ériger en brave malgré les salutaires conseils de son temperament pacifique; qu'il s'étoit si fort aguerry à la bataille des machettes, que s'étant imaginé qu'un duel n'aboutissoit au plus qu'à la consommation d'une demie aulne de toile, il croyoit avoir trouvé dans le linge de sa femme la matiere de mille combats, qu'il n'avoit jamais été sur le pré que pour paître, enfin qu'il n'avoit reçû le Baptême qu'en consequence de celuy que l'on donne aux

Cloches : Sus donc efforcez-vous, beau Damoisel, aux armes Fées, grincez les dents, mordez vos doigts, rapez du pied, jurez un par la mort, & tâchez de devenir courageux : Je ne vous conseille pas toutefois de rien hazarder, que vous ne soyez asseuré qu'il vous soit venu du cœur ; tatez-vous bien auparavant, afin que selon qu'il vous en dira, vous presentiez la poitrine à l'épée, ou le dos au bâton : Mais vous vous soumettez au dernier, je le voy bien, car il ne tuë que fort rarement, & puis il n'est pas vray-semblable que la Reyne des perles, qui vous a fait l'honneur d'ériger vôtre fief en Comté, & qui dit tant de bien de vous, a fait de vous un méchant Comte : Je suis fâché que vous n'entendiez mieux le François, vous jugeriez à ce compliment qu'on vous coupe du bois, & par ma foy vous auriez deviné ; car je vous proteste, si les coups de bâton pouvoient s'envoyer par écrit, que vous liriez ma lettre des épaules, & que vous y verriez un homme armé d'un tricot, sortir visiblement de la place où j'ay accoûtumé de mettre,

 MONSIEUR,
   Vôtre Serviteur. D. B.

CONTRE UN LISEUR DE ROMANS.

LETTRE XVII.

A MOY MONSIEUR,

Parler Roman; Hé! dites-moy, je vous supplie, Polexandre & Alcidiane, sont-ce des Villes que Gassion aille assieger? En verité jusques icy j'avois crû être à Paris, demeurant au Marests du Temble, & je vous avois crû un Soldat volontaire dans nos Trouppes de Flandres, quelquefois mis en faction par un Caporal, mais puis que vous m'asseurez que je ne suis plus moy-même, ny vous celuy-là, je suis obligé Chrêtiennement de le croire: Enfin Monsieur, vous commandez des Armées : O ! rendons graces à la Fortune qui s'est reconciliée avec la Vertu : Certes je ne m'étonne plus de ce que cherchant tous les Samedys vôtre nom dans les Gazettes, ne pouvois l'y rencontrer. Vous êtes à la tête d'une Armée dans un Climat, dont Renaudot n'a point de connoissance. Mais en vôtre conscience, mon cher Monsieur, dites-moy, est-ce agir en bon François, d'abandonner ainsi vôtre Patrie, & d'affoiblir par l'éloignement de vôtre personne le party de nôtre Souverain: Vous feriez ce me semble beaucoup plus pour vôtre gloire, d'augmenter sur la Mer d'Italie nôtre flote de la vôtre, que d'aspirer à la conquête d'un Païs que Dieu n'a pas encore creé? Vous m'en demandez la route, par ma foy je ne la sçay point; & toutefois je pense que vous devez changer celle que vous avez prise: car ce n'est pas le plus court pour arriver aux Canaries, de passer par les petites maisons. Je m'en vais donc pour la prosperité & le bon succez de vôtre voyage, faire des vœux, & porter une chandelle à S. Mathurin, & le prier que je puisse vous voir sain quelque jour, afin que vous puissiez connoître sainement que tout ce que je vous mande dans cette Lettre, n'aboutit qu'à vous témoigner combien je suis,

MONSIEUR,

Vôtre affectionné Serviteur.

CONTRE LES MEDECINS.
LETTRE XVIII.

MONSIEUR,

Puis que je suis condamné (mais ce n'est que du Médecin) dont j'appelleray plus aisément que d'un Arrest Prevostal, vous voulez bien que de même que les Criminels qui prêchent le peuple quand ils sont sur l'Echelle, moy qui suis entre les mains du Bourreau, je fasse aussi des remontrances à la jeunesse; La Fiévre & le Droguer me tiennent le poignard sur la gorge avec tant de rigueur que j'espere d'eux qu'ils ne souffriront pas que mon discours vous puisse ennuyer. Il ne laisse pas, Monsieur le gradué, de me dire que ce ne sera rien, & proteste cependant à tout le monde, que sans miracle je n'en puis relever. Leurs présages toutefois encore que funestes ne m'allarment guéres, car je connois assez que la souplesse de leur art les oblige de condamner tous leurs malades à la mort, afin que si quelqu'un en échappe, on attribuë la guerison aux puissans remedes qu'ils ont : & s'il meurt, chacun s'écrie que c'est un habille homme, & qu'il l'avoit bien dit. Mais admirez l'effronterie de mon Bourreau, plus je sens empirer le mal qu'il me cause par ses remedes, & plus je me plains d'un nouvel accident, plus il témoigne s'en réjoüir, & ne me pense d'autre chose que d'un tant mieux. Quand je luy raconte que je suis tombé dans un sincope l'étargique, qui m'a duré prés d'une heure, il répond que c'est bon signe : Quand il me void entre les ongles d'un flux de sang qui me déchire, bon dit-il, cela vaudra une saignée : Quand je m'attriste de sentir comme un glaçon qui me gagne toutes les extremitez, il rit en m'asseurant qu'il le sçavoit bien, que ses remedes éteindroient ce grand feu : quelquefois même que semblable à la mort, je ne puis parler, je l'entens s'écrier aux miens qui pleurent de me voir à l'extrêmité. Pauvres gens que vous êtes, ne voyez-vous pas que c'est la fiévre qui tire aux abois ? Voilà comme ce traître me berce, & cependant à force de me bien porter je me meurs. Je n'ignore pas que j'ay grand tort d'avoir reclâmé mes ennemis à mon secours : Mais quoy, pouvois-je deviner que ceux dont la science fait profession de guerir, l'employeroient toute entiere à me tuër : Car helas ! c'est icy la premiere fois que je suis tombé dans la fosse, & vous le devez croire, puis que si j'y avois passé quelqu'autrefois, je ne serois plus en état de m'en plaindre. Pour moy, je conseille aux foibles luiteurs, afin de se vanger de ceux qui les ont renversez, de se faire Medecins, car je les asseure qu'ils mettront en terre ceux qui les y avoient mis. En verité, je pense que de songer seulement, quand on dort, qu'on rencontre un Medecin, est capable de donner la fiévre. A voir leurs animaux etiques affublez d'un long drap mortuaire, soûtenir immobilement leur immobile Maître, ne semble-t'il pas d'une biere, ou la Parque s'est mise à califourchon, & ne peut-on pas prendre leur houssine pour le Guidon de la mort, puis qu'elle sert à conduire son Lieutenant. C'est pour cela sans doute que la Police leur a commandé de monter sur des Mules, & non pas sur des Cavales, de peur que la race des Graduez venant à croître, il n'y eut à la fin plus de Bourreaux que de Patiens. O ! quel contentement j'aurois d'anatomiser leurs Mules, ces pauvres

Mules, qui n'ont jamais senty d'aiguillons, ny dedans, ny dessus sa chair, parce que les esperons & les bottes sont des superfluitez que l'esprit délicat de la Faculté ne sçauroit digerer. Ces Messieurs se gouvernent avec tant de scrupule, qu'ils font même observer à ces pauvres bêtes (parce qu'elles sont leurs domestiques) des jeûnes plus rigoureux que ceux des Ninivites, & quantité de tres-longs, dont le Rituel ne s'étoit point souvenu. Ils leur attachent par les diettes la peau tout à crû sur les os, & ne nous traitent pas mieux, nous qui les payons bien ; car ces Docteurs morfondus, ces Medecins de neige, ne nous font manger que de la gelée : Enfin tous leurs discours sont si froids, que je ne trouve qu'une difference entr'eux, & les Peuples du Nord; c'est que les Norvigiens ont toûjours les Mules aux talons, & qu'eux ont toûjours les tallons aux Mules ; ils sont tellement ennemis de la chaleur, qu'ils n'ont pas si-tôt connu dans un Malade quelque chose de tiede, que comme si ce corps étoit un Montgibel ; les voilà tous couppez à seigner, à clisterifer, à noyer ce pauvre estomach dans le Scené, la Casse, la Tisanne, & débiliter la vie, pour débiliter (disent-ils) ce feu qui prend nourriture, tant qu'il rencontre de la matiere : de sorte que si la main toute expresse de Dieu, les fait r'ajamber vers le monde, ils attribuent auſſi-tôt à la vertu des refrigeratifs, dont ils ont aſſoupy cét incendie. Ils nous dérobent la chaleur & l'énergie de l'eſtre qui eſt au ſang, ainſi pour avoir été trop ſaignez nos Ames en s'envolant, ſervent de Volant aux palettes de leurs Chirurgiens; Hé ! bien, Monſieur, que vous en ſemble, aprés cela n'avons-nous pas grand tort de nous plaindre de ce qu'ils demandent dix Piſtoles pour une maladie de huit jours ? N'eſt-ce pas une cure à bon marché, où il n'y a point de charge d'ame ? Mais confrontez un peu, je vous prie, la reſſemblance qu'il y a entre le procedé des Drogueurs, & le procez d'un Criminel. Le Medecin ayant conſideré les urines, interroge le patient ſur la ſelle, & le condamne : le Chirurgien le bande, & l'Apotiquaire décharge ſon coup par derriere : Les affligez même, qui penſent avoir beſoin de leur chicane, n'en font pas grande eſtime. A peine ſont-ils entrez dans la Chambre, qu'on tire la langue au Medecin, on tourne le cul à l'Apotiquaire, & l'on tend le Poing Barbier : Il eſt vray qu'il s'en vangent de bonne sorte, il en coûte toûjours au Railleur le Cymetiere. J'ay remarqué que tout ce qu'il y a de funeste aux Enfers, est compris au nombre de trois : On y voit trois Fleuves, trois Chiens, trois Juges, trois Parques, trois Gerions, trois Hecates, trois Gorgones, trois Furies : Les fleaux dont Dieu se sert à punir les hommes, sont divisez aussi par trois, la Peste, la Guerre, & la Faim : le Monde, la Chair & le diable : le Foudre, le Tonnerre & l'Esclair : la Saignée, la Medecine & le Lavement : enfin trois sortes de gens sont envoyez au monde tout exprés pour martyriser l'homme pendant la vie. L'Avocat tourmente la bource, le Medecin le corps, & le Theologien l'ame ; encore ils s'en vantent nos Escuyers à Mules : Car comme un jour le mien entroit dans ma Chambre, sans autre explication, je ne luy fis que dire *Combien* ; l'impudent meurtrier, qui comprit aussi-tôt que je luy demandois le nombre de ses homicides, empoignant sa grosse barbe, me répondit *tant* ; Je n'en fais point, continua-t'il, la petite bouche, & pour vous montrer que nous apprenons aussi-bien que les Escrimeurs, l'art de tuër, c'est que nous nous exerçons de même eux toute nôtre vie, sur la tierce & sur la quarte. La reflexion que je fis sur l'innocence effrontée de ce personnage, fut que si les autres disent moins, ils en font bien autant : Que celuy-là se contentoit de tuër, & que ses camarades joignoient au meurtre la trahison ; Que qui voudroit écrire les voyages d'un Medecin, on ne pourroit pas les compter par les Epitaphes seuls de sa Paroisse ; & qu'enfin la fiévre nous attaque, le Medecin nous tuë, & le Prêtre en chante : mais ce seroit peu à Madame la Faculté d'envoyer nos corps au sepulchre, si elle n'attentoit sur nôtre ame ; Le Chirurgien enrageroit plûtôt qu'avec sa charpie, tous blessez qui font naufrage entre ses mains, ne fussent trouvez morts couchez avec leur tantes : Concluons donc, Monsieur, que tantôt ils envoyent, & la Mort, & sa Faux, ensevelie dans un grain de Mandragore, tantôt liquifiée dans le canon d'une Seringue, tantôt sur la pointe d'une Lancette ; Que tantôt avec un Juillet, ils nous font mourir en Octobre ; & qu'enfin ils sont accoûtumez d'enveloper leurs venins dans de si beaux termes, que dernierement je pensois que le mien m'eut obtenu du Roy une Abbaye Commandataire, quand il m'asseura qu'il m'alloit donner un Benefice de ventre. O! qu'alors j'eusse été réjoüy, si j'eusse pû trouver à le battre par équivoque, comme fit une Villageoise, à qui l'un de ces Basteleurs demandant si elle avoit du poulx, elle luy répondit avec force soufflets, & force égratignures, qu'il étoit un sot, & qu'en toute sa vie elle n'avoit jamais eu ny Poux ny Puces; mais leurs crimes sont trop grands pour ne les punir qu'avec des Equivoques, citons-les en Justice de la part des Trépassez. Entre tous les humains, ils ne trouveront pas un Avocat, il n'y aura Juge qui n'en convainque quelqu'un d'avoir tué son Pere: & parmy toutes les pratiques qu'ils ont couchée au Cymetiere, il n'y aura pas une tête qui ne leur graince les dents. Que les pussent-elles devorer, il ne faudroit pas craindre que les larmes qu'on jetteroit de leur perte fissent grossir les Rivieres: On ne pleure aux trépas de ces gens-là que de ce qu'ils ont trop vécu: Ils sont tellement aimez, qu'on trouve bon tout ce qui vient d'eux, même jusqu'à leur mort, comme s'ils étoient d'autres Messies, ils meurent aussi bien que Dieu pour le salut des hommes. Mais, bons Dieux! n'est-ce pas encore là mon mauvais Ange qui s'approche à ha! c'est luy-même, je le connois à sa soutane, *Vade retro Sanatas*, Champagne apportez-moy le Binifter, Demon gradué je te renonce? O l'effronté Satan, ne me viens-tu pas encore ordonner quelque apposéme : Misericorde, c'est un Diable Huguenot, il ne se soucie point de l'eau benîte ; encore si j'avois des poings assez roides pour former un casse-museau ; Mais hélas ! ce qu'il m'a fait avaller s'est si bien tourné en ma substance, qu'à force d'user dés-consommez, je suis tout consommé moy-même : venez donc vîtement à mon secours : où vous allez perdre,

MONSIEUR,

Vôtre plus fidel Serviteur

D. C. D. B.

CONTRE UN FAUX BRAVE.

LETTRE XIX.

IL a menty le Devin, les Poltrons ne meurent point à vôtre âge, & puis vôtre vie n'est pas assez illustre pour être de celles dont les Astres prennent le soin de marquer la durée. Les personnes de vôtre étage doivent s'attendre de mourir sans Comette, aussi bien que beaucoup d'autres qui vous ressemblent, dont la Nature sans le sçavoir, accouche tous les jours en dormant. On m'a rapporté de plusieurs endroits, que vous vous vantiez que j'avois fait dessein de vous assassiner : Helas ! mon grand amy, me croyez-vous si fol d'entreprendre l'impossible ? Hé de grace, par où frapper un homme pour le tuër subitement, qui n'a ny cœur ny cervelle. Je veux mourir si la façon dont vous vivez impenetrable aux injures, ne fait croire que vous avez pris à tâche d'essayer combien un homme sans cœur peut durer naturellement : Ces reflexions étoient assez considerables pour m'obliger à vous faire sentir ce que pese un tricot; mais cette longue suite de vos Ancestres, dont vous prônez l'antiquité, m'ont retenu le bras. J'y trouve même quelque apparence, depuis qu'un fameux Genealogiste m'a fait voir aussi clair que le jour, que tous vos Titres de Noblesse furent perdus dans le Deluge, & qu'il m'a prouvé que vous êtes Gentilhomme avec autant d'évidence, que le prouva ce Villageois au Roy François I.

quand il luy dit que Noé avoit eu trois fils dans l'Arche, & qu'il n'étoit pas certain duquel il étoit forty. Mais fans cela même, je me ferois toûjours bien douté que vous êtes de bonne Maifon, puifque perfonne ne peut nier que la vôtre ne foit une des plus neuves de ce Royaume. Ainfi quand les Blafonneurs de ce fiecle s'en devroient fcandalifer, prenez des armes; & fi vous m'en croyez, vous vous donnerez celle-cy : Vous porterez des gueules à deux feffes, chargées de cloux fans nombre, à la vilenie en cœur, & un bâton brifé fur le chef. Toutesfois comme on ne remplit l'Efcu du Roturier, qu'on veut annoblir, qu'aprés le fait d'armes qui l'en a rendu digne, je vous attends ou ce Laquais vous conduira, afin que felon les proüeffes de Chevalerie que vous aurez faites, je vous chauffe les efperons : Vous ne devez pas craindre d'y tomber pour victime ; car fi le fort vous attend en quelque lieu, c'eft plûtôt à l'étable qu'au lit d'honneur, ou fur la bréche d'une muraille ; Et pour moy qui me connois un peu en phifionomie, je vous engage ma parole, que vôtre deftinée n'eft pas de mourir fur le pré, ou bien ce fera pour avoir trop mangé de foin. Confultez pourtant là-deffus toutes les puissances de vôtre ame, afin que je m'arme vîte d'une épée, ou de ce qu'en François on appelle un bâton.

Fin des Lettres Satyriques.

D'UN SONGE.
LETTRE XX.

MONSIEUR,

Cette vision de Quevedo, que nous leûmes hier ensemble, laissa de si fortes impressions en ma pensée, du plaisant Tableau qu'il dépeint ; que cette nuit je me suis trouvé en songe aux Enfers, mais ces Enfers-là m'ont paru bien different du nôtre ; leur diversité m'a fait croire que c'étoient les Champs Elizées : & en effet, je n'eus pas avancé fort peu de chemin, que je reconnus l'Averne, comme les Grecs & les Romains l'ont décrite : J'y vis l'Acheron, le Fleuve de l'Oubly, le vigilant Cerbere, les Gorgones, les Furies & les Parques, Ixion sur la rouë, Titie devoré par un Vautour, & beaucoup d'autres choses qui sont plus au long dans la Mithologie. Ayant passé

plus avant, je rencontray force gens vêtus à la Grecque & à la Romaine, dont les uns parloient Grec, & les autres Latin, & j'en apperçûs d'autres occupez à les conduire dans de divers appartemens; Ils me semblerent tous fort sociables, c'est pourquoy je me mélay à leur compagnie : Il me souvient que j'en accostay un, & qu'aprés quelques autres discours, luy ayant fait sçavoir que j'étois étranger, il me répondit que j'étois donc venu à la bonne heure, parce qu'on changeoit ce jour-là de maison tous les Morts qui s'étoient pleins d'avoir été mal associez, & que j'étois curieux, je pouvois m'en donner le plaisir. Il me tendit ensuite la main fort courtoisement, je luy prêtay la mienne : & nous allons, continua-t'il, dans la Salle où l'on n'ordonne des départemens de ceux qui se veulent quitter pour se loger avec d'autres : Nous aurons le plaisir de voir à nôtre aise: & sans nous lasser, comme chacun s'y prendra pour faire sa cause bonne. Nous marchâmes donc ensemble jusqu'au lieu, où enfin nous arrivâmes : mon Conducteur me donna place auprés de luy, & par bonheur elle se rencontra si proche de la Chaire du Juge, que nous oüimes intelligiblement les querelles de toutes les
parties.

parties. A mesure donc qu'ils sortoient de leur ancienne demeure, je remarquay qu'on les plaçoit : si je me trompe, non pas comme vous plaseriez, les Roys toûjours avec les Roys, mais bien souvent des Roys avec des Pastres, des Philosophes avec des Villageois, de belles personnes avec d'autres fort laides, & des vieux avec des jeunes. Mais pour commencer, j'apperçûs Pythagore tres-ennuyé de sa compagnie : c'étoit une Troupe de Comediens, qui par leur caquet continuel, le détournoient de ses hautes speculations Le Juge qui presidoit, luy dit, que l'estimant homme de grande memoire, puis qu'aprés pour le moins quinze ans, il s'étoit souvenu d'avoir été au Siege de Troye, on l'avoit apparié avec des personnages qui n'en sont pas dépourvûs : Ho, si ce n'est, s'écrie-t-il, qu'à cause de cela que vous me logez avec ces Basteleurs, vous me pouvez mettre indifferemment avec tous les autres morts : car il n'y a ceans presque pas un défunt (si vous en voulez croire son Epitaphe) qui ne soit d'heureuse memoire. Puis donc qu'ils ne sont pas les seuls avec qui je sympathise en memoire pour Dieu, délivrez-moy du caquet importun de ces Roys & de ces Reynes, dont le regne ne dure que deux heures. La Justice de ses raisons entenduës, je sçay bien qu'on le fit marcher ailleurs ; mais il me souvient pas où Aristote, Pline, Elian, & beaucoup d'autres Naturalistes furent mis, parce qu'ils ont connu les bêtes avec les Maures, & le Peintre Zeuxis fut pareillement logé avec eux, parce que son Tableau de raisins que les Oyseaux venoient becqueter, l'a convaincu d'en avoir abusé. Dioscoride ne demandoit pas mieux que d'être planté avec les Lorrains, disant qu'il s'accorderoit bien avec eux, parce qu'il connoissoit parfaitement le naturel des simples. Mais on s'avisa de l'envoyer vers les filles de Delias, à la charge de leurs apprendre à discerner la vertu des herbes mieux qu'elles firent, quand elles voulurent rajeunir leur Pere. Raimond Lulle, qui juroit d'avoir rendu l'or potable, fut placé avec certains riches Yvrognes qui avoient fait la même chose. Lucain que Neron fit tuër pour la jalousie qu'il conçût de son Poëme des Guerres de Pharsalle, s'associa de quelques petits enfans que les vers ont fait mourir. Il échût à Virgile l'appartement des Macquereaux pour avoir débauché Didon, qui sans luy, eût été une Dame fort sage. Ovide &

Actéon, criminels par hazard, furent logez ensemble comme gens qu'avoit rendus miserables le mal des yeux: Ils choisirent pour retraitte un logement fort obscur, d'autant (disoient-ils) qu'ils craignoient de trop voir. Je vis loger Orphée avec les Chantres du Pont-neuf, parce qu'ils ont sçû l'un & l'autre attirer les Bêtes. Esope & Apulée ne firent qu'un ménage, à cause de la conformité de leurs miracles, car Esope, d'un Asne, a fait un Homme, en le faisant parler, & Apulée d'un Homme a fait un Asne, en le faisant braire. Romulus se rangea avec des Fauconniers, parce qu'il a dressé des Oyseaux à voler, non pas une Perdrix, mais l'Empire de Rome. On parloit de mettre Cesar avec les bons Joüeurs, j'en demanday la cause, & l'on me répondit que d'un seul coup de dez qu'il jetta sur le Rubicon, il avoit gagné l'Empire du Monde: Toutefois, il fut trouvé plus à propos de fouler son orgueil, le rangeant avec des Esclaves, qu'on estimoit jadis avoir des caracteres pour courir: Vous pourrez, luy cria le Maître des Ceremonies, essayer encore une fois vôtre *veni, vidi, vici.* On mit Brutus avec ceux qui ont monté sur l'Ours, parce qu'il n'a point eu peur des Esprits. Cassius à qui sa mauvaise vûë causa la mort, avec les femmes grosses qui ont la vûë dangereuse. Caligula voulut être mis dans un appartement plus magnifique que celuy de Darius, comme ayant couru des avantures incomparablement plus glorieuses : Car, dit-il, moy Caligula, j'ay fait mon Cheval Empereur, & Darius a été fait Empereur par le sien. Neron parut ensuite, on l'associa d'une Compagnie de Basteleurs pour se perfectionner, on l'eût bien attelé avec Timon l'ennemy des hommes, mais on craignoit que si quelque jour la Nature simpatisant à leurs souhaits, ce faisoit qu'une tête de tout le Genre humain, il n'y eut dispute entr'eux à qui la couperoit. Je vis le Roy Numa presenter un Placet, à ce qu'on luy octroya d'établir son domicile en la Maison d'un certain fameux Hydraulique, qui avoit jadis fait faire des miracles à l'eau, comme étant aussi capable que l'autre, puis qu'il avoit fait parler la Fontaine Egerie, & l'avoit renduë si clair-voyante en matiere d'état, qu'au lieu qu'un autre Ingenieur l'auroit conduite, il s'en laissoit conduire. N'abuchodonosor fut livré entre les mains d'un Charlatan, qui se prometoit de gagner beaucoup à le montrer, parce qu'on n'avoir point encore jamais vû de tels animaux. Patrocle s'eſtomaqua de ſe voir aſſorty avec des gens gueris de maux incurables: mais il ſe paya de raiſon, quand on luy eut appris que c'étoit à cauſe qu'il avoit comme eux trompé la mort. Jaſon demeura fort décontenancé de ſe trouver au milieu d'une cohuë de courtiſans d'Eſpagne, parce qu'il n'entendoit pas leur langue: car il ne pût s'imaginer ce qu'on vouloit dire, quand on luy prêcha que toutes les entrepriſes de ces Chevaliers en herbe, auſſi bien que les ſiennes, n'avoient buté qu'à la Toiſon: conſiderez ce que c'eſt de s'appliquer à la lecture des choſes fabuleuſes dans un âge, dont la foibleſſe accompagné de foy & de toutes ſes connoiſſances: Je n'ay rien parcouru dans la Fable des Payens, qui ne repaſſât tumultuairement à ma fantaiſie. Il me ſemble que je vis ranger Jupiter avec les foux, ſur ce que M̶o̶m̶u̶s̶ avoit repreſenté qu'il avoit un coup de hache; Jupiter offenſé, demanda, ce me ſemble, à ce bouffon, quel coup de hache il entendoit: c'eſt celuy là, répondit le plaiſant, dont Vulcain de ſa grace vous fendit le cerveau pour vous accoucher de Minerve. Le vieil Saturne qui n'y entendoit point de fineſſe, reçût ſans murmure la compagnie d'une trouppe de Faucheurs, à cause de la conformité du Sceptre. On obligea Phœbus à suivre quelques experimentez Joüeurs de palet, avec défence de les abandonner tant qu'il auroit appris à ne plus prendre la tête de son amy pour un but. J'oüis, ce me semble, commander à Siziphe, d'accoster des Casseurs de grais qui étoient là pour se défaire de sa Roche entre leurs mains. Je ne sçay pas s'il obeït, parce que la curiosité détourna ma vûë sur Thetis, qui disputoit pour choisir un associé ; on la mit à la rangette à côté d'un certain Hypocondre, qui pensant être de brique ne vouloit pas boire, de peur de se détremper ; car comme si elle eut autrefois apprehendé la même chose, elle n'osa pour immortaliser entierement son fils Achille, luy tremper dans l'Ocean le talon qu'elle tenoit. Hecate se fourra dans la presse pour joindre la Mere de Gargantua : car, disoit-elle, si j'ay trois faces, celle-cy en a une si large, qu'elle en vaut bien trois. On proposa de loger Jo, avec Popée, la Femme de Neron, pour certaines raisons dont je ne me souviens pas : cette Princesse en fut contente, à la charge que l'autre se garderoit de tuër, d'autant qu'elle craignoit les coups de pieds. Dedale, ce grand Artisan, ne fit aucune resistance, encore qu'on luy donnât pour Confreres des Sergens, des Greffiers, des Procureurs, & autres gens de Cornet, parce qu'il oüit dire que c'étoient des personnes, qui comme luy, n'avoient pas volé sans plumes, qui comme luy, voloient pour se sauver; & lesquels, vû le temps, auroient été contraints, s'ils n'eussent joüé de la Harpe, de joüer de la Vieille. Dalila Maîtresse de Samson, fut mise avec les Chauves, à cause qu'on craignoit que la logeant avec d'autres, elle ne les prit aux cheveux comme Samson. Porcie fut rangée avec des malades de pâle couleurs, les Juges d'Enfer l'en soupçonnant atteinte, depuis qu'elle avoit avalé des charbons. Jocaste & Semiramis ne firent qu'un ménage, parce qu'elles avoient été l'une & l'autre Meres & Femmes de leurs fils, & grosses deux fois d'un même enfant. Je vis tout le monde bien empêché pour accompagner Arthemise, les uns la vouloient rejoindre à son Mary, à cause de leur amour tant vantée, les autres la porter à l'Hôpital des Femmes enceintes, alleguans que d'avaller de la cendre, comme elle avoit fait, étoit une envie de Femme grosse. Mais elle appaisa tous leurs contrastes, se logeant d'elle-même avec les Blanchisseuses qu'elle apperçût, à la charge, leur cria-t'elle, que pour la peine de vous aider à vos lécives, j'auray les cendres à ma disposition. Thesée demandoit de loger avec des Tisserans, se promettant de leur apprendre à conduire le fil. Percée le Brave d'Andromede, se trouvoit également bien avec tous les Instituteurs d'Ordres, parce qu'ils ont tous, comme luy défendu les Femmes. Neron pour la place duquel il avoit été tant débatu, choisit enfin de luy-même l'appartement d'Erostrate, ce fameux insensé, qui brûla le Temple de Diane: car je suis, dit cét Empereur en marchant, personne qui aime autant que luy à me chauffer de gros bois. Juvenal, Perse, Horace, Martial, & presque tous les Epigrammatistes & Satyriques, furent envoyez au Manege avec les Ecuyers d'Academie, parce qu'ils ont reputation d'avoir sçû bien piquer. On mit pareillement avec ces Poëtes force Espingliers, Esguillieres, Fourbisseurs, & autres, dont la besongne, ainsi que les ouvrages, ne valent rien sans pointes. Le Duc de Clarance qui se noya volontairement dans un Tonneau de Malvoisie, alloit cherchant Diogene, sur l'esperance d'a-

Et s'il est vray que la Creation soit quelque chose de plus noble que la Generation, parce que la Creation est miraculeuse, nous devons adorer un Favory, comme étant le miracle d'un Roy: Ainsi quand même ce ne seroit que contre son Eminence qu'il prend les armes, pense-t'il être Chrêtien, lors qu'il attente aux jours d'un Prince de l'Eglise. Non, Monsieur, il est Apostat: il offense le Saint Esprit, qui preside à la promotion de tous les Cardinaux: & vous ne devez point douter qu'il ne punisse leur sacrilege aussi rigoureusement, qu'il a puny le massacre du Cardinal de Guise, dont la mort, quoy que juste, seigna durant vingt ans par les gorges de quatre cens mille François: Mais encore quel fruit peut-il se promettre d'une rebellion qui ne peut jamais reüssir, & quand même elle reüssiroit, jusqu'à renverser la Monarchie de fond en comble, quel avantage en recüeilleroit-il ? Tel qui ne possede aujourd'huy qu'un Manteau, n'en seroit pas alors le Maître. Il seroit autheur d'une désolation épouventable, dont les petits fils de ses arrieres Neveux ne verroient pas la fin. Encore est-il bien grossier, s'il se persuade que la Chrêtienté puisse voir sans y prendre interest, la perte du Fils Aîné de l'Eglise. Tous les Roys de l'Europe n'ont-ils pas interest à la conservation d'un Roy qui les peut remonter un jour sur leurs Trônes, si leurs Sujets rebelles les en avoient fait trébucher ? Et je veux que cette resolution arrivât sans un plus grand bouleversement que celuy dont saigne encore aujourd'huy la Hollande : Je soûtiens que le gouvernement populaire est le pire fleau, dont Dieu afflige un Estat quand il le veut châtier. N'est-il pas contre l'ordre de la Nature qu'un Bâtelier ou un Crocheteur, soient en puissance de condamner à mort un General d'Armée ; & que la vie du plus grand personnage soit à la discretion des polmons du plus sot, qui à perte d'haleine demandera qu'il meure. Mais grace à Dieu, nous sommes fort éloignez d'un tel cahos : On se cache déja pour dire le Cardinal, sans Monseigneur : & chacun commence à se persuader qu'il est mal-aisé de parler comme les Maraux, & de ne le pas être. Aussi quand tout le Royaume se seroit ligué contre luy, j'étois certain de sa Victoire, car il est fatal aux Jules de surmonter les Gaules. J'espere donc que nous verrons bien-tôt une réunion generale dans les esprits, & une harmonie parfaite entre les divers membres du corps de cét Estat. Comme Monsieur de Beaufort n'est animé que du Sang de France, il n'est pas croyable que ce Sang ne le retienne, quand il voudra rougir son fer dans le sein de sa Mere : & de même que les ruisseaux, aprés s'être quittez & égarez quelque temps, reviennent enfin se réunir à l'Occean, d'où ils s'étoient échappez. Je ne doute pas que cét illustre Sang ne se rejoigne bien-tôt à sa source, qui est le Roy. Pour les autres Chefs de Party ; je n'ay garde de si mal penser d'eux, que de croire qu'ils refusent de marcher sur les pas d'un exemple si heroïque. Il me semble que je les voy déja s'incliner de respect devant l'Image du Prince : ils sont trop justes, faisant reflexion sur ce que les premiers de leurs races ont reçû de la faveur des Roys précedens, pour vouloir empêcher que le sort d'une autre Maison soit regardé à son tour d'un aspect aussi favorable.

Monsieur le Coadjuteur sçait bien que le Duc de Rets son Grand Pere, fut Favory de Henry III. Monsieur de Brissac peut avoir lû que son Ayeul fut élevé aux Charges & aux dignitez par le Roy Henry IV. Monsieur de Luynes a vû son Pere être le tout puissant sur le cœur & la fortune du Roy Loüis XIII. & Monsieur de la Mothe-Houdancourt se souvient peut-être encore du temps qu'il étoit en faveur sous le Favory même du Roy défunt. Ils n'ont donc pas sujet de se plaindre, que Monsieur le Cardinal soit dans son Regne, ce qu'étoient leurs Ayeuls, ou ce qu'ils ont été eux-mêmes dans un autre.

Mais quand toutes ces considerations seroient trop foibles pour r'appeller à leur devoir, ils sont genereux, & l'apprehension de paroître ingrats aux biens-faits qu'ils ont reçûs de sa Majesté, fera qu'ils aimeront mieux oublier leurs mécontentemens, que de passer pour méconnoissans : Et l'exemple de mille traîtres, qui ont payé les faveurs de la Cour par des injures, ne portera aucun coup sur leur esprit, qui sçait trop que l'ingratitude est un vice de Coquin, dont la Noblesse est incapable. Il n'appartient qu'à des Poëtes du Pont-neuf, comme Ronscar, de vomir de l'écume sur la Pourpre des Roys & des Cardinaux, & d'employer les liberalitez qu'ils reçoivent continuellement de la Cour, en papier qu'ils barboüillent contr'elle. Il a bien eu l'effronterie (après s'être vanté d'avoir reçû de la Reyne mille francs de sa pension) que si on ne luy en envoyoit encore mille, il

n'étoit pas en sa puissance de retenir une
nouvelle Satyre, qui le pressoit pour sortir au jour, & qu'il conjuroit ses amis d'en
avertir au plûtôt. Hé bien! en verité,
a-t'on vû dans la suite de tous les siecles
quelque exemple d'une ingratitude aussi
effrontée ? Ha! Monsieur, c'est sans doute
à cause de cela que Dieu qui en a prévû
la grandeur & le nombre pour le punir
assez, a avancé il y a déja vingt ans, par
une mort continuë le châtiment des crimes qu'il n'avoit pas commis encore, mais
qu'il devoit commettre; Permettez-moy,
je vous supplie, de détourner un peu mon
discours pour parler à ces Rebelles.
Peuple seditieux, accourez pour voir un
spectacle digne de la Justice de Dieu; c'est
l'épouventable Ronscar qui vous est donné pour exemple, de la peine que souffriroit aux Enfers les Ingrats, les Traîtres,
& les Calomniateurs de leurs Princes.
Considerez en luy de qu'elles verges le
Ciel châtie la Calomnie, la Sedition,
& la Médisance. Venez Escrivains burlesques, voir un Hôpital tout entier dans
le corps de vôtre Apollon; Confessez en
regardant les Escroüelles qui le mangent,
qu'il n'est pas seulement le malade de la
Reyne, comme il se dit, mais encore le
malade du Roy. Il meurt chaque jour par

quelque membre, & sa langue reste la derniere, afin que ses cris vous apprennent la douleur qu'il ressent. Vous le voyez, ce n'est point un conte à plaisir; depuis que je vous parle, il a peut-être perdu le nez ou le menton: Un tel spectacle ne vous excite-t'il point à la penitence? Admirez endurcis, admirez les secrets jugemens du Tres-Haut; Escoutez d'une oreille de contrition cette parlante Momie; Elle se plaint qu'elle n'est pas assez d'une, pour suffire à l'espace de toutes les peines qu'elle endure. Il n'est pas jusqu'aux Bien-heureux, qui en punition de son impieté & de son Sacrilege, n'enseignent à la Nature de nouvelles infirmitez pour l'accabler : Déja par leur Ministere, il est accablé du mal de saint Roch, de saint Fiacre, de saint Clou, de sainte Reyne; & afin que nous comprissions par un seul mot tous les ennemis qu'il a dans le Ciel, le Ciel luy-même a ordonné qu'il seroit malade de Saint. Admirez donc, admirez combien sont grands & profonds les secrets de la Providence; Elle connoissoit l'ingratitude des Parisiens envers leur Roy, qui devoit éclater en mil six cens quarante-neuf; mais ne souhaitant pas tant de victimes, elle a fait naître quarante ans auparavant un homme aſſez ingrat, pour expirer luy ſeul tous les fleaux qu'une Ville entiere avoit meritez. Profitez donc, ô Peuple, de ce miracle epouventable : & ſi la conſideration des flâmes Eternelles eſt un foible motif pour vous rendre ſages, & pour vous empêcher de répandre nôtre fiel ſur l'écarlate du Tabernacle : qu'au moins chacun de vous ſe retienne par la peur de devenir Ronſcar. Vous excuſeſez, s'il vous plaiſt, Monſieur, ce petit tour de promenade, puis que vous n'ignorez pas que la Charité Chrêtienne nous oblige de courir au ſecours de nos ſemblables, qui ſans l'appercevoir ont les pieds ſur le bord d'un precipice preſts à tomber dedans : Vous n'en avez pas beſoin, vous qui vous êtes toûjours tenu pendant les ſecouſſes de cét Eſtat, fortement attaché au gros de l'Arbre ; Auſſi eſt-ce un des motifs le plus conſiderable, pour lequel je ſuis, & je ſeray toute ma vie,

MONSIEUR,

Vôtre tres-humble, tres-obeïſſant,
& tres-affectionné Serviteur,
DE CYRANO BERGERAC.

THESÉE
A
HERCULE.
LETTRE XXII.

COmme c'est de l'autre Monde que je vous écrits, ô mon cher Hercule, ne vous étonnerez-vous point qu'au de-là du Fleuve de l'Oubly, je me souviens encore de nôtre amitié, & que j'en conserve le souvenir en des lieux où vient faire naufrage la memoire des hommes: Ha! je prévoy que non, vous sçavez trop que cette communauté, dont l'estime l'un de l'autre avoit lié nos ames, n'est point un nœud que la Mort puisse débarasser; Et les Enfers même inaccessibles où je suis retenu, ne sont pas assez loin pour empêcher que mes soûpirs n'aillent jusqu'à vous. Je sçay qu'on vous a vû fremir, & trembler de courroux contre le Tyran de la nuit, dont je

ment, que je les délogeray de tous les endroits, où leur calomnie a fait fort contre son Eminence. Les premiers coups qu'ont en vain tenté les Poëtes du Pontneuf (contre la reputation de ce grand Homme) ont été d'alleguer qu'il étoit Italien. A cela je réponds (non point à ces Heros de papier broüillard, mais aux personnes raisonnables qui meritent d'être dés-abusez) qu'un honnête homme n'est ny François, ny Allemand, ny Espagnol : il est Citoyen du Monde, & sa Patrie est par tout : Mais je veux que Monsieur le Cardinal soit Estranger, ne luy sommes nous pas d'autant plus obligez, de ce qu'il abandonne ses Dieux domestiques pour deffendre les nôtres ? Et puis quand il seroit naturel Sicilien, comme ils le croyent, ce n'est pas à dire pour cela qu'il soit vassal du Roy d'Espagne : car l'Histoire est témoin que nos Lys ont plus de droit à la souveraineté de cét état, que les Châteaux de Castille.

Mais ils sont tres-mal informez de son berceau : car encore que la Maison des Mazarins fût Originaire de Sicile, Monsieur le Cardinal est né dans Rome ; Et puis qu'il est Citoyen d'une Ville neûtre, il a pû par consequent s'attacher aux interests de la Nation qu'il a voulu choisir :

On sçait bien que le Peuple à l'envie, & les Nobles & les Cardinaux s'attachent ainsi à la protection particuliere, ou d'un Roy, ou d'un Prince, ou d'une Republique : Il y en a qui tiennent pour la France, d'autres pour l'Espagne, d'autres pour d'autres Souverains, & son Eminence embrassant le bon droit de nôtre cause, a voulu suivre l'exemple de Dieu, qui se range toûjours du party le plus juste. Certes l'heureux succez de nos Armes a bien fait voir l'excellence de son choix, & la justice de nôtre cause ; & nôtre Estat agrandy sous son Ministere a bien témoigné qu'en sa faveur, le Ciel avoit fait sa querelle de la nôtre : Aussi presque tous ceux qui ont demandé sa sortie, se sont depuis trouvez Pensionnaires des Ennemis de cette Couronne, & la Gloire des belles actions de nôtre Grand Cardinal, qui multiplie ses rayons, ont bien fait voir que son éclat leur faisant mal aux yeux, ils ont imité les Loups de la Fable, qui promettoient aux Brebis de les laisser en paix, pourvû qu'elles éloignassent le Chien de leur Bergerie.

 Enfin ces Reformateurs d'Estat, qui couvrent leurs noirs desseins sous le masque du bien public, n'ont autre chose à rechanter, sinon que Monsieur le Cardinal est Italien. Oüy ; mais dequoy se peuvent-ils plaindre, je n'avance que des François, & ceux dont la grandeur ne sçauroit faire d'ombre. Il n'a fait aucune Creature, & nous voyons à la Cour trente Seigneurs Italiens de fort grande Maison, dont les uns attirez par la proximité du Sang avec luy, les autres par sa renommée, sont icy depuis dix ans à se morfondre, d'autant qu'il ne les à pas jugez utiles au service du Roy. Cependant quelque sagesse qu'il employe à la conduite du Gouvernement, elle déplaist à nos Politiques Bourgeois, ils décrient son Ministere. Mais ce n'est pas d'aujourd'huy que les malheureux imputent à la bonne fortune des autres, les mauvais offices de la leur. Dans le chagrin qui les ronge, ils se plaindroient de n'avoir pas dequoy se plaindre : parce que son Eminence n'a point fait de Creatures : ils l'appellent ingrat, s'il en eût fait, ils l'auroient accusé d'ambition. A cause qu'il a poussé nos Frontieres en Italie, il est traître à son Païs : & s'il n'eût point porté nos Armes de ce côté-là, il se seroit entendu contre nous avec ses Compatriotes: Enfin de quelque biais qu'on avance la gloire de ce Royaume, son Eminence aura toûjours grand tort, à moins qu'elle fasse ses envieux assez grands pour ne luy plus porter d'envie. Que le feu des calomnies pousse donc tant qu'il voudra sa violence contr'elle, sa reputation est un Rocher au milieu des flots, que la tempête lave au lieu d'ébransler; & cette même force qui le rend capable de supporter le faix d'un Empire, ne l'abandonnera pas quand il sera question de supporter des injures.

La seconde batterie dressée contre luy, attaque sa naissance: Ha quoy! sommes-nous obligez d'instruire des ignorans volontaires; luy devons-nous apprendre, à cause qu'ils font semblant de ne le pas sçavoir, que la famille des Mazarins, de laquelle est sorty le Pere de Monsieur le Cardinal, est non seulement des plus Nobles, mais encore des mieux alliées de toute l'Italie, & que les armes de son illustre Race sont des plus anciennes entre toutes celles dont la vieille Rome a conservé le nom: L'ignorance des Sots auroit un grand privilege, si nous étions obligez d'écouter patiemment le rebours de toutes les veritez qui ne sont de sa connoissance.

Le peuple de la place Maubert & des Halles, ne veut pas tomber d'accord de

Contre les Frondeurs.

ces veritez qui sont manifestes : mais ce peuple ne seroit pas de la lie, s'il pouvoit être sainement informé de quelque chose; outre que c'est la coûtume, quand il apperçoit des vertus élevées d'une hauteur où sa bassesse ne peut atteindre, de s'en vanger à force d'en médire. Quoy que Monsieur le Cardinal de Richelieu fut tres-connu, qu'il sortit d'une des plus anciennes Maisons de Poitou, qu'il touchât de parenté aux Seigneurs François de la plus grande marque, & que nos Princes mêmes partageassent avec luy le Sang de leurs Ayeuls, sa Noblesse ne laisse pas de luy être contestée. De semblables contes ne tarissent jamais dans la bouche des seditieux, qui cherchent par tout un pretexte de refuser l'obeïssance qu'ils doivent à ceux que le Ciel leur a donné pour Maître.

Ils le poursuivent encore, & l'accusent d'avoir protegé les Cardinaux Barberins. Eût-il été honorable à la France d'abandonner les personnes sacrées qui reclament son secours ; les Nepveux d'un Pape, qui avoit été durant tout son regne le fidelle Amy de la France. Les autres Nations n'auroient-elles pas attribué ce délaissement à l'impuissance de les maintenir : Et ce témoignage de foiblesse n'auroit-il pas porté grand coup à sa Majesté Tres-Chrêtienne, de qui l'Empire se soûtient autant sur sa reputation que sur sa force.

Quand nos Calomniateurs se sentent pressez en cét endroit, ils changent de terrain, & crient qu'il a fait sur les peuples des extorsions épouventables. Pour moy, je ne sçay pas si la Canaille entretient des intelligences dans les Royaumes étrangers, qui l'informent plus au vray du maniment des finances, que n'en sont instruits le Conseil, l'Espagne & la Chambre des Comptes: Je sçay bien que la Cour de Parlement de Paris, qui l'accusoit du transport, ou du mauvais employ de tant de comptans, aprés avoir examiné dans un si long loisir les Traitez & les Negociations de Cantariny, ne luy a pas même imputé la diversion d'un quart d'écu, & je pense que ses ennemis n'eussent pas oublié de le charger de Peculat, s'il s'en fut trouvé convaincu plûtôt que de faux crimes, dont ils ont en vain essayé de le noircir, manque de veritables: Outre cela le Royaume est-il chargé d'aucun impost qui ne fut étably dés l'autre Regne: Encore il me semble qu'on ne les exige point avec tant de rigueur qu'il se pratiquoit alors, quoy que le fonds avancé par les Traittans eût été consommé dés le vivant de Monsieur le Cardinal de Richelieu, & qu'il ne faille pas laisser maintenant de continuër la guerre contre les mêmes Ennemis : Croyent-ils donc qu'avec des feüilles de Chesne on paye cinq ou six Armées : qu'on leve toutes les Campegnes de nouveaux Gens de Guerres ; qu'on entretienne les correspondances qu'il faut avoir & dedans & dehors ; qu'on fasse revolter des Provinces & des Royaumes entiers contre nos Ennemis : Enfin qu'un seul Maître donne au sort de tous les Potentats de la Terre, sans de prodigieuses sommes d'argent, qui seules sont capables de nous achepter la Paix ? Oüy, car Monsieur le Drapier se figure qu'il en va du gouvernement d'une Monarchie : comme des gages d'une Chambriere, ou de la pension de son fils Pierrot.

Ils ajoûtent à leurs ridicules contes & hors de saison, que les choses ont reüssi tres-souvent au rebours de ce qu'il avoit conseillé. Je le croy, car il est Maître de son raisonnement, non pas des caprices de la Fortune. Nous voyons si souvent de bons succez authoriser de mauvaises conduites : & je m'étonnerois bien davantage, qu'à travers les tenebres de l'advenir, un homme pût avec les yeux de sa pensée, fixer un ordre aux évenemens hazardeux, & par son attention conduire les aleures de la fatalité.

Quand ces Causeurs ont été repoussez à cette attaque, ils luy reprochent un Palais qu'il a fait bâtir à Rome; mais qu'ils apprennent qu'en cette Cour-là, le moindre des Cardinaux y a le sien. Estant Cardinal François, la Pompe d'un Palais dans Rome, tourne à la gloire de la France, comme sa bassesse iroit dans l'esprit des Italiens à la honte de nôtre Nation. Il y a eu de nos Roys (je dis des plus augustes) qui ont fourny liberalement à des Cardinaux, des sommes tres-considerables pour bâtir leurs Palais : à condition que sur le Portail ils feroient arborer nos Fleurs de Lys, & malgré tant de motifs specieux, un miserable petit Mercier en roulant ses Rubans, ne trouve pas à propos que Monsieur le Cardinal fasse bâtir à ses dépens une Maison.

La Canaille murmure encore, & crie qu'il n'a aucun lieu de retraite, si la France l'abandonnoit. Hé ! quoy donc, Messieurs les aveugles, à cause que pour vous proteger & conserver, il s'est fait des ennemis par toute la terre, c'est un homme

homme detestable & abominable, vous le jugez indigne de pardon. Sa faute en effet n'est pas pardonnable, d'avoir si fidellement servy des ingrats. Et Dieu qui le vouloit donner en exemple à ceux qui s'exposent pour le peuple, a permis que s'étant comporté aussi genereusement que Phocion, Pericles & Socrate, il ait rencontré d'aussi méchans Citoyens, que ceux qui condamnerent jadis ces grands Hommes.

On le blâme ensuite de ce qu'il a refusé la Paix, & ma Blanchisseuse m'a juré que l'Espagne l'offroit à des conditions tres-utiles & tres-honorables pour ce Royaume. J'exhorte les Sages qui ne doivent pas juger sur des apparences de se ressouvenir que le temps auquel nos Plenipotentiaires ont refusé de la conclure, est lors que commencerent les plus violens accez de la revolte de Naples, & que la Fortune sembloit alors nous offrir la restitution d'un état qui nous appartient. Il eût été contre toutes les regles de la Prudence humaine, d'en negliger la conquête qui nous étoit comme asseurée, outre que le Roy Catholique ayant toûjours insisté que nous abandonnassions les interests du Roy de Portugal, il ne nous étoit pas licite (à moins de passer

K

pour la plus perfide des Nations) de signer la Paix, sans qu'il fut compris dans le Traité, puis qu'il n'avoit hazardé que sur nôtre parole de remettre la Couronne sur la tête de sa race.

Mais voicy le dernier choc, & le plus violent, dont ils prétendent obscurcir la splendeur de sa gloire. Il est, disent-ils, autheur du Siege de Paris. Je leur réponds en premier lieu, qu'il l'a dû conseiller la Reyne Regente, ayant été avertie de plusieurs complots qui se brassoient contre la personne du Roy. Cependant le bruit même commun tombe d'accord qu'il n'a pas été le premier à prêter sa voix pour la resolution de cette entreprise, & qu'au contraire, on l'a toûjours blâmé d'avoir pris des voyes trop penchées à la douceur. De plus, pourquoy vouloir qu'il ait ordonné luy seul l'enlevement de nôtre jeune Monarque ? Les gens du métier sçavent qu'il n'est pas seul dans le Conseil, & qu'il n'y porte son opinion que comme un autre. Bien loin donc d'avoir été le seul Autheur de ce dessein, il n'a pas même souffert qu'on executât contre la Ville les choses qui sans doute eussent hâté sa reduction, parce qu'elles semblerent à son naturel humain un peu trop cruelles :

Et si les Parisiens me demandent qu'elles sont ces choses, je leur feray connoître qu'il pouvoit par exemple avec beaucoup de justice faire punir de mort les prisonniers de Guerre en qualité de traîtres & de rebelles à leur Roy : Il pouvoit d'ailleurs en une nuit, s'il l'eut voulu, avec l'intelligence qu'il avoit au dedans faire saccager & brûler les Fauxbourgs, qui n'étoient que fort foiblement gardez : chasser les fuyars dans la Ville pour l'affamer, ou bien les passer au fil de l'épée à l'exemple de Henry IV. qui fit des Vefves en moins d'un jour de la moitié des Femmes de Paris, & diminuër par cette seignée la fiévre des Habitans : Mais au lieu de ces actes d'hostilité, il deffendit même d'abatre les Moulins qui sont autour de la Ville, quoy qu'il sçût que par leur moyen elle recevoit continuellement force bleds : & encore qu'il eût avis de toutes les marches de leurs gens de Guerre, il faisoit souvent détourner les Troupes Royales des Routes de nos Convois, pour n'être point obligé de nous affamer & nous battre en même temps.

Il a donc assiegé Paris, mais de qu'elle façon : Comme celuy qui sembloit avoir peur de le prendre, comme un bon Pere à ses enfans : il s'est contenté de leur montrer les verges, & les a long-temps menacez, afin qu'ils eussent le loisir de se repentir. Et puis à parler franchement, leur maladie étant un effet de leur débauche, il étoit du devoir d'un bon Medecin de les obliger à faire une diéte. En verité s'il étoit permis de se dispenser à la raillerie, sur une matiere de cette importance, je dirois que la veille des Roys, le nôtre voyant dans sa Capitale tant d'autres Roys arrivez de nuit, il sortit contr'eux, & voulut essayer de vaincre cinquante mille Monarques.

Voilà je pense tous les Chefs, par qui la Canaille a tâché de rendre odieuse la personne de son Eminence, sans avoir jamais eu aucun legitime sujet de s'en plaindre : Cependant ils ne laissent pas de décrier ses plus éclatantes vertus, de blâmer son Ministere, & luy preferer son Predecesseur : Mais par qu'elle raison, je n'en sçay aucune, si ce n'est peut-être, parce que Monsieur le Cardinal Mazarin n'envoye personne à la mort sans connoissance de cause, parce qu'il n'a point une Cour grasse du sang des Peuples, parce qu'il ne fait point trancher la tête à des Comtes, à des Maréchaux, & à des

Ducs & Pairs, parce qu'il n'éloigne pas les Princes de la connoissance des affaires, parce qu'il n'est pas d'humeur à se vanger, enfin parce que même ils le voyent si moderé, qu'ils en prévoyent l'impunité de leurs attentats. Voilà pourquoy ces Factieux ne le jugent pas grand Politique : O ! stupide vulgaire, un Ministre benin te déplaist, prens garde de tomber dans les malheurs des Oyseaux de la Fable, qui ayant demandé un Chef, ne se contenterent pas du gouvernement de la Colombe que Jupiter leur donna, qui les gouvernoit paisiblement, & crierent tant aprés un autre, qu'ils obtindrent un Aigle qui les devora tous. Deffunt Monsieur le Cardinal étoit un grand Homme aussi bien que son Successeur; mais n'ayant pas assez de hardiesse pour décider leurs merites, je me contenteray de faire souvenir tout le monde que Monsieur le Cardinal de Richelieu eut l'honneur d'être choisi par le feu Roy Loüis XIII. le plus juste Monarque de l'Europe, pour être son Ministre : Et Monsieur le Cardinal Mazarin, par le Cardinal de Richelieu même, le plus grand Genie de son siecle.

Au reste, on a tort d'alleguer que nous sommes dans un Gouvernement, ou les

Armes, les Lettres, & la Pieté sont méprisées : Je soûtiens au contraire, qu'elles n'ont jamais été si bien reconnuës? Les Armées, témoin Messieurs Gassion & de Rantzau, qui par son crédit & son conseil, ont été faits Maréchaux de France, sans parler de Monsieur le Prince, qui des biens faits de la Reyne, possede plus luy seul que quelques Roys de l'Europe. La pieté, témoin le Pere Vincent, qu'elle a commis pour juger des mœurs de la conscience & de la capacité de ceux qui prétendent aux Benefices. Les Lettres, témoin le judicieux choix qu'il a fait d'un des premiers Philosophes de nôtre temps, pour l'éducation de Monsieur le Frere du Roy ? Témoin le docte Naudé qu'il honore de son estime, de sa table & de ses presens ; Et bref, témoin cette grande & magnifique Bibliotheque bâtie pour le public, à laquelle par son argent & ses soins, tous les Sçavans de l'Europe contribuent : Qu'ajoûter, Messieurs, après celà ? rien, sinon que la gloire de ce Royaume ne sçauroit monter plus haut, puis qu'elle est en son Eminence. Ne trouvez-vous pas à propos que le peuple cesse enfin de lasser la patience de son Prince, par les outrages qu'il fait à son Favory, qu'il accepte avec respect le pardon qu'on luy presente sans le meriter ? Non, Monsieur, il ne le merite pas; car est-ce une faute pardonnable, de se rebeller contre son Roy l'Image vivante de Dieu, tourner ses armes contre celuy qu'il nous a donné pour exercer sur nos biens & sur nos vies les fonctions de sa toute-puissance : N'est-ce pas accuser d'erreur la Majesté divine, de contrôller les volontez du Maître qu'elle nous a choisi : Je sçay bien que l'on peut m'objecter que les particuliers d'une Republique ne sont pas hors de la voye de salut : Mais il est tres-vray neanmoins, que comme Dieu n'est qu'un à dominer tout l'Univers, & que comme le Gouvernement du Royaume Celeste est Monarchique, celuy de la Terre le doit être aussi. La Sainte Escriture fait foy que Dieu n'a jamais ordonné un seul Etat populaire, & quelques Rabins asseurent que le peché des Anges fut d'avoir fait dessein de se mettre en Republique. Ne voyons-nous pas même, qu'il a long-temps auparavant sa venuë donné David au peuple d'Israël, & que depuis nôtre Redemption, il a fait décendre du Ciel la sainte Ampoule, dont il a voulu que nos Roys fussent sacrez, afin de les distinguer par un caractere surnaturel de tous ceux qui naîtroient pour leur obeïr. L'Eglise Militante, qui est l'Image de la Triomphante, est conduite Monarchiquement par les Papes : Et nous voyons que jusqu'aux Maisons particulieres, il faut qu'elles soient gouvernées par une espece de Roy, qui est le Pere de famille : C'est comme un premier ressort dans la societé, qui meut nos actions avec ordre : & c'est cét instinct secret, qui oblige tout le monde à se soûmettre aux Roys. Le peuple à beau tâcher d'éteindre en son ame cette lumiere qui le guide à la soûmission, il est à la fin emporté malgré luy par la force de ce premier mobile, contraint de rendre l'obeïssance qu'il doit. Mais cependant celuy de Paris a bien eu la temerité de lever ses mains sur l'Oinct du Seigneur, alleguant pour pretexte, que ce n'est pas au Roy qu'il s'attaque, mais à son Favory : comme si de même qu'un Prince est l'Image de Dieu, un Favory n'étoit pas l'Image du Prince. Mais c'est encore trop peu de dire l'Image, il est son fils. Quand il engendre selon la chair, il r'engendre un Prince. Quand il engendre selon sa dignité, il engendre un Favory. En tant qu'homme, il fait un Successeur; En tant que Roy, il fait une Creature :

voir pour gîte la moitié de son Tonneau:
mais comme il ne se rencontra pas, &
qu'on apperçût le grand Socrate qui n'étoit pas encore attelé: Voicy justement
vôtre fait, luy dit-on, car vous & ce
Philosophe, êtes tous deux morts de trop
boire. Socrate fit une profonde reverence
à ses Juges, & leur montra du doigt le
vieil Heraclite qui attendoit un Collegue: on donna ordre aux Heros de Roman de l'emmener avec eux. C'est un personnage (leur dit le Fourier qui les apparia) dont vous aurez toute sorte de contentement: il a un cœur de chair, vous
ne luy raconterez point vos avantures,
comme c'est entre vous une chose inévitable, sans luy tirer des larmes, car il
n'est pas moins que vous tendre à pleurer.
Euridice prit la main d'Achille: marchons, luy dit-elle, marchons, aussi
bien ne nous sçauroit-on mieux assortir,
puis que nous avons tous deux l'ame au
talon. Je vis placer Curtus ce fameux
Romain, qui se precipita dans un Gouffre pour sauver Rome, avec un certain
Brutal qui s'étoit fait tuër, en protegeant
une Femme débauchée. Je m'étonnay de
voir assortir des personnes si dissemblables: mais on me répondit qu'ils étoient
tous deux morts pour la chose Publique.

I v

Ensuite on associa Icare avec Promethée, pour avoir été l'un & l'autre trop aspres à voler. Echo fut logée avec nos Autheurs modernes, d'autant qu'ils ne disent, comme elle, que ce que les autres ont dit. Le Trium-virat de Rome, avec celuy d'Enfer, c'est-à-dire, Antoine, Auguste & Lepide, avec Radamante, Eaque & Minos, sur ce qu'on representa que ceux-là de même que ceux-cy avoient été Juges de mort. On pensa mettre Flamel, qui se vantoit d'avoir la pierre avec les défunts de cette maladie: mais il s'en offensa, criant que la sienne étoit la pierre Philosophale, & qu'il y avoit une difference presque infinie entre les vertus de ces deux sortes de Pierres : car les graveleux, continua-t'il, ne sont tourmentez de la leur, qu'aprés qu'elle est formée : au contraire, de nous qui n'en sommes travaillez que durant sa conception, outre que nous ne nous faisons jamais tailler de la nôtre. Ses raisons oüies, on l'envoya trouver Josué, parce que quelques-uns se vanterent d'avoir aussi bien que luy fixé le Soleil. Quantité d'autres Chimistes suivoient celuy-cy avec grand respect, & recüeilloient comme des Oracles des sotises qu'il leur debitoit, dans lesquelles ces pauvres foux s'imaginoient être envelopez dans le secret du grand Oeuvre. On les my-partit, les uns avec des Charbonniers, comme gens de fourneau : les autres avec ceux qui ont donné des soufflets aux Princes. On mit Hecube avec Cerbere, pour augmenter le nombre des Portiers Infernaux, elle aboya fort contre les Maréchaux des Logis à cause de cét affront, mais on la satisfit, luy remontrant qu'il étoit un Monstre à trois têtes aussi-bien que l'autre, puis que comme Chienne, elle en avoit une, comme Femme deux, & qu'un & deux faisoient trois. Je me souviens qu'on en mit quelques-uns à part, entre lesquels fut Midas, parce qu'il est le seul au Monde qui se soit pleint d'avoir été trop riche. Phocion fut de même separé des autres, s'étant trouvé le seul qui jamais ait donné de l'argent pour mourir ; Et Pigmalion pareillement ne fut associé de personne, à cause qu'il n'y a jamais eu que luy qui ait épousé une Femme muette. Aprés cette distribution, par laquelle chacun fut mis dans sa chacuniere, les Images de mon Songe n'étant plus si distinctes, ne me laisserent appercevoir que des peintures generales ; Par exemple je vis le Corps entier des Filoux s'asseoir avec les Chasseurs d'aujourd'huy, parce qu'ils tirent en volant. Nos Autheurs de Roman, avec Æsculape, parce qu'ils font en un moment des cures miraculeuses. Les Bourreaux avec les Medecins, à cause qu'ils sont payez pour tuër. Une grande Trouppe de Tireurs d'armes, demandoient aussi n'être logez avec Messieurs de la Faculté, parce que l'Art d'Escrime leur donne aussi bien qu'à eux, la connoissance de la tierce & de la quarte: mais on les mit avec les Cordonniers, d'autant que la perfection du métier consiste à bien faire une bote: Parmy le vacarme confus d'une quantité de mécontens, je distinguay la voix de Bouteville, qui fulminoit de ce que tant de monde refusoit sa compagnie: Mais sa colere ne luy servit de rien, personne ne l'osoit accoster, de peur de prendre querelle. Cét homme portoit la solitude avec luy, & je vis l'heure qu'il alloit être reduit à se faire Hermite, s'il ne se fut enfin accommodé avec les Grammeriens Grecs, qui ont inventé le Duel. Un Operateur qui distribuoit les remedes, augmentoit la presse, à cause du grand nombre des Sots dont il étoit environné: plusieurs le consultoient, & j'apperçûs entr'autres la Femme d'Orphée qui demandoit un Cataplasme pour la démangeaison des yeux. Priam vint aussi luy demander de l'Onguent pour la brûlure, mais l'Operateur n'en eût pas assez, car la Ville de ce pauvre Prince étoit toute brûlée. Je vis là quantité d'Avocats condamnez au feu, afin qu'ils vissent clair à certaines affaires trop obscures. Quant aux Sages, ils furent mis avec les Architectes, comme gens qui doivent user en toutes choses de regle & de compas. Il ne fut jamais possible de separer les Furies des Espiciers, tant elles avoient peur de manquer de flambeaux. Je fus bien étonné de rencontrer Tibere, lequel en attendant qu'on le plaçat, se reposoit couché sur des cailloux. Je luy demanday s'il ne reposeroit pas mieux sur un lit; Et je craindrois, me repliqua-t'il, que la chaleur de la plume ne me causât quelque chose de pire que la pierre. Sur ces entrefaites, Agrippine, la Mere de Veron le conjura de la vanger, de ce que Seneque avoit publié qu'elle avoit eu quatre enfans depuis son mariage, elle paroissoit furieuse & toute hors de soy, mais Neron l'appaisa par ces paroles. Madame, il ne faut croire d'un médisant que la moitié de ce qu'il dit. Les Parques se contenterent de demeurer avec des pauvres Villageoises qui nourrissent leurs Maris de leurs quenoüilles, quand on leur eut appris, qu'aussi bien qu'elles, ces Païsanes avoient filé la vie des hommes. Il vint là certains Batteurs en Grange, & parce qu'ils manquoient de fleau, on leur fit prendre Attila pour s'en servir à faute d'autres. Les effrontez s'associerent des Gardeurs de Lyons, afin d'apprendre d'eux à ne point changer de couleur. J'en aurois encore bien vû d'autres, si onze heures qui sonnerent à ma Montre, ne m'eussent éveillé & r'appellé dans ma memoire, qu'à toute heure de jour & de nuit, je suis & seray jusqu'au dernier somme,

MONSIEUR,

Vôtre tres-affectionné Serviteur,

CONTRE LES FRONDEURS.
LETTRE XXI.

Le Lecteur doit être averty que cette Lettre fut envoyée pendant le Siege de Paris, & durant la plus violente animosité des Peuples contre Monseigneur le Cardinal : On ne s'étonnera donc pas d'y voir des choses bien moins ajustées à l'état present des affaires qui ont beaucoup changé depuis ce temps là.

A MONSIEUR **

MONSIEUR,

Il est vray, je suis Mazarin, ce n'est ny la crainte, ny l'esperance qui me le font dire avec tant d'ingenuité, c'est le plaisir que me donne une verité quand je la prononce. J'aime à la faire éclater, sinon autant que je le puis, du moins autant que je l'ose, & je suis tellement anthipatique avec son adversaire, que pour donner un juste démenty, je reviendrois de bon cœur de l'autre monde. La Nature s'est si peu souciée de me faire bon Courtisan, qu'elle ne m'a donné qu'une langue pour mon cœur & pour ma fortune. Si j'avois brigué les applaudissemens de Paris ou prétendu à la reputation d'éloquent, j'aurois écrit en faveur de la Fronde, à cause qu'il n'y a rien qu'on persuade plus aisément au Pleuple, que ce qui est bien aisé de croire : Mais comme il n'y a rien aussi qui marque davantage une ame vulgaire, que de penser comme le vulgaire, je fais tout mon possible pour resister à la rapidité du torrent, & ne me pas laisser emporter à la foule : Et pour commencer, je vous déclare encore une fois que je suis Mazarin ; Je ne suis pourtant pas si déraisonnable, que je vous veüille apprendre la cause pourquoy je me suis rangé de vôtre party : Vous sçaurez donc que c'est parce que je l'ay trouvé le plus juste, & parce qu'il est vray que rien ne nous peut dispenser de l'obeïssance que nous devons à nôtre legitime Souverain : car bien que les Frondeurs nous en jettent des pierres, je prétends les refronder contr'eux si verte-

souffre le rigoureux Empire, & que le grand Hercule, aprés avoir écorné des Taureaux, déchiré des Lyons, étranglé des Geans, & porté sur ses épaules la Machine du Monde, qu'Athlas n'avoit pû soûtenir, il n'est pas homme à craindre les abois d'un Chien qui veille à la porte de ma prison : c'est un Monstre qui n'a que trois têtes, & l'Hydre qui sçût dompter en avoit sept, dont chacun renaissoit en sept autres : Donc, ô vous triomphant Protecteur du Ciel, venez achever sur vos ennemis la derniere victoire : Venez en ces Cavernes obscures ravir à la mort même le privilege de l'immortalité : & enfin resoluez-vous une fois de satisfaire au suspend, où la terreur de vôtre bras tient toute la Nature. Vous avez assez fait voler vôtre nom sur les Montagnes de la terre, & les Etoiles du Firmament, songez à ceux qui au centre du monde languissent accablez du poids de la terre, pour avoir combatu sous vos Enseignes : Vous imagineriez-vous bien l'état auquel est réduit l'infortuné Thesée ? Aujourd'huy que ses plaintes font retentir ses malheurs jusqu'aux climats que le Soleil éclaire, il est au quartier le plus triste & le plus funeste des Champs Elisées, assis sur la souche d'un Cyprés éclaté du Tonnerre, incertain s'il vous doit envoyer une Requête, ou son Epitaphe. L'oreille assiegée, & sa vûe offensée du croüassement des Corbeaux, & du cry continu d'un nuage d'Orfrayes, la tête appuyée sur le marbre noir d'un monument, au milieu d'un Cymetiere épouventable qu'environnent des Rivieres de sens, où flottent les corps morts, & dont la course pesante n'est excitée que par un son lugubre des sanglots, qu'expirent les ames qui la traversent. Voilà, ô Heros invincible, le fatal employ qui moissonne les années que je devrois passer plus glorieusement à vôtre service : Mais encore afin qu'aucune circonstance facheuse ne manque à ma douleur, je suis tourmenté non seulement par le mal même, mais par son éternelle vûë. Je vous diray que l'autre jour (excusez-moy si je parle de cette façon dans un lieu remply de tenebres, où l'aveuglement regne par tout, & chez qui toutes sortes d'objets portent le deüil perpetuel) l'autre jour donc pendant la rigueur des aspects les plus infortunez, dont un maudit climat puisse être regardé mortellement : Je reconnus tout interdit l'horrible manoir des Parques qui détournoient leurs regards sur les miens. Je fus long-temps occupé à contempler ces Meres homicides du Genre-Humain, qui tenoient penduës à leurs Fuseaux, les superbes Arbitres de la liberté des Peuples, & dévidoient aussi negligeamment la soye d'un glorieux Tyran, que le fil d'un simple Berger. Je les conjuray par mes larmes de filer plus promptement ma vie, ou d'en rompre la trame : & puis que la peur de la Mort me tourmentoit davantage que la Mort même, qu'elles eussent la bonté de me sauver de cent mi le par une seule : Mais je lûs dans leurs yeux qu'elles avoient decreté de ne me pas accorder si-tôt ma priere, cette compagnie épouventable m'obligea de quitter ma demeure : Mais helas ! je tombay dans une autre encore plus affreuse, c'étoit un vaste Marais flottant, où le hazard m'ayant engagé, je me vis à la discretion de cent mille Viperes qui n'en ont point elles-mêmes, & qui de leurs langues toutes brûlantes de venin, ayant succé sur mes jouës le douloureux dégorgement de mon cœur, me rendoient à la place, l'air de leurs sifflemens pour respirer. Là je vis ces fameux coupables, que leurs crimes ont condamnez à d'extrêmes supplices, se produire au feu qui les consumoit, supporter dans la flâme tous les tourmens insupportables de la gelée : & sous l'impitoyable Empire d'une éternité violente, n'avoir plus rien de leur estre que la puissance de souffrir. J'y rencontray Siziphe au sommet d'une Montagne, pleurant la perte de la Roche qui luy venoit d'échapper : Tytie resiste sans cesse à l'insatiable faim du Vautour qui le becquetoit : Ixion perdre à chaque tour de la rouë qu'il faisoit tourner, la memoire du précedent. Tantalle dévoré par les viandes mêmes qu'il tâchoit en vain de dévorer, & les Danaïnes occupées à remplir éternellement un vaisseau percé qu'elle ne pouvoit emplir. Il y avoit là tout proche un buisson fort épais, sous lequel j'apperçûs au travers des fortifications de ce labyrinthe vegetatif, la maigre envie, de qui les regards fichez affreusement contre terre, les mains jaulnes & seiches, les cuisses tremblantes & décharnées, l'estomach colé sur les côtes, l'haleine contagieuse, la peau corroyée par la chaleur de l'atre bille, mâchoit en vomissant la moitié d'un Crapaut à demy digeré. J'eus ensuite la conversation des Furies, occupées à des actions si brûtales, que je les abandonne à l'imagination, de peur que le recit n'éloigne de vôtre courage, par son horreur le dessein de me secourir. Voilà quelle est mon infortune, ô genereux Prince, l'expression que je vous en ay faite n'est point pour appeller vôtre bras vangeur à mon secours, car je flétrirois la gloire du grande Alcide, si je donnois quelque jour à penser qu'il eût été besoin d'employer des paroles pour l'exciter à produire une action vertueuse ; & je suis asseuré que le temps qui employera pour la lecture de ma Lettre, est le seul qui retardera le premier pas du voyage, dont je dois attendre ma liberté : Mais cependant je ne trouve pas lieu de la finir ; car avec qu'elle apparence, moy qui suis necessiteux du service de tout le monde, m'oserois-je dire, ô grand Hercule,

Vôtre Serviteur,
THESE'E.

SUR UNE ENIGME,
Que l'Autheur envoya à Monsieur de ******

LETTRE XXIII.

MONSIEUR,

Pour reconnoître le present dont m'enrichit ces jours passez vôtre belle Enigme, j'ay crû être obligé de m'acquiter envers vous par une autre semblable : Je dis semblable, à l'égard du nom d'Enigme qu'elle porte, car quand à la sublimité du caractere de la vôtre, je reconnois le mien si fort au dessous, que je serois un temeraire d'oser suivre son vol seulement des yeux de la pensée. Si pourtant elle est assez heureuse pour se voir reçûë en qualité de suivante auprés de la vôtre, son Pere sera trop honoré. Je vous avouë qu'elle est en impatience de vous entretenir : si donc vôtre bonté luy veut accorder cette grace, vous n'avez qu'à continuër la lecture de cette Lettre.

ENIGME.

JE nâquis 600 ans auparavant ma Sœur, & toutesfois elle passe pour mon Aînée, je croy que sa laideur & sa difformité sont causes de cette méprise : Il n'y a personne qui m'abhorre sa compagnie & sa conversation, il ne sort jamais de sa bouche une bonne nouvelle ; & quoy qu'elle ait plus d'Autels sur la Terre, qu'aucune des autres Divinitez, elle ne reçoit point des sacrifices agreables que les vœux des desesperez. Mais moy qui charme tout ce que j'approche, je ne passe aucun jour sans voir tomber à mes pieds, ce qui respire dans l'air, sur la mer, & sur la terre. Je trouve mon berceau dans le cercüeil du Soleil, & dedans mon cercüeil le Soleil trouve son berceau. Ce que l'homme a jamais vû de plus aimable & de plus parfait se forma le premier jour de mon regne. La Nature a fondé mon Trône, & dressé ma couche au sommet d'un Palais superbe, dont elle a soin quand je repose, de tenir la porte fermée ; & l'ouvrage de cét édifice est élabouré avec tant d'art, que personne jamais n'a connu l'ordre & la Symetrie de son Achitecture : Enfin je fais ma demeure au centre d'un *labyrinthe* inexplicable, où la raison du Sage & du Fol, du Sçavant & de l'Idiot, s'égarent de compagnie. Je n'ay point d'hôte que mon Pere ; & quoy qu'il soit pourvû de facultez beaucoup plus raisonnables que ne sont les miennes, je le fais pourtant marcher où je veux, & je dispose de sa conduite : Cependant j'ay beau le tromper, peu d'heures le désabusent si clairement, qu'il se promet (quoy qu'en vain) de ne se plus fier à mes mensonges : car j'attache aux fers, malgré luy, les cinq Esclaves qui le servent ; aussi-tôt qu'ils sont fatiguez, je les contrains bon gré, malgré de s'abandonner à mes caprices : Ce n'est pas qu'il n'essaye de fuïr ma rencontre, mais je me cache pour le guetter en des lieux si noirs & si sombres, qu'il ne manque jamais de tomber dans mon embuscade, il se rend aussi-tôt à la force du caractere, dont ma divinité l'étonne, en sorte qu'il n'a plus d'yeux que pour moy : ce n'est pas que je n'aye d'autres puissans adversaires, entre lesquels le plus considerable est l'ennemy juré du silence, qui m'auroit déja chassé des confins de son Estat, si la plus grande partie

de

Enigme.

de ses Sujets ne s'étoient revoltez ; Et ces revoltez-là, que la cause de la raison soûleve contre leur Tyran, sont les mieux reglez, & les seuls qui vivent sous une juste harmonie. Ils protegent mon innocence, font taire les vacarmes & les clameurs qui conspirent à ma ruine, m'introduisent peu à peu dans leur Royaume, & à la fin m'aident eux-mêmes à m'en rendre le Maître : Mais je pousse mes conquêtes encore bien plus loin, je partage avec le Dieu du Jour, l'étenduë & la durée de son empire : Que si la moitié que je possede, n'est pas la plus éclatante, elle est au moins la plus douce & plus tranquille. J'ay encore au dessus de luy cét avantage que j'empiete, quand bon me semble sur ses terres, & qu'il ne peut empieter sur les miennes. L'Astre dont l'Univers éclairé ne deffend point de l'Horison, que je n'attache au joug de mon char la moitié du Genre-Humain : Je suscite & je conserve le trouble parmy les peuples pour les maintenir en repos. Ils n'ont garde qu'ils ne m'aiment, car je les traitte tous selon leurs humeurs. Les Gays, je les mene aux festins, aux promenades, aux Bals, à la Comedie, & à tous les autres spectacles de divertissemens : Les Coleriques, je les mene à la

L

guerre, je les poste à la tête d'une puissante Armée, je leurs fais ouvrir trente Escadrons à coups d'épées gagner des batailles, & prendre des Roys prisonniers. Pour les mélancoliques, je les enfonce aux plus noires horreurs d'une solitude épouventable, je les monte aux faîtes de ces Rochers affreux & inaccessibles, pour faire paroître à leur vûë des abysmes encore plus profonds : Enfin j'accorde à toutes sortes de gens des occupations de leur goût. Je comble de biens les plus miserables, & quelquefois en dépit de la Fortune, je prens plaisir à précipiter ses mignons jusqu'au plus bas de sa roüe : J'éleve aussi, quand il me plaist, un Coquin sur le Trône, comme autrefois j'ay prostitué une Imperatrice Romaine aux embrassemens d'un Cuisinier. C'est moy qui de peur que les Amans ne s'aillent vanter de leurs bonnes fortunes, ay soin de leur clorre les yeux avant qu'ils soient aux ruelles. C'est aussi par mon Art, qu'on vole sans plumes, qu'on marche sans mouvoir les pieds ; Et c'est moy seul enfin, par qui l'on meurt sans perdre la vie. Je passe la moitié du temps à reparer l'embonpoint ; Je recolore les joües, & je fais épanoüir sur les visages, la Rose & le Lys. Je suis deux choses ensemble bien dissemblables, le truchement des Dieux, & l'interprete des Sots. Quand on me voit de prés, on ne sçait qui je suis, & l'on ne commence à me connoître qu'alors qu'on m'a perdu de vûë, l'Aigle qui regarde le Soleil fixement, sile la paupiere devant moy. Je ne sçay pas si parmy mes Ancestres on a compté quelque Lyon, mais à la Campagne le chant du Coq me met en fuite; Et à parler franchement, j'ay de la peine moy-même à vous expliquer mon estre, à moins que vous vous figuriez que ce que fait faire à son sabot, un petit garçon quand il foüette, je le fais faire à tout le monde. Hé bien, Monsieur, c'est-là parler bien clair, & si je gage que vous n'y entendez goutte: Ou bien sur ma Foy, je ne vous l'expliqueray pas, à moins que vous me le commandiez : car en ce cas-là, je vous confesseray ingenument, que le mot que vous cherchez, est le Sommeil, & je ne sçaurois m'en deffendre ; car je suis & seray toute ma vie,

MONSIEUR,

Vôtre tres-obeïssant.

LETTRES AMOUREUSES DE MONSIEUR DE CYRANO BERGERAC.

A MADAME***

LETTRE I.

MADAME,

Pour une personne aussi belle qu'Alcidiane, il vous falloit sans doute, comme à cette Heroïne, une demeure inaccessible; car puis qu'on n'abordoit à celle du Roman que par hazard, & que sans un hazard semblable on peut aborder chez vous; je croy que par enchantement vos charmes ont transporté ailleurs, depuis ma sortie, la Providence où j'ay eu l'honneur de vous voir ; Je veux dire, Madame, qu'elle est devenuë une seconde Isle flotante, que le vent trop furieux de mes soûpirs poussent & font reculer devant moy, à mesure que j'essaye d'en approcher. Mes Lettres même, pleines de soûmissions & de respects, malgré l'art & la routine des Messagers les mieux instruits n'y sçauroient aborder. Il ne me sert de rien que vos loüanges qu'elles publient, les fasse voler de toutes parts; elle ne vous peuvent rencontrer, & je croy même que si par le caprice du hazard ou de la renommée, qui se charge fort souvent de ce qui s'adresse à vous, il en tomboit quelqu'un du Ciel dans vôtre cheminée, elle seroit capable de faire évanoüir vôtre Château. Pour moy, Madame, aprés des avantures si surprenantes, je ne doute quasi plus que vôtre Comté n'ait changé de climat avec le Païs qui luy est Antipode, & j'apprehende que le cherchant dans la Carte, je ne rencontre à sa place, comme on trouve aux extrêmitez du Septentrion. (Cecy est une Terre où les Glaces empêchent d'aborder.) Ha ! Madame, le Soleil à qui vous ressemblez, & à qui l'ordre de l'Univers ne permet point de repos, s'eſt bien fixé dans les Cieux pour éclairer une victoire, où il n'avoit preſque pas d'intereſt. Arrêtez-vous pour éclairer la plus belle des vôtres, car je proteſte (pourvû que vous ne faſſiez plus diſparoître ce Palais enchanté, où je vous parle tous les jours en eſprit) que mon entretien muet & diſcret ne vous fera jamais entendre que des vœux, des hommages, & des adorations. Vous ſçavez que mes Lettres n'ont rien qui puiſſe être ſuſpect : Pourquoy donc apprehendez-vous la converſation d'une choſe qui n'a jamais parlé? Ha! Madame, s'il m'eſt permis d'expliquer mes ſoupçons, je penſe que vous me refuſez vôtre vûë pour ne pas communiquer plus d'une fois un miracle avec un prophane : Cependant vous ſçavez que la converſion d'un incredule comme moy, (c'eſt une qualité que vous m'avez jadis reproché) demanderoit que je viſſe un tel miracle plus d'une fois. Soyez donc acceſſible aux témoignages de veneration que j'ay deſſein de vous rendre. Vous ſçavez que les Dieux reçoivent favorablement la fumée de l'encens que nous leur brûlons icy bas, & qu'il manqueroit quelque choſe à leur gloire s'ils n'étoient adorez? Me refuſez donc pas de l'eſtre, car ſi tous leurs attributs ſont adorables, puis que vous poſſedez tres-éminemment les deux principaux, la Sageſſe & la Beauté ; vous me feriez faire un crime, m'empêchant d'adorer en vôtre perſonne le divin Caractere que les Dieux ont imprimé : Moy principalement, qui ſuis & ſeray toute ma vie,

MADAME,

Vôtre tres-humble, & tres-paſſionné Serviteur.

AVTRE,
LETTRE II.

MADAME,

Le feu dont vous me brûlez, a ſi peu de fumée, que je deſire le plus ſevere Capuchon d'y noircir ſa conſcience & ſon honneur : Cette échauffaiſon celeſte, pour qui tant de fois ſaint Xavier penſa crever ſon pourpoint, n'étoit pas plus pure que la mienne, puis que je vous aime, comme il aimoit Dieu, ſans vous avoir jamais vûë. Il est vray que la personne qui me parla de vous, fit de vos charmes un Tableau si achevé, que tant que dura le travail de son chef-d'œuvre, je ne pûs m'imaginer qu'il vous peignoit, mais qu'il vous produisoit. C'a été sur sa caution que j'ay capitulé de me rendre, ma Lettre en est l'hôtage. Traitez-là, je vous prie humainement, & agissez avec elle de bonne guerre ; car quand le droit des gens ne vous y obligeroit pas, la prise n'est pas si peu considerable, qu'elle en puisse faire rougir le Conquerant. Je ne nie pas à la verité, que la seule imagination des puissans traits de vos yeux, ne m'ait fait tomber les armes de ma main, & ne m'ait contraint de vous demander la vie. Mais aussi, en verité, je pense avoir beaucoup aidé à vôtre victoire ; Je combattois, comme qui vouloit être vaincu ; Je presentois à vos assauts toûjours le côté le plus foible, & tandis que j'encourageois ma raison au triomphe, je formois en mon ame des vœux pour sa défaite : Moy-même, contre moy, je vous prêtois main forte, & cependant le repentir d'un dessein si temeraire me forçoit d'en pleurer. Je me persuadois que vous tirez ces larmes de mon cœur, pour le rendre plus combustible, ayant ôté l'eau d'une Maison où vous vouliez mettre le feu ; & je me confirmois dans cette pensée, lors qu'il me venoit en memoire que le cœur est une place au contraire des autres, qu'on ne peut garder, si l'on ne la brûle. Vous ne croyez peut-être pas que je parle serieusement, si fait en verité, & je vous proteste, si je ne vous vois bien-tôt, que la bile & l'Amour me vont rôtir d'une si belle sorte, que je laisseray aux Vers du Cymetiere l'esperance d'un maigre déjeuné. Quoy vous vous en riez: Non, non, je ne me mocque point, & je prévoy, par tant de Sonnets, de Madrigaux, & d'Elegies, que vous avez reçûs ces jours-cy de moy (qui ne sçait ce que c'est que Poësie) que l'amour me destine au voyage du Royaume des Dieux, puis qu'il m'a enseigné la langue du Païs : Si toutesfois quelque pitié vout émeut à differer ma mort, mandez-moy que vous me permettez de vous aller offrir ma servitude ; car si vous ne le faites, & bien-tôt, on vous reprochera que vous avez, sans connoissance de cause, inhumainement tué de tous vos Serviteurs, le plus passionné, le plus humble, & le plus obeïssant Serviteur, DE CYRANO BERGERAC.

jamais vûë. Il est vray que la personne qui me parla de vous, fit de vos charmes un Tableau si achevé, que tant que dura le travail de son chef-d'œuvre, je ne pûs m'imaginer qu'il vous peignoit, mais qu'il vous produisoit. C'a été sur sa caution que j'ay capitulé de me rendre, ma Lettre en est l'hôtage. Traitez-là, je vous prie humainement, & agissez avec elle de bonne guerre; car quand le droit des gens ne vous y obligeroit pas, la prise n'est pas si peu considerable, qu'elle en puisse faire rougir le Conquerant. Je ne nie pas à la verité, que la seule imagination des puissans traits de vos yeux, ne m'ait fait tomber les armes de ma main, & ne m'ait contraint de vous demander la vie. Mais aussi, en verité, je pense avoir beaucoup aidé à vôtre victoire; Je combattois, comme qui vouloit être vaincu; Je presentois à vos assauts toûjours le côté le plus foible, & tandis que j'encourageois ma raison au triomphe, je formois en mon ame des vœux pour sa défaite: Moy-même, contre moy, je vous prêtois main forte, & cependant le repentir d'un dessein si temeraire me forçoit d'en pleurer. Je me persuadois que vous tiriez ces larmes de mon cœur, pour le rendre plus combustible, ayant ôté l'eau d'une Maison où vous vouliez mettre le feu ; & je me confirmois dans cette pensée, lors qu'il me venoit en memoire que le cœur est une place au contraire des autres, qu'on ne peut garder, si l'on ne la brûle. Vous ne croyez peut-être pas que je parle serieusement, si fait en verité, & je vous proteste, si je ne vous vois bien-tôt, que la bile & l'Amour me vont rôtir d'une si belle sorte, que je laisseray aux Vers du Cymetiere l'esperance d'un maigre déjeuné. Quoy vous vous en riez: Non, non, je ne me mocque point, & je prévoy, par tant de Sonnets, de Madrigaux, & d'Elegies, que vous avez reçûs ces jours-cy de moy (qui ne sçait ce que c'est que Poësie) que l'amour me destine au voyage du Royaume des Dieux, puis qu'il m'a enseigné la langue du Païs : Si toutesfois quelque pitié vous émeut à differer ma mort, mandez-moy que vous me permettez de vous aller offrir ma servitude; car si vous ne le faites, & bien-tôt, on vous reprochera que vous avez, sans connoissance de cause, inhumainement tué de tous vos Serviteurs, le plus passionné, le plus humble, & le plus obeïssant Serviteur, DE CYRANO BERGERAC.

AVTRE,
LETTRE III.

MADAME,

Vous me voulez du bien : Ha ! dés la premiere ligne, je suis vôtre tres-humble, tres-obeïssant, & tres-passionné Serviteur : car je sens déja mon ame par l'excez de sa joye, se répandre si loin de moy, qu'elle aura passé sur mes lévres, auparavant que j'aye le temps de finir ainsi ma Lettre : Toutefois la voilà concluë, & je puis, si je veux la fermer : Aussi-bien, puis que vous m'asseurez de vôtre affection, tant de lignes ne sont pas necessaires contre une place prise : & n'étoit que c'est la coûtume qu'un Heros meure débout, & un Amoureux en se plaignant, j'aurois pris congé de vous & du Soleil, sans vous le faire sçavoir : mais je suis obligé d'employer les derniers soûpirs de ma vie à publier en vous disant adieu, que j'expire d'amour, vous sçaurez bien pour qui. Vous croirez, peut-être, que le mourir des Amans, n'est autre chose qu'une façon de parler, & qu'à cause de

la conformité des noms de l'Amour &
de la Mort, ils prennent souvent l'un
pour l'autre : mais je suis fort asseuré que
vous ne douterez pas de la possibilité du
mien, quand vous aurez consideré la
violence & la longueur de ma maladie,
& moins encore quand aprés avoir lû
ce discours, vous trouverez à l'extrêmité,

MADAME,

    Vôtre Serviteur.

AVTRE,

LETTRE IV.

MADAME,

 Bien loin d'avoir perdu le cœur quand
je vous fis hommage de ma liberté, je
me trouve au contraire depuis ce jour-là
le cœur beaucoup plus grand : Je pense
qu'il s'est multiplié, & que comme s'il
n'étoit pas assez d'un pour tous vos
coups, il s'est efforcé de se produire en
toutes mes arteres, où je le sens palpiter,
afin d'être present en plus de lieux, &

devenir luy seul, le seul objet de tous vos traits. Cependant, Madame, la franchise, ce trésor précieux pour qui Rome autrefois a risqué l'Empire du monde : Cette charmante liberté, vous me l'avez ravie, & rien de ce qui chez l'ame se glisse par les sens, n'en a fait la conquête : Vôtre esprit seul meritoit cette gloire, sa vivacité, sa douceur, son étenduë, & sa force, valoient bien que je l'abandonnasse à de si nobles fers : Cette belle & grande ame, élevée dans un Ciel si fort au dessus de la raisonnable, & si proche de l'intelligible, qu'elle en possede éminemment tout le beau : Et je dirois même beaucoup du Souverain Createur qui l'a formée, si de tous les attributs, qui sont essentiels à sa perfection, il ne manquoit en elle celuy de misericordieuse : Oüy, si l'on peut imaginer dans une Divinité quelque défaut, je vous accuse de celuy-là. Ne vous souvient-il pas de ma derniere visite, où me plaignant de vos rigueurs, vous me promîtes au sortir de chez vous, que je vous retrouverois plus humaine, si vous me retrouviez plus discret, & que je vinsse, en me disant adieu le lendemain, parce que vous aviez resolu d'en faire l'épreuve : Mais helas! demander l'espace d'un jour, pour appliquer le remede à des blessures qui sont au cœur : N'est-ce pas attendre, pour secourir un malade, qu'il ait cessé de vivre, & ce qui m'étonne encore davantage : c'est que vous défiant que ce miracle ne puisse arriver, vous fuyez de chez vous pour éviter ma rencontre funeste : Hé bien ! Madame, hé bien fuyez-moy, cachez-vous, même de mon souvenir ; on doit prendre la fuite, & l'on se doit cacher quand on a fait un meurtre. Que dis-je grands Dieux; Ha ! Madame, excusez la fureur d'un desesperé, non, non, paroissez, c'est une Loy pour les hommes, qui n'est pas faite pour vous : car il est inoüy que les Souverains ayent jamais rendu compte de la mort de leurs Esclaves : Oüy, je dois estimer mon sort tres-glorieux, d'avoir merité que vous prissiez la peine de causer sa ruine : car du moins puisque vous avez daigné me haïr, ce sera un témoignage à la posterité, que je ne vous étois pas indifferent. Aussi la mort dont vous avez crû me punir, me cause de la joye : Et si vous avez de la peine à comprendre quelle peut être cette joye, c'est la satisfaction secrete que je ressens d'être mort pour vous, en vous faisant ingrate. Oüy, Madame, je suis mort, & je prévoy que vous aurez bien de la difficulté à concevoir, comment il se peut faire si ma mort est veritable, que moy-même je vous en mande la nouvelle ? Cependant il n'est rien de plus vray : mais apprenez que l'homme à deux trépas à souffrir sur la terre, l'un violent, qui est l'Amour, & l'autre naturel qui nous réjoint à l'indolence de la matiere : Et cette mort qu'on appelle Amour, est d'autant plus cruelle, qu'en commençant d'aimer, on commence aussi-tôt à mourir. C'est le passage reciproque de deux ames qui se cherchent, pour animer en commun ce qu'elles aiment, & dont une moitié ne peut être separée de sa moitié, sans mourir comme il est arrivé,

MADAME,

A

Vôtre fidelle Serviteur,

AVTRE,
LETTRE V.

MADAME,

Suis-je condamné de pleurer encore bien long-temps ? Hé ! je vous prie, ma belle Maîtresse au nom de vôtre bon Ange, faites-moy cette amitié de me découvrir là-dessus vôtre intention, afin que j'aille de bonne heure retenir place aux Quinze-Vingts, parce que je prévoy que de vôtre courtoisie, je suis predestiné à mourir aveugle; Oüy aveugle (car vôtre ambition ne se contenteroit pas que je fusse simplement borgne.) N'avez-vous pas fait deux alambics de mes deux yeux, par où vous avez trouvé l'invention de distiler ma vie, & de la convertir en eau toute claire ? En verité, je soupçonnerois (si ma mort vous étoit utile, & si ce n'étoit la seule chose que je ne puis obtenir de vôtre pitié) que vous n'épuisiez ces sources d'eau qui sont chez moy, que pour me brûler plus facilement : & je commence d'en croire quelque chose, depuis que j'ay pris garde que plus mes yeux tirent d'humide de mon cœur, plus il brûle : Il faut bien dire que mon Pere ne forma pas mon corps du même argille, dont celuy du premier homme fut composé, mais qu'il le tailla sans doute d'une pierre de chaux, puis que l'humidité des larmes que je répands, m'a tantôt consommé : Mais consommé, croirez-vous bien, Madame, de quelle façon : je n'oserois plus marcher dans les ruës embrasé comme je suis, que les enfans ne m'environnent de fusées, parce que je leur semble une figure échappée d'un feu d'artifice : ny à la Campagne, qu'on ne me prenne pour un de ces Ardens, qui traînent les gens à la Riviere. Enfin vous pouvez connoître tout ce que cela veut dire, c'est, Madame, que si vous ne revenez, & bien-tôt vous entendrez dire à vôtre retour, quand vous demanderez où je demeure, que je demeure aux Thuilleries, & que mon nom, c'est la bête à feu qu'on fait voir aux Badauts pour de l'argent. Alors vous serez bien honteuse d'avoir un Amant Salemandre, & le regret de voir brûler dés ce Monde,

MADAME,

Vôtre Serviteur,

AVTRE.

LETTRE VI.

MADEMOISELLE,

J'ay reçû vos magnifiques brasselets, qui m'ont semblé tous glorieux de porter vos chiffres; ne craignez plus aprés cela, qu'un prisonnier arrêté par les bras & par le cœur, vous puisse échapper : Je confesse cependant que vôtre don m'eût été suspect, à cause qu'il entre presque toûjours des cheveux & des caracteres dans la composition des charmes : mais comme vous avez tant d'autres moyens plus nobles pour causer la mort, je n'ay garde de vous soupçonner de sortilege, & puis j'aurois tort de me dérober aux secrets de vôtre Magie, ne m'étant pas possible de me soustraire mon Horoscope, qui s'est accordée avec la vôtre, de ma triste avanture. Ajoûtez à cette consideration qu'elle sera beaucoup plus recommandable, si elle arrive par des moyens surnaturels, & s'il faut un miracle pour la causer. Je m'imagine, Mademoiselle, que vous prenez cecy pour une

que plus mes yeux tirent d'humide de mon cœur, plus il brûle : Il faut bien dire que mon Père ne forma pas mon corps du même argille, dont celuy du premier homme fut composé, mais qu'il le tailla sans doute d'une pierre de chaux, puis que l'humidité des larmes que je répands, m'a tantôt consommé : Mais consommé, croirez-vous bien, Madame, de quelle façon : je n'oserois plus marcher dans les ruës embrasé comme je suis, que les enfans ne m'environnent de fusées, parce que je leur semble une figure échappée d'un feu d'artifice : ny à la Campagne, qu'on ne me prenne pour un de ces Ardens, qui traînent les gens à la Riviere. Enfin vous pouvez connoître tout ce que cela veut dire, c'est, Madame, que si vous ne revenez, & bien-tôt vous entendrez dire à vôtre retour, quand vous demanderez où je demeure, que je demeure aux Thuilleries, & que mon nom, c'est la bête à feu qu'on fait voir aux Badauts pour de l'argent. Alors vous serez bien honteuse d'avoir un Amant Salemandre, & le regret de voir brûler dés ce Monde,

MADAME,

Vôtre Serviteur,

AVTRE.
LETTRE VI.

MADEMOISELLE,

J'ay reçû vos magnifiques braffelets, qui m'ont femblé tous glorieux de porter vos chiffres ; ne craignez plus après cela, qu'un prifonnier arrêté par les bras & par le cœur, vous puiffe échapper : Je confeffe cependant que vôtre don m'eût été fufpect, à caufe qu'il entre prefque toûjours des cheveux & des caracteres dans la compofition des charmes : mais comme vous avez tant d'autres moyens plus nobles pour caufer la mort, je n'ay garde de vous foupçonner de fortilege, & puis j'aurois tort de me dérober aux fecrets de vôtre Magie, ne m'étant pas poffible de me fouftraire mon Horofcope, qui s'eft accordée avec la vôtre, de ma trifte avanture. Ajoûtez à cette confideration qu'elle fera beaucoup plus recommandable, fi elle arrive par des moyens furnaturels, & s'il faut un miracle pour la caufer. Je m'imagine, Mademoifelle, que vous prenez cecy pour une raillerie. Hé bien parlons serieusement, dites-moy donc en conscience : N'est-ce pas acquerir un cœur à bon marché, qui ne vous coûte que cinq ou six coups de brosse. Par ma foy, si vous en trouvez d'autres à ce prix-là, je vous conseille de les prendre ; car il peut revenir plus facilement des cheveux à la tête, que des cœurs à la poitrine : Mais n'auriez-vous point choisi par malice des cheveux à me faire present, pour m'expliquer en hierogliphe, l'insensibilité de vôtre cœur ; Non je vous tiens plus genereuse, mais quelque mal intentionnée que vous soyez, je confonds tellement dans ma joye toutes les choses qui me viennent de vôtre part, que les mains qui m'outragent, ou qui me carressent, me sont également souhaittables, pourvû qu'elles soient les vôtres, & la Lettre que je vous envoye en est une preuve, puis qu'elle ne tend qu'à vous remercier, de m'avoir lié les bras, de m'avoir tiré par les cheveux, & par toutes ces violences, m'avoir fait,

MADEMOISELLE,

Vôtre Serviteur.

AVTRE,
LETTRE VII.

MADAME,

Je ne me plains pas seulement du mal que vos beaux yeux ont eu la bonté de me faire, je me plains encore d'un plus cruel, que leur absence me fait souffrir. Vous laissâtes en mon cœur, lors que je pris congé de vous, une insolence, qui sous pretexte qu'elle se dit vôtre idée, se vante d'avoir sur moy puissance de vie & de mort; encore elle encherit tiranniquement sur vôtre empire, & pas à cét excez d'inhumanité, de déchirer les playes que vous aviez fermées, & d'en creuser de nouvelles dans les vieilles qu'elle sçait ne pouvoir guerir. Mandez-moy, je vous prie, quand cét Astre qui semble n'avoir éclipsé que pour moy, reviendra dissiper les nuages de mes inquietudes: N'est-ce pas assez donner d'exercice à cette constance, à qui vous promettiez le triomphe? Ne m'aviez-vous pas juré en partant pour vôtre voyage, que toutes mes fautes étoient effacées, que vous les oubliez pour jamais, & que jamais vous ne m'oubliriez ? O ! belles esperances, qui se sont évanoüies avec l'air qui les a formées : A peine eûtes-vous achevé ces paroles trompeuses, répandu quelques larmes perfides, & poussé des soûpirs artificieux, dont vôtre bouche & vos yeux démentoient vôtre cœur, que fortifiant en vôtre ame un reste de cruauté cachée, vous redoublâtes vos caresses, afin d'éterniser en ma memoire le cruel souvenir de vos faveurs que j'avois perduës : Mais vous fistes encore davantage, vous vous éloignâtes des lieux, où ma vûë auroit peut-être été capable de vous toucher de pitié, & vous vous absentâtes de moy, pendant mon supplice, comme le Roy s'éloigne de la place où l'on execute les criminels, de peur d'être importuné de leur grace : Mais à quoy, Madame, tant de précautions ; vous connoissez trop bien la puissance de vos coups, pour en appréhender la guerison. La Medecine qui parle de toutes les maladies, n'a rien écrit de celle qui me tuë, à cause qu'elle en parle, comme les pouvant traiter ; mais celle qu'à produit en moy vôtre amour, est une maladie incurable ; car le moyen de vivre quand on a donné son cœur, qui est la cause de la vie ? Rendez-le moy donc, ou me donnez le vôtre à la place du mien; autrement, dans la resolution où je suis, de terminer par une mort sanglante ma pitoyable destinée, vous allez attacher aux conquêtes que meditent vos yeux, un trop funeste augure, si la victime que je vous dois immoler, se rencontre sans cœur. Je vous conjure donc encore une fois, puis que pour vivre vous n'avez pas besoin de deux cœurs, de m'envoyer le vôtre, afin que vous sacrifiant une hostie entiere, elle vous rende & l'Amour & la Fortune propices, & m'empêche de faire une mauvaise fin, quand même je ferois tomber au bas de ma Lettre, mal à propos, que je suis & je seray jusques dans l'autre monde,

MADAME,

Vôtre fidelle Esclave.

oubliez pour jamais, & que jamais vous ne m'oubliriez ? O! belles esperances, qui se sont évanoüies avec l'air qui les a formées : A peine eûtes-vous achevé ces paroles trompeuses, répandu quelques larmes perfides, & poussé des soûpirs artificieux, dont vôtre bouche & vos yeux démentoient vôtre cœur, que fortifiant en vôtre ame un reste de cruauté cachée, vous redoublâtes vos caresses, afin d'éterniser en ma memoire le cruel souvenir de vos faveurs que j'avois perduës : Mais vous fistes encore davantage, vous vous éloignâtes des lieux, où ma vûë auroit peut-être été capable de vous toucher de pitié, & vous vous absentâtes de moy, pendant mon supplice, comme le Roy s'éloigne de la place où l'on execute les criminels, de peur d'être importuné de leur grace : Mais à quoy, Madame, tant de précautions ; vous connoissez trop bien la puissance de vos coups, pour en apprehender la guerison. La Medecine qui parle de toutes les maladies, n'a rien écrit de celle qui me tuë, à cause qu'elle en parle, comme les pouvant traiter ; mais celle qu'à produit en moy vôtre amour, est une maladie incurable ; car le moyen de vivre quand on a donné son cœur, qui est la cause de la vie ? Rendez-le moy donc, ou me donnez le vôtre à la place du mien; autrement, dans la resolution où je suis, de terminer par une mort sanglante ma pitoyable destinée, vous allez attacher aux conquêtes que meditent vos yeux, un trop funeste augure, si la victime que je vous dois immoler, se rencontre sans cœur. Je vous conjure donc encore une fois, puis que pour vivre vous n'avez pas besoin de deux cœurs, de m'envoyer le vôtre, afin que vous sacrifiant une hostie entiere, elle vous rende & l'Amour & la Fortune propices, & m'empêche de faire une mauvaise fin, quand même je ferois tomber au bas de ma Lettre, mal à propos, que je suis & je seray jusques dans l'autre monde,

MADAME,

Vôtre fidelle Esclave.

AVTRE,

LETTRE VIII.

MADAME,

Vous vous plaignez d'avoir reconnu ma passion dés le premier moment que la Fortune m'obligea de vôtre rencontre; mais vous à qui vôtre miroir fait connoître, quand il vous montre vôtre image, que le Soleil a toute sa lumiere & toute son ardeur, dés l'instant qu'il paroît, quel motif avez vous de vous plaindre d'une chose à qui ny vous ny moy ne pouvons apporter d'obstacles : Il est essentiel à la splendeur des rayons de vôtre beauté, d'illuminer les corps, comme il est naturel au mien de refléchir vers vous cette lumiere que vous jettez sur moy : & de même qu'il est de la puissance du feu de vos brûlans regards, d'allumer une matiere disposée, il est de celle de mon cœur d'en pouvoir être consommé : Ne vous plaignez donc pas, Madame, avec injustice, de cét admirable enchaînement, dont la Nature à joint d'une société commune les effets avec leurs causes.

Cette connoissance imprevûë est une suite de l'ordre qui compose l'harmonie de l'Univers : & c'étoit une necessité prevûë au jour natal de la Creation du Monde, que je vous visse, vous connusse, & vous aimasse : mais parce qu'il n'y a point de cause qui ne tendent à une fin, le point auquel nous devions voir nos ames étant arrivé, vous & moy tenterions en vain d'empêcher nôtre destinée. Mais admirez les mouvemens de cette predestination, ce fut à la pêche où je vous rencontray : Les filets que vous dépliâtes en me regardant, ne vous annonçoient-ils pas ma prise : & quand j'eusse évité vos filets, pouvois-je me sauver des hameçons pendus aux lignes de cette belle Lettre, que vous ne fistes l'honneur de m'envoyer quelques jours aprés, dont chaque parole obligeante n'étoit composée de plusieurs caracteres, qu'afin de me charmer : Aussi je l'ay reçûë avec des respects, dont je ferois l'expression, en disant que je l'adore, si j'étois capable d'adorer quelqu'autre chose que vous. Je la baisay au moins avec beaucoup de tendresse, & je m'imaginois, en pressant mes levres sur vôtre chere Lettre, baiser vôtre bel esprit, dont elle est l'ouvrage : Mes yeux prenoient plaisir de repasser plusieurs fois sur tous les caracteres que vôtre plume avoit marquez : Insolents de leur fortune, ils attiroient chez eux toute mon ame, & par de longs regards, s'y attachoient pour se joindre à ce beau crayon de la vôtre. Vous fussiez-vous imaginé, Madame, que d'une feüille de papier, j'eusse pû faire un si grand feu : il n'éteindra jamais pourtant que le jour ne soit éteint pour moy : Que si mon ame & mon amour se partagent en deux soûpirs, quand je mourray, celuy de mon amour partira le dernier. Je conjureray à l'agonie, le plus fidelle de mes amis, de me reciter cette aimable Lettre : & lorsqu'en lisant, il sera parvenu à la fin, où vous vous abaissez, jusqu'à vous dire ma Servante : Je m'écrieray jusqu'à la mort, ha ! cela n'est pas possible, car moymême j'ay toûjours été,

MADAME,

Vôtre tres-humble, tres-fidel,
& tres-obeïssant Esclave,
DE BERGERAC.

FIN.

TABLE

TABLE DES LETTRES
contenuës en ce Livre.

Contre l'Hyver	7
Pour le Printemps	13
Pour l'Esté	18
Contre l'Automne	24
Description de l'Aqueduc d'Arcüeil	31
Autre sur le même sujet	35
Sur des Ombres	41
Description d'un Cyprez	45
Description d'une Tempête	48
Pour une Dame Rousse	52
Le Campagnard	60
Pour les Sorciers	66
Contre les Sorciers	78
A Monsieur Gerzan, sur son Triomphe des Dames	95
Le Duelliste	100
Sur un Recouvrement de Santé	103

Lettres Satyriques.

Contre un Poltron	105
Contre un Médisant	111
Contre une Demoiselle Avare	114
Contre un Ingrat	117
Contre Soucidas	119
Contre Monsieur V.....	125

M

Sur une Confolation	130
Contre un Pilleur de Penfées	134
Autre fur le même fujet	137
Contre un Gros Homme	143
Contre Ronfcard	149
A Meffire Jean	158
Contre un Pedant	162
Defcription du Carême	168
A Monfieur le Coq	173
A un Comte de bas-aloy	176
Contre un lifeur de Romans	178
Contre les Medecins	180
Contre un Faux-brave	188

Autres fur divers fujets.

D'un Songe	191
Contre les Frondeurs	207
De Thefée à Hercule	232
Sur une Enigme	238

Lettres Amoureufes.

A Madame......	244
Autre	247
Autre	250
Autre	251
Autre	255
Autre	257
Autre	259
Autre	261
Le Pedant Joüé, Comedie en Profe.	

HISTOIRE
COMIQUE
DE LA LUNE.

LA Lune étoit en son plein, le Ciel couvert, & neuf heures du soir étoient sonnées, lors que revenant de Clamard prés Paris (où Monsieur de Guigy le fils, qui en est Seigneur, nous avoit regalez plusieurs Amis & moy) les diverses pensées que nous donna cette boule de safran, nous défrayerent sur le chemin : De sorte que les yeux noyez dans ce grand Astre, tantôt l'un le prenoit pour une lucarne du Ciel, tantôt un autre asseuroit que c'étoit la platine où Diane dresse les rabas d'Apollon ; un autre, que ce pouvoit bien être le Soleil luy-même, qui

M ij

s'étant au soir dépoüillé de ses rayons, regardoit par un trou ce qu'on faisoit au Monde quand il n'y étoit pas : Et moy, leur dis-je, qui souhaite mêler mes antousiasmes aux vôtres, je croy, sans m'amuser aux imaginations pointuës, dont vous chatoüillez le Temps pour le faire marcher plus vîte, que la Lune est un Monde comme celuy-cy, à qui le nôtre sert de lune. Quelques-uns de la compagnie me regalerent d'un grand éclat de rire. Ainsi peut-être, leur dis-je, se mocque-t'on maintenant dans la Lune de quelqu'autre, qui soûtient que ce globe-cy est un Monde. Mais j'eus beau leur alléguer que plusieurs grands Hommes avoient été de cette opinion, je ne les obligeay qu'à rire de plus belle.

Cette pensée cependant, dont la hardiesse biaisoit à mon humeur affermie par la contradiction, se plongea si profondement chez moy, que pendant tout le reste du chemin je demeuray gros de mille définitions de Lune, dont je ne pouvois accoucher : de sorte qu'à force d'appuyer cette croyance burlesque par des raisonnemens presque serieux, il s'en falloit peu que je n'y déférasse déja; quand le miracle ou l'accident, la providence, la fortune, ou peut-être ce qu'on nommera vision, fiction, chimere, ou folie si on veut me fournir l'occasion qui m'engagea à ce discours. Estant arrivé chez moy, je montay dans mon Cabinet, où je trouvay sur la table un Livre ouvert que je n'y avois point mis. C'étoit celuy de Cardan; & quoy que je n'eusse pas de dessein d'y lire, je tombay de la vûë, comme par force, justement sur une histoire de ce Pilosophe, qui dit, qu'étudiant un soir à la chandelle, il apperçût entrer au travers des portes fermées deux grands Vieillards, lesquels aprés beaucoup d'interrogations qu'il leur fit, répondirent qu'ils étoient habitans de la Lune, & en même temps disparurent. Je demeuray si surpris, tant de voir un Livre qui s'étoit apporté là tout seul, que du temps & de la feüille où il s'étoit rencontré ouvert, que je pris toute cette enchaînure d'incidens pour une inspiration de faire connoître aux hommes que la Lune est un Monde. Quoy, disois-je en moy-même, aprés avoir tout aujourd'huy parlé d'une chose, un Livre qui peut être est le seul au monde où cette matiere se traite si particulierement, voler de ma Bibliotheque sur ma table, devenir capable de raison, pour s'ouvrir justement à l'endroit d'une avanture si merveilleuse ; entraîner mes yeux dessus, comme par force, & fournir ensuite à ma fantaisie les reflexions, & à ma volonté les desseins que je faits ? Sans doute, continuois-je, les deux Vieillards qui apparurent à ce grand Homme, sont ceux-là mêmes qui ont dérangé mon Livre, & qui l'ont ouvert sur cette page, pour s'épargner la peine de me faire la harangue qu'ils ont faite à Cardan. Mais, ajoûtois-je, je ne sçaurois m'éclaircir de ce doute, si je ne monte jusques-là ; Et pourquoy non, me répondoy-je aussitôt ? Prometée fut bien autrefois au Ciel y dérober du feu. Suis-je moins hardy que luy, & ay-je lieu de n'en pas esperer un succez aussi favorable ?

A ces boutades, qu'on nommera peut-être des accez de fiévre chaude, succeda l'esperance de faire reüssir un si beau voyage : de sorte que je m'enfermay pour en venir à bout, dans une maison de campagne assez écartée, où après avoir flaté mes resveries de quelques moyens proportionnez à mon sujet, voicy comme je me donnay au Ciel.

J'avois attaché tout autour de moy quantité de fioles pleines de rosée, sur lesquelles le Soleil dardoit ses rayons si violemment, que la chaleur qui les attiroit, comme elle fait les plus grosses nuées, m'éleva si haut, qu'enfin je me trouvay au dessus de la moyenne region. Mais comme cette attraction me faisoit monter avec trop de rapidité, & qu'au lieu de m'approcher de la Lune comme je prétendois, elle me paroissoit plus éloignée qu'à mon partement, je cassay plusieurs de mes fioles, jusques à ce que je sentis que ma pesanteur surmontoit l'attraction, & que je redescendois vers la terre. Mon opinion ne fut point fausse; car j'y retombay quelque temps aprés; & à compter de l'heure que j'en étois party, il devoit être minuit. Cependant je reconnus que le Soleil étoit alors au plus haut de l'Horison, & qu'il étoit là midy. Je vous laisse à penser combien je fûs étonné : certes je le fus de si bonne sorte, que ne sçachant à quoy attribuër ce miracle, j'eus l'insolence de m'imaginer qu'en faveur de ma hardiesse Dieu avoit encore une fois recloüé le Soleil aux Cieux, afin d'éclairer une si genereuse entreprise. Ce qui accreut mon étonnement, ce fut de ne point connoître le Païs où j'étois, vû qu'il me sembloit qu'étant monté droit, je devois être descendu au même lieu d'où j'étois party. Equipé pourtant comme j'étois, je m'acheminay vers une espece de chaumiere, où j'apperçûs de la fumée; & j'en étois à peine une portée de pistolet, que je me vis entouré d'un grand nombre d'hommes tous nuds. Ils parurent fort surpris de ma rencontre; car j'étois le premier, à ce que je pense, qu'ils eussent jamais vû habillé de bouteilles. Et pour renverser encore toutes les interpretations qu'ils auroient pû donner à cét équipage, ils voyoient qu'en marchant je ne touchois presque point à la terre : Aussi ne sçavoient-ils pas qu'au moindre branle que je donnois à mon corps, l'ardeur des rayons de Midy me soûlevoit avec ma rosée; & que sans que mes fioles n'étoient plus en assez grand nombre, j'eusse été possible à leur vûë enlevé dans les airs. Je les voulus aborder : mais comme si la frayeur les eût changez en oyseaux, un moment les vit perdre dans la Forest prochaine. J'en attrapay un toutesfois, dont les jambes sans doute avoient trahy le cœur. Je luy demanday avec bien de la peine (car j'étois tout essouflé) combien l'on comptoit de là à Paris, & depuis quand en France le monde alloit tout nud, & pourquoy ils me fuyoient avec tant d'épouvente. Cét homme à qui je parlois étoit un Vieillard olivastre, qui d'abord se jetta à mes genoux ; & joignant les mains en-haut derriere la tête, ouvrit la bouche, & ferma les yeux. Il marmota long-temps entre ses dents, mais je ne discernay point qu'il articulat rien : de façon que je pris son langage pour le gazoüillement enroüé d'un muet.

A quelque temps de là, je vis arriver une compagnie de Soldats tambour battant, & j'en remarquay deux se separer du gros pour me reconnoître. Quand ils furent assez proches pour être entendus, je leur demanday où j'étois. Vous êtes en France, me répondirent-ils : mais quel diable vous a mis en cét état, & d'où vient que nous ne vous connoissons point ? Est-ce que les Vaisseaux sont arrivez ? En allez-vous donner avis à Monsieur le Gouvern-vous, & pourquoy avez-vous divisé *[texte endommagé]* tant de bouteilles ons marcher ; & qu*[...]* repartis que le dia*[...]* Terre tourne point mis en cét état ; qu'il ne me connoissoit pas, à cause qu'il ne pouvoit pas connoître tous les hommes : que je ne sçavois point que la Seine portât de Navire à Paris : que je n'avois point d'avis à donner à Monseigneur le Maréchal de l'Hôpital, & que je n'étois point chargé d'Eau de Vie. Ho, ho, me dirent-ils,

M v

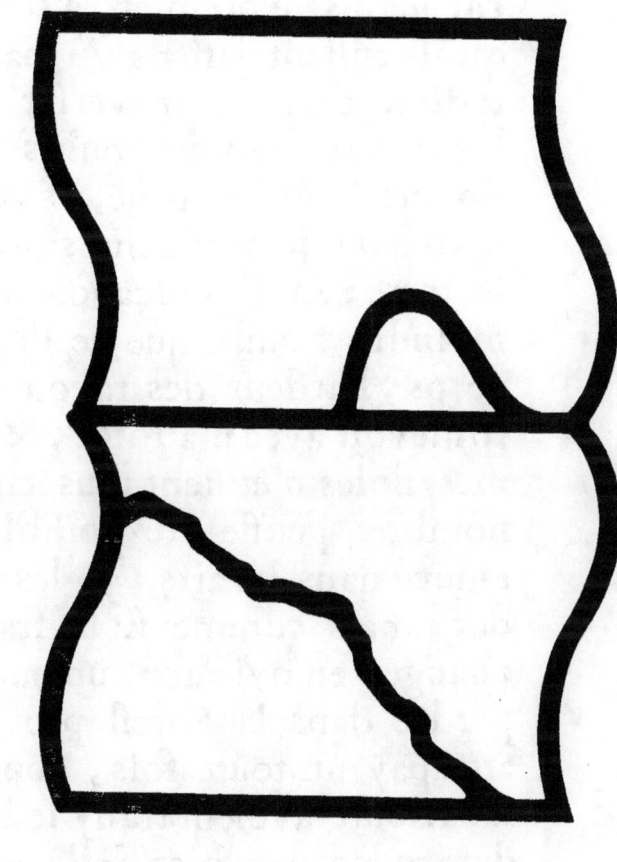

Texte détérioré — reliure défectueuse
NF Z 43-120-11

espece de chaumiere, où j'apperçûs de la fumée; & j'en étois à peine une portée de pistolet, que je me vis entouré d'un grand nombre d'hommes tous nuds. Ils parurent fort surpris de ma rencontre; car j'étois le premier, à ce que je pense, qu'ils eussent jamais vû habillé de bouteilles. Et pour renverser encore toutes les interpretations qu'ils auroient pû donner à cét équipage, ils voyoient qu'en marchant je ne touchois presque point à la terre : Aussi ne sçavoient-ils pas qu'au moindre branle que je donnois à mon corps, l'ardeur des rayons de Midy me soûlevoit avec ma rosée ; & que sans que mes fioles n'étoient plus en assez grand nombre, j'eusse été possible à leur vûë enlevé dans les airs. Je les voulus aborder : mais comme si la frayeur les eût changez en oyseaux, un moment les vit perdre dans la Forest prochaine. J'en attrapay un toutesfois, dont les jambes sans doute avoient trahy le cœur. Je luy demanday avec bien de la peine (car j'étois tout essoufflé) combien l'on comptoit de là à Paris, & depuis quand en France le monde alloit tout nud, & pourquoy ils me fuyoient avec tant d'épouvente. Cét homme à qui je parlois étoit un Vieillard olivastre, qui d'abord se jetta

à mes genoux ; & joignant les mains enhaut derriere la tête, ouvrit la bouche,
& ferma les yeux. Il marmota long-temps
entre ses dents, mais je ne discernay
point qu'il articulat rien : de façon que je
pris son langage pour le gazoüillement
enroüé d'un muet.

A quelque temps de là, je vis arriver
une compagnie de Soldats tambour battant, & j'en remarquay deux se separer
du gros pour me reconnoître. Quand ils
furent assez proches pour être entendus,
je leur demanday où j'étois. Vous êtes
en France, me répondirent-ils : mais
quel diable vous a mis en cét état, & d'où
vient que nous ne vous connoissons
point ? Est-ce que les Vaisseaux sont
arrivez ? En allez-vous donner avis à
Monsieur le Gouvern........ pourquoy
avez-vous divisé v........ en
tant de bouteilles .... ir
repartis que le diabl....... point
mis en cét état ; qu'il ne me connoissoit
pas, à cause qu'il ne pouvoit pas connoître tous les hommes : que je ne sçavois
point que la Seine portât de Navire à
Paris : que je n'avois point d'avis à donner à Monseigneur le Maréchal de l'Hôpital, & que je n'étois point chargé
d'Eau de Vie. Ho, ho, me dirent-ils,

M v

me prenant le bras, vous faites le gaillard, Monsieur le Gouverneur vous con-
noîtra bien luy. Ils me menerent vers
leur gros, où j'appris que j'étois veritablement en France, mais en la nouvelle :
de sorte qu'à quelque temps de là je fus
presenté au Vice-Roy, qui me demanda
mon Païs, mon nom, & ma qualité, &
aprés que je l'eus satisfait, luy contant
l'agreable succés de mon Voyage, soit
qu'il le crût, soit qu'il feignit de le croire, il eut la bonté de me faire donner une
chambre dans son appartement. Mon
bon-heur fut grand de rencontrer un
homme capable de hautes opinions, &
qui ne s'étonna point, quand je luy dis
qu'il falloit que la Terre eût tourné pendant mon élevation ; puis qu'ayant commencé de m_ _ _ _ _ _ lieuës de Paris,
j'é_ _ _ _ _ _ _gne quasi perpen-
dit_

Le_ _ _ _ _ _ _ _ _ m'allois coucher,
il entra dans ma chambre, & me dit : Je
ne serois pas venu interrompre vôtre
repos, si je n'avois crû qu'une personne
qui a pû trouver le secret de faire tant
de chemin en un demy jour, n'ait pas eu
aussi celuy de ne se point lasser. Mais
vous ne sçavez pas, ajoûta-t'il, la plaisante querelle que je viens d'avoir pour

vous avec nos Peres ? Ils veulent absolument que vous soyez Magicien, & la plus grande grace que vous puissiez obtenir d'eux, est de ne passer que pour imposteur ; Et en effet, ce mouvement que vous attribuez à la Terre, est un paradoxe assez délicat ; & pour moy je vous diray franchement, que ce qui fait que je ne suis pas de vôtre opinion, c'est qu'encore qu'hier vous soyez party de Paris, vous pouvez être arrivé aujourd'huy en cette contrée, sans que la Terre ait tourné : Car le Soleil vous ayant enlevé par le moyen de vos bouteilles, ne doit-il pas vous avoir amené icy, puis que selon Ptolomée, & les Philosophes modernes, il chemine du biais que vous faites marcher la Terre ? Et puis quelle grande vray-semblance avez-vous, pour vous figurer que le Soleil soit immobile, quand nous le voyons marcher ; & quelle apparence que la Terre tourne avec tant de rapidité, quand nous la sentons ferme dessous nous ? Monsieur, luy repliquay-je, voicy les raisons à peu prés qui nous obligent à le préjuger. Premierement, il est du sens commun de croire que le Soleil a pris place au centre de l'Univers, puis que tous les corps qui sont dans la Nature ont besoin de ce feu radical, qu'il habite au cœur du Royaume pour être en état de satisfaire promptement à la necessité de chaque partie, & que la cause des generations soit placée au milieu de tous les corps pour y agir également & plus aisément : de même que la sage Nature a placé les parties genitales dans l'homme, les pepins dans le centre des pommes, les noyaux au milieu de leur fruit, & de même que l'oignon se conserve à l'abry de cent écorces qui l'environnent, le précieux germe, où dix millions d'autres ont à puiser leur essence : Car cette pomme est un petit Univers à soy-même, dont le pepin plus chaud que les autres parties est le Soleil, qui répand autour de soy la chaleur conservatrice de son globe, & ce germe dans cét opinion est le petit Soleil de ce petit Monde, qui réchauffe & nourrit le sel vegetatif de cette petite masse. Cela donc supposé ; je dis que la Terre ayant besoin de la lumiere, de la chaleur, & de l'influence de ce grand feu ; elle se tourne autour de luy pour recevoir également en toutes ses parties cette vertu qui la conserve. Car il seroit aussi ridicule de croire que ce grand corps lumineux tournant autour d'un poinct dont il n'a que faire, que de s'imaginer quand nous voyons une Alloüette rôtie, qu'on a pour la cuire tourné la cheminée à l'entour. Autrement si c'étoit au Soleil à faire cette corvée, il sembleroit que la Médecine eût besoin du malade; que le fort d'eût plier sous le foible, le grand servir au petit, & qu'au lieu qu'un Vaisseau single le long des Côtes d'une Province, on d'eût faire promener la Province autour du Vaisseau. Que si vous avez peine à comprendre comme une masse si lourde se peut mouvoir; dités-moy, je vous prie, les Astres & les Cieux que vous faites si solides, sont-ils plus legers ? Encore est-il plus aisé à nous, qui sommes asseurez de la rondeur de la Terre, de conclure son mouvement par sa figure : Mais pourquoy supporter le Ciel rond, puis que vous ne le sçauriez sçavoir, & que de toutes les figures, s'il n'a pas celle-cy, il est certain qu'il ne se peut mouvoir ? Je ne vous reproche point vos excentriques, vos concentriques, ny vos épicicles; tous lesquels vous ne sçauriez expliquer que tres-confusément, & dont je sauve mon Sistême. Parlons seulement des causes naturelles de ce mouvement. Vous êtes contraints vous autres de recourir aux intelligences qui remuënt & gouvernent vos globes. Mais moy, sans interrompre le repos du Souverain Estre, qui sans doute a creé la Nature toute parfaite, & de la sagesse duquel il est de l'avoir achevée, de telle sorte que l'ayant accomplie pour une chose, il ne l'ait pas renduë défectueuse pour un autre; je dis que les rayons du Soleil, avec ses influences, venant à frapper dessus par leur circulation, la font tourner comme nous faisons tourner un globe en le frappant de la main : ou de même que les fumées qui s'évaporent continuellement de son sein du côté que le Soleil la regarde, repercutées par le froid de la moyenne region rejalissent dessus, & de necessité ne la pouvant frapper que de biais, la font ainsi pirouetter.

L'explication des deux autres mouvemens est encore moins embroüillée, considerez un peu je vous prie. A ces mots le Vice-Roy m'interrompit: & j'aime mieux, dit-il, vous dispenser de cette peine (aussi bien ay-je lû sur ce sujet quelques Livres de Gassendi) mais à la charge que vous écouterez ce que me répondant un jour un de nos Peres qui soûtenoit vôtre opinion. En effet, disois-je, je m'imagine que la Terre tourne, non point pour les raisons qu'allegue Copernic, mais parce que le feu d'Enfer étant enclos au centre de la Terre, les damnez qui veulent fuïr l'ardeur de sa flâme, graviſſent pour s'en éloigner contre la voûte, & font ainſi tourner la Terre, comme un chien fait tourner une roüe lors qu'il court enfermé dedans.

Nous loüames quelque temps cette penſée comme un pur effet de zele de ce bon Pere: & enfin le Vice-Roy me dit qu'il s'étonnoit fort, vû que le Siſteme de Ptolomée étoit ſi peu probale, qu'il eût été ſi generalement reçû. Monſieur, luy répondis-je, la plûpart des hommes qui ne jugent que par le ſens, ſe ſont laiſſez perſuader à leurs yeux, & de même que celuy dont le Vaiſſeau vogue terre à terre, croit demeurer immobile, & que le rivage chemine ; ainſi les hommes tournans avec la Terre autour du Ciel, ont crû que c'étoit le Ciel luy-même qui tournoit autour d'eux. Ajoûtez à cela l'orgueil inſupportable des humains, qui ſe perſuadent que la Nature n'a été faite que pour eux, comme s'il étoit vray-ſemblable que le Soleil, un grand corps, quatre cens trente-quatre fois plus vaſte que la Terre, n'eût été allumé que pour meurir ſes neffles, & pommer ſes choux. Quand à moy, bien loin de conſentir à leur inſolence, je croy que les Planettes sont des Mondes autour du Soleil, & que les Etoiles fixes sont aussi des Soleils qui ont des Planettes autour d'eux, c'est-à-dire, des Mondes que nous ne voyons pas d'icy à cause de leur petitesse, & parce que leur lumiere empruntée ne sçauroit venir jusqu'à nous: Car comme en bonne foy s'imaginer que ces globes si spacieux ne soient que des grandes campagnes desertes, & que le nôtre, à cause que nous y campons, ait été bâty pour une douzaine de petits superbes? Quoy, parce que le Soleil compasse nos jours & nos années, est-ce à dire pour cela qu'il n'ait été construit qu'afin que nous ne frappions pas de la tête contre les mœurs? Non, non, si ce Dieu visible éclaire l'homme, c'est par accident, comme le flambeau du Roy éclaire par accident au Crocheteur qui passe par la ruë: Mais me dit-il si comme vous asseurez, les Etoiles fixes sont autant de Soleils, on pourroit conclure de là, que le Monde seroit infiny, puis qu'il est vray-semblable que les peuples de ce Monde qui sont autour d'une Etoile fixe que vous prenez un Soleil, découvrent encore au dessus d'eux d'autres Etoiles fixes que nous ne sçaurions appercevoir d'icy, & qu'il en va de cette sorte à l'infiny.

N'en doutez point, luy repliquay-je : comme Dieu a pû faire l'Ame immortelle, il a pû faire le Monde infiny, s'il est vray que l'Eternité n'est rien autre chose qu'une durée sans bornes, & l'infiny une étenduë sans limites : Et puis Dieu seroit finy luy-même, supposé que le Monde ne fut pas infiny, puis qu'il ne pourroit pas être où il n'y auroit rien, & qu'il ne pourroit accroître la grandeur du Monde, qu'il n'ajoûtât quelque chose à sa propre étenduë, commençant d'être où il n'étoit pas auparavant. Il faut donc croire que comme nous voyons d'icy Saturne & Jupiter si nous étions dans l'une ou dans l'autre, nous découvririons beaucoup de Monde que nous n'appercevons pas, & que l'Univers est à l'infiny construit de cette sorte. Ma foy, me repliqua-t'il, vous avez beau dire, je ne sçaurois du tout comprendre cét infiny. Hé dites-moy, luy repartis-je, comprenez vous le rien qui est au delà, point du tout. Car quand vous songez à ce neant, vous vous l'imaginez tout au moins comme du vent ou comme de l'air, & cela c'est quelque chose : mais l'infiny, si vous ne le comprenez en general, vous le conservez au moins par parties, puis qu'il n'est pas difficile de se figurer au delà de ce que nous voyons de terre & d'air, du feu, d'autre air, & d'autre terre. Or l'infiny n'est rien qu'une tissure sans bornes de tout cela. Que si vous me demandiez de qu'elle façon ces Mondes ont été faits, vû que la sainte Escriture parle seulement d'un que Dieu crea, je réponds que je ne dispute plus : Car si vous voulez m'obliger à vous rendre raison de ce que me fournit mon imagination, c'est m'ôter la parole, & m'obliger de vous confesser que mon raisonnement le cedera toûjours en ces sortes de choses à la Foy. Il me dit qu'à la verité sa demande étoit blâmable, mais que je reprisse mon idée : De sorte, ajoûtay-ie, que tous ces autres Mondes qu'on ne voit point, ou qu'on ne croit qu'imparfaitement, ne sont rien que l'écume des Soleils qui se purgent. Car comment ces grands feux pourroient-ils subsister, s'ils n'étoient attachez à quelque matiere qui les nourrit ? Or de même que le feu pousse loin de chez soy la cendre dont il est étouffé, de même que l'or dans le creuset se détache en s'affirmant du Marcassite qui affoiblit son carat, & de même encore que nôtre cœur se dégage par le vomissement des humeurs iddigestes qui l'attaquent, ainsi ces Soleils dégorgerent tous les jours, & se purgent des restes de la matiere qui noüoit leur feu : mais lors qu'ils auront tout-à-fait consommé cette matiere qui les entretient, vous ne devez point douter qu'ils ne se répandent de tous côtez pour chercher un autre pâture, & qu'ils ne s'attachent à tous les Mondes qu'ils auront construits autrefois, à ceux particulierement qu'ils rencontreront les plus proches ; alors ces grands feux rebroüillans tous les corps, les rachasseroit pesle-mesle de toutes parts comme auparavant, & s'étant peu à peu purifiez, ils commencerent de servir de Soleils à d'autres petits Mondes qu'ils engendreront en les poussant hors de leurs spheres: Et c'est ce qui a fait sans doute prédire aux Pitagoriciens l'embrasement universel. Cecy n'est pas une imagination ridicule, la nouvelle France où nous sommes en produit un exemple bien convaincant. Ce vaste continent de l'Amerique, est une moitié de la Terre, laquelle en dépit de nos Predecesseurs qui avoient mille fois singlé l'Occean, n'avoit point encore été découverte : aussi n'y étoit-elle pas encore non plus que beaucoup d'Isles, de Penisules, & de Montagnes qui se sont soûlevées sur nôtre Globe, quand les roüillures du Soleil qui se nettoyoit ont été poussez assez loin, & condensées en pelotons assez pesant pour être attirez par le centre de nôtre Monde, possible peu auprés en particules menuës, peut-être aussi tout à coup en une masse. Cela n'est pas si déraisonnable, que saint Augustin n'y eut applaudy, si la découverte de ce Païs eût été faite de son âge; puis que ce grand personnage, dont le genie étoit fort éclairé, asseure que de son temps la Terre étoit plate comme un four, & qu'elle nageoit sur l'eau comme la moitié d'une orange coupée: mais si j'ay jamais l'honneur de vous voir en France, je vous feray observer par le moyen d'une lunette fort occullente, que certaines obscuritez qui d'icy paroissent des taches, sont des Mondes qui se construisent.

Mes yeux qui se fermoient en achevant ce discours, obligerent le Vice-Roy de sortir. Nous eûmes le lendemain, & les jour suivans, des entretiens de pareille nature: mais comme quelque temps aprés l'embarras des affaires de la Province accrocha nôtre Philosophie, je retombay de plus belle au dessein de monter à la Lune.

Je m'en allois dés qu'elle étoit levée

reſvant parmy les bois, à la conduite & au reüſſit de mon entrepriſe; & enfin une veille de ſaint Jean qu'on tenoit conſeil dans le Fort, pour déterminer ſi l'on donneroit ſecours aux Sauvages du Païs contre les Iroquois, je m'en allay tout ſeul derriere nôtre habitation au coupeau d'une petite Montagne, où voicy ce que j'executay. J'avois fait une machine que je m'imaginois capable de m'élever autant que je voudrois, en ſorte que rien de tout ce que j'y croyois neceſſaire n'y manquant, je m'aſſis dedans, & me précipitant en l'air du haut d'une Roche: mais parce que je n'avois pas bien pris mes meſures, je culbutay rudement dans la valée. Tout froiſſé neanmoins que j'étois, je m'en retournay dans ma chambre ſans perdre courage, & je pris de la moüelle de Bœuf, dont je m'oignis tout le corps, car j'étois tout meurtry depuis la tête juſqu'aux pieds; & aprés m'être fortifié le cœur d'une bouteille d'eſſence cordiale, je m'en retournay chercher ma machine, mais je ne la trouvay point, car certains Soldats qu'on avoit envoyez dans la Foreſt couper du bois pour faire le feu de la ſaint Jean, l'ayant rencontrée par hazard, l'avoient apportée au Fort, où aprés pluſieurs explications de ce que ce pouvoit être ; quand on eut découvert l'invention du ressort, quelques-uns dirent qu'il y falloit attacher quantité de fusées volantes, parce que leur rapidité les ayant enlevées bien haut, & le ressort agitant ses grandes aisles, il n'y avoit personne qui ne prît cette machine pour un Dragon de feu : je la cherchay longtemps cependant, mais enfin je la trouvay au milieu de la place de Kebec, comme on y mettoit le feu. La douleur de rencontrer l'œuvre de mes mains en un si grand peril, me transporta tellement, que je courus saisir le bras du Soldat qui y allumoit le feu, je luy arrachay sa méche, & me jettay tout furieux dans ma machine pour briser l'artifice dont elle étoit environnée ; mais j'arrivay trop tard, car à peine y eus-je les deux pieds, que me voila enlevé dans la nuë : l'horreur dont je fus consterné ne renversa point tellement les facultez de mon ame, que je ne me sois souvenu depuis de tout ce qui m'arriva en cét instant. Car dés que la flâme eut dévoré un rang de fusées, qu'on avoit disposées six à six, par le moyen d'une amorce qui bordoit chaque demy douzaine, un autre étage s'embrasoit, puis un autre, en sorte que le Salpêtre prenant feu, éloignoit le peril en le croissant. La matiere toutesfois étant usée fit que l'artifice manqua ; & lors que je ne songeois plus à laisser ma tête sur celle de quelque Montagne, je sentis (sans que je remuasse aucunement) mon élevation continuée ; & ma machine prenant congé de moy, je la vis retomber vers la terre. Cette avanture extraordinaire me gonfla le cœur d'une joye si peu commune, que ravy de me voir délivré du danger asseuré, j'eus l'impudence de philosopher là-dessus. Comme donc je cherchois des yeux & de la pensée, ce qui en pouvoit être la cause, j'apperçûs ma chair boursouflée, & grasse encore de la moüelle dont je m'étois enduit pour les meurtrissures de mon trébuchement, je connus qu'étant alors en décours ; & la Lune pendant ce quartier ayant accoûtumé de succer la moüelle des animaux, elle buvoit celle dont je m'étois enduit avec d'autant plus de force que son globe étoit plus proche de moy, & que l'interposition des nuées n'en affoiblissoit point la vigueur.

Quand j'eus percé selon le calcul que j'ay fait depuis beaucoup plus de trois quarts du chemin qui sepere la Terre d'avec la Lune, je me vis tout d'un coup choirs les pieds en haut sans avoir culbuté en aucune façon, encore ne m'en fus-je pas apperçû si je n'eusse senty ma tête chargée du poids de mon corps : je connus bien à la verité que je ne retombois pas vers nôtre Monde ; car encore que je me trouvasse entre deux Lunes, & que je remarquasse fort bien que je m'éloignois de l'une à mesure que je m'approchois de l'autre, j'étois asseuré que la plus grande étoit nôtre globe ; parce qu'au bout d'un jour ou deux de voyage, les refractions éloignées du Soleil venant à confondre la diversité des corps & des climats, il ne m'avoit plus paru que comme une grande plaque d'or, cela me fit imaginer que je baissois vers la Lune, & je me confirmay dans cette opinion quand je vins à me souvenir que je n'avois commencé de choir qu'aprés les trois quarts du chemin. Car, disois-je en moy-même, cette masse étant moindre que la nôtre, il faut que la sphere de son activité ait aussi moins d'étenduë, & que par consequent j'aye senty plus tard la force de son centre.

Enfin, aprés avoir été fort long-temps à tomber, à ce que je préjugé, car la violence du précipice m'empêche de le remarquer : Le plus loin dont je me souviens, c'est que je me trouvay sous un
Arbre

Arbre embarrassé avec trois ou quatre branches assez grosses que j'avois éclatées par ma cheute, & le visage moüillé d'une pomme qui s'étoit écachée contre.

Par bon-heur ce lieu-là étoit comme vous le sçaurez bien-tôt............ Ainsi vous pouvez bien juger que sans ce hazard je serois mille fois mort. J'ay souvent fait depuis reflexion sur ce que le vulgaire asseure qu'en se précipitant d'un lieu fort haut, ont étouffé auparavant de toucher la terre; & j'ay conclu de mon avanture qu'il en avoit menty, ou bien qu'il falloit que le jus énergique de ce fruit qui m'avoit coulé dans la bouche eût r'appellé mon ame qui n'étoit pas loin de mon cadavre, encore tout tiede, & encore disposé aux fonctions de la vie. En effet, si-tôt que je fus à terre, ma douleur s'en alla avant même de se peindre en ma memoire ; & la faim dont pendant mon voyage j'avois été beaucoup travaillé, ne me fit trouver en sa place qu'un leger souvenir de l'avoir perduë.

A peine quand je fus relevé, eus-je observé la plus large de quatre grandes Rivieres qui forment un lac en la bouchant, que l'esprit ou l'ame invisible des simples qui s'exalent sur cette contrée,

buté en aucune façon, encore ne m'on fus-je pas apperçû si je n'eusse senty ma tête chargée du poids de mon corps : je connus bien à la verité que je ne retombois pas vers nôtre Monde; car encore que je me trouvasse entre deux Lunes, & que je remarquasse fort bien que je m'éloignois de l'une à mesure que je m'approchois de l'autre, j'étois asseuré que la plus grande étoit nôtre globe; parce qu'au bout d'un jour ou deux de voyage, les refractions éloignées du Soleil venant à confondre la diversité des corps & des climats, il ne m'avoit plus paru que comme une grande plaque d'or, cela me fit imaginer que je baissois vers la Lune, & je me confirmay dans cette opinion quand je vins à me souvenir que je n'avois commencé de choir qu'aprés les trois quarts du chemin. Car, disois-je en moy-même, cette masse étant moindre que la nôtre, il faut que la sphere de son activité ait aussi moins d'étenduë, & que par consequent j'aye senty plus tard la force de son centre.

Enfin, aprés avoir été fort long-temps à tomber, à ce que je préjugé, car la violence du précipice m'empêche de le remarquer : Le plus loin dont je me souviens, c'est que je me trouvay sous un

Arbre

Arbre embarrassé avec trois ou quatre branches assez grosses que j'avois éclatées par ma cheute, & le visage moüillé d'une pomme qui s'étoit écachée contre.

Par bon-heur ce lieu-là étoit comme vous le sçaurez bien-tôt............ Ainsi vous pouvez bien juger que sans ce hazard je serois mille fois mort. J'ay souvent fait depuis reflexion sur ce que le vulgaire asseure qu'en se précipitant d'un lieu fort haut, ont étouffé auparavant de toucher la terre; & j'ay conclu de mon avanture qu'il en avoit menty, ou bien qu'il falloit que le jus énergique de ce fruit qui m'avoit coulé dans la bouche eût r'appellé mon ame qui n'étoit pas loin de mon cadavre, encore tout tiede, & encore disposé aux fonctions de la vie. En effet, si-tôt que je fus à terre, ma douleur s'en alla avant même de se peindre en ma memoire; & la faim dont pendant mon voyage j'avois été beaucoup travaillé, ne me fit trouver en sa place qu'un leger souvenir de l'avoir perduë.

A peine quand je fus relevé, eus-je observé la plus large de quatre grandes Rivieres qui forment un lac en la bouchant, que l'esprit ou l'ame invisible des simples qui s'exalent sur cette contrée, me vint réjoüir l'odorat : & je connus que les cailloux ny étoient ny durs ny raboteux, & qu'ils avoient soin de s'amolir quand on marchoit dessus. Je rencontray d'abord une Etoile de cinq avenuës, dont les Arbres par leur excessive hauteur sembloient porter au Ciel un parterre de haute futaye : en promenant mes yeux de la racine au sommet, puis les précipitant du faîte jusqu'au pied, je doutois si la terre les portoit, ou si eux-mêmes ne portoient point la terre penduë à leurs racines ; leur front superbement élevé, sembloit aussi plier comme par force sous la pesanteur des globes celestes, dont on diroit qu'ils ne soûtiennent la charge qu'en gemissant : leurs bras étendus vers le Ciel, témoignoient en l'embrassant demander aux Astres la benignité toute pure de leurs influences, & les recevoir auparavant qu'elles ayent rien perdu de leur innocence au lit des Elemens. Là de tous côtez les fleurs sans avoir eu d'autre Jardinier que la Nature, respirent une haleine si douce, quoy que sauvage, qu'elle réveille & satisfait l'odorat ; là l'incarnat d'une Rose sur l'églantier, l'azur éclatant d'une Violette sous des ronces, ne laissant point de liberté pour le choix, font juger qu'elles ont toutes deux plus belles l'une que l'autre ; là le Printemps compose toutes les Saisons ; là ne germe point de plante veneneuse, que sa naissance ne trahisse sa conservation ; là les ruisseaux par un agreable murmure racontent leurs voyages aux cailloux ; là mille petits gosiers emplumez font retentir la Forest au bruit de leurs melodieuses chansons ; & la tremoussante assemblée de ces divins Musiciens est si generale, qu'il semble que chaque feüille dans les bois ait pris la langue & la figure d'un Rossignol, & même Echo, prend tant de plaisir à leurs airs, qu'on diroit à les luy entendre repeter, qu'elle ait envie de les apprendre : à côté de ce bois se voyent deux prairies, dont le vergay contigu fait une émeraude à perte de vûë. Le mélange confus des peintures que le Printemps attache à cent petites fleurs, en égare les nuances l'une de l'autre avec une si agreable confusion, qu'on ne sçait si ces fleurs agitées par un doux Zephire, courent plûtôt aprés elles-mêmes, qu'elles ne fuyent pour échapper aux caresses de ce vent folâtre. On prendroit même cette prairie pour un Occean ; à cause qu'elle est comme une mer qui n'offre point de rivage ; en sorte que mon œil épouventé d'avoir couru si loin sans découvrir le bord y envoyoit vîtement ma pensée, & ma pensée doutant que ce fût l'extrêmité du monde se vouloit persuader que des lieux si charmans avoient peut-être forcé le Ciel de se joindre à la terre, au milieu d'un tapis vaste & si plaisant, court à boüillons d'argent une fontaine rustique qui couronne ses bords d'un gazon émaillé de bassinets de violettes, & de cent autres petites fleurs qui semblent se presser à qui s'y mirera la premiere ; elle est encore au berceau, car elle ne vient que de naître, & sa face jeune & polie, ne montre pas seulement une ride : les grands cercles qu'elle promene en revenant mille fois sur toy-même, montrent que c'est bien à regret qu'elle sort de son Païs natal ; & comme si elle eût été honteuse de se voir caressée auprés de sa Mere, elle repoussa en murmurant ma main qui la vouloit toucher : les animaux qui s'y venoient désalterer, plus raisonnables que ceux de nôtre Monde ; témoignoient être surpris de voir qu'il faisoit grand jour vers l'Horison, pendant qu'ils regardoient le Soleil aux Antipodes, & n'osoient se pencher sur le bord, de crainte qu'ils avoient de tomber au Firmament.

Il faut que je vous avouë qu'à la vûë de tant de belles choses, je me sentis chatoüillé de ces agreables douleurs, qu'on dit que sent l'embrion à l'infusion de son ame: Le vieil poil me tomba pour faire place à d'autres cheveux plus épois & plus diliez: je sentis ma jeunesse se rallumer, mon visage devenir vermeil, ma chaleur naturelle se remêler doucement à mon humide radical: enfin je reculay sur mon âge environ quatorze ans.

J'avois cheminé une demy lieuë à travers une Forest de Jasmins & de Myrthes; quand j'apperçûs couché à l'ombre je ne sçay quoy qui remuoit: c'étoit un jeune adolescent, dont la majestueuse beauté me força presque à l'adoration: Il se leva pour m'en empêcher; & ce n'est pas à moy, s'écria-t'il, c'est à Dieu que tu dois ces humilitez. Vous voyez une personne, luy répondis-je, consterné de tant de miracles, que je ne sçay par lequel débuter mes admirations; car venant d'un Monde que vous prenez sans doute icy pour une Lune, je pensois être abordé dans un autre, que ceux de mon Païs appellent la Lune aussi; & voila que je me trouve en Paradis aux pieds d'un Dieu qui ne veut pas être adoré. Horsmis la qualité de Dieu, me repliqua-t'il, dont je ne suis que la creature, ce que vous dites est veritable : cette terre-cy est la Lune que vous voyez de vôtre globe ; & celuy-cy où vous marchez est ………… Or en ce temps-là l'imagination chez l'homme étoit si forte, pour n'avoir point encore été corrompuë, ny par les débauches, ny par la crudité des alimens, ny par l'alteration des maladies, qu'étant alors excité au violent desir d'aborder cét azile, & que sa masse étant devenuë legere par le feu de cét entousiasme, il y fut enlevé de la même sorte qu'il s'est vû des Philosophes, leur imagination fortement tenduë à quelque chose, être emportez en l'air par des ravissemens que vous appellez extatiques…………Que l'infirmité de son sexe rendoit plus foible & moins chaude, n'auroit pas eu sans doute l'imaginative assez vigoureuse pour vaincre par la contention de sa volonté le poids de la matiere, mais parce qu'il y avoit tres-peu ………… La simpatie dont cette moitié étoit encore liée à son tout, la porta vers luy à mesure qu'il montoit, comme l'ambre se fait suivre de la paille, comme l'Aimant se tourne au Septentrion d'où il a été arraché, & attira cette partie de luy-même, comme la Mer attire les fleuves qui sont sorties d'elle. Arrivez qu'ils furent en vôtre terre, ils s'abituerent entre la Mesopotanie & l'Arabie, certains peuples l'ont connu sous le nom......... Et d'autres sous celuy de Promethée, que les Poëtes feignirent avoir dérobé le feu du Ciel, à cause de ses descendans qu'il engendra, pourvûs d'une ame aussi parfaite que celle dont il étoit remply : ainsi pour habiter vôtre Monde, cét homme laissa celuy-cy desert, mais le tout Sage ne voulut pas qu'une demeure si heureuse restât sans habitans; il permit peu de siecles aprés.... Ennuyé de la compagnie des hommes, dont l'innocence se corrompoit, eut envie de les abandonner. Ce personnage toutesfois ne jugea point de retraitte asseurée contre l'ambition de ses parens qui s'égorgeoient déja pour le partage de vôtre Monde, sinon la terre bien-heureuse, dont son ayeul luy avoit tant parlé, & dont personne n'avoit encore observé le chemin : mais son imagination y suppléa ; car comme il eut observé..... Il remplit deux grands vases qu'il luta hermetiquement, & se les attacha sous les aisselles : la fumée aussi-tôt qui tendoit à s'élever, & qui ne pouvoit penetrer le métail, poussa les vases en haut, & de la sorte enleverent avec eux ce grand homme. Quand il fut monté jusques à la Lune, & qu'il eut jetté les yeux sur ce beau Jardin, un épanoüissement de joye presque surnaturelle luy fit connoître que c'étoit le lieu où son ayeul avoit autrefois demeuré. Il délia promptement les vaisseaux qu'il avoit ceints comme des aisles autour de ses épaules, & les défit avec tant de bon-heur, qu'à peine étoit-il en l'air quatre toises au dessus de la Lune, qu'il prit congé de ses magcoires : L'élevation cependant étoit assez grande pour le beaucoup blesser, sans le grand tour de sa robe, où le vent s'engouffra, & le soûtint doucement jusques à ce qu'il eût mis pied à terre. Pour les deux vases, ils monterent jusques à un certain espace où ils sont demeurez : & c'est ce qu'aujourd'huy vous appellez les balances............

Il faut maintenant que je vous raconte la façon dont j'y suis venu : Je croy que vous n'aurez pas oublié mon nom, car je vous l'ay dit n'aguere. Vous sçaurez donc que j'habitois sur les agreables bords d'une des plus renommez fleuves de vôtre Monde; où je menois parmy les Livres une vie assez douce pour ne la pas regretter, encore qu'elle s'écoulât: Cependant plus les lumieres de mon esprit croissoient, plus croissoit aussi la connoissance de celles que je n'avois point. Jamais nos Sçavans ne me ramentevoient l'illustre Mada que le souvenir de sa Philosophie parfaite ne me fit soûpirer. Je desesperois de la pouvoir acquerir, quand un jour aprés avoir long-temps resvé, je pris de l'aimant environ deux pieds en carré, que je mis dans un fourneau; puis lors qu'il fut bien purgé, precipité & dissout, j'en tiré l'attractif calciné, & le reduisis à la grosseur d'environ une balle mediocre.

Ensuite de ces preparations je fis construire une machine de fer fort legere, dans laquelle j'entray............ Et lors que je fus bien ferme & bien appuyé sur le siege, je ruay fort haut en l'air cette boule d'aimant. Or la machine de fer que j'avois forgée tout exprés plus massive au milieu qu'aux extrêmitez fut enlevée aussi-tôt, & dans un parfait équilibre, à cause qu'elle se poussoit toûjours plus vîte par cét endroit. Ainsi donc à mesure que j'arrivois où l'aimant m'avoit attiré, je rejettois aussi-tôt ma boule en l'air au dessus de moy. Mais l'interrompis-je, comm entlanciez-vous vôtre bale si droit au dessus de vôtre chariot qu'il ne se trouvât jamais à côté ? Je ne voy point de merveille en cette avanture, me dit-il: car l'aimant poussé qu'il étoit en l'air, attiroit le fer droit à soy ; & par consequent il étoit impossible que je montasse jamais à côté. Je vous diray même que tenant ma boule en ma main, je ne laissois pas de monter, parce que le chariot couroit toûjours à l'aimant que je tenois au dessus de luy : Mais la saillie de ce fer pour s'unir à ma boule, étoit si violente, qu'elle me faisoit plier le corps en double, de sorte que je n'osé tenter qu'une fois cette nouvelle experience. A la verité c'étoit un spectacle à voir, bien étonnant, car l'acier de cette maison volante que j'avois poly avec beaucoup de soin, reflessissoit de tous côtez la lumiere du Soleil si vive & si brillante, que je croyois moy-même être tout en feu. Enfin aprés avoir beaucoup rué & volé aprés mon coup, j'arrivay comme vous avez fait en un terme où je tombois vers ce Monde-cy ; & parce qu'en cét instant je tenois ma boule bien serrée entre mes mains, ma machine dont le siege me pressoit pour approcher de son attractif, ne me quitta point ; tout ce qui me restoit à craindre, c'étoit de me rompre le col ;

mais pour m'en garantir, je rejettois ma boule de temps en temps, afin que la violence de la machine retenuë par son attractif se rallentit, & qu'ainsi ma chûte fut moins rude, comme en effet il arriva; car quand je me vis à deux ou trois cens toises prés de terre, je lançay ma bale de tous côtez à fleur du chariot, tantôt deçà, tantôt delà, jusqu'à ce que je m'en vis à une certaine distance; & aussi-tôt je le jettay au dessus de moy, & ma machine l'ayant suivie, je la quittay, & me laissay tomber d'un autre côté, le plus proche que ma chûte ne fut pas plus violente que si je fusse tombé de ma hauteur. Je ne vous representeray point l'étonnement qui me saisit à la vûë des merveilles qui sont ceans, parce qu'il fut à peu prés semblable à celuy dont je vous viens de voir consterné . . . .

J'en avois à peine goûté, qu'une épaisse nuée tomba sur mon ame : je ne vis plus personne auprés de moy, & mes yeux ne reconnurent en tout l'Hemisphere une seule trace du chemin que j'avois fait ; & avec tout cela je laissois pas de me souvenir de tout ce qui m'étoit arrivé. Quand depuis j'ay fait reflexion sur ce miracle, je me suis figuré que l'écorce du fruit où j'avois mordu ne m'avoit pas tout-à-fait abruty, à cause que mes dents la traversant, se sentirent un peu du jus qu'elle couvroit, dont l'énergie avoit dissipé les malignitez de l'écorce. Je restay bien surpris de me voir tout seul au milieu d'un Païs que je ne connoissois point. J'avois beau promener mes yeux, & les jetter par la campagne, aucune creature ne s'offroit pour me consoler. Enfin, je resolus de marcher jusqu'à ce qu'à la fortune de quelque rencontre, à ce que compagnie de quelque bêtes, ou de la mort.

Elle m'exauça, car au bout d'un quart de lieuë je rencontray deux fort grands animaux, dont l'un s'arrêtoit devant moy, l'autre s'enfuit legerement au gîte (au moins je le pensay, parce qu'à quelque temps de là je le vis revenir accompagné de plus de sept ou huit cens de même espece qui m'environnerent. Quand je les pus discerner de prés, je connus qu'ils avoient la taille & la figure comme nous. Cette avanture me fit souvenir de ce que jadis j'avois oüy conter à ma Nourrice, des Syrenes, des Faunes, & des Satyres: de temps en temps ils voient des huées si furieuses, causées sans doute par l'admiration de me voir, que je croyois quasi être devenu Monstre. Enfin, une de ces bêtes-hommes, m'ayant pris par le col, de même que font les Loups quand ils enlevent des Brebis, me jetta sur son dos, & me mena dans leur Ville, où je fus plus étonné que devant, quand je reconnus en effet que c'étoient des hommes, de n'en rencontrer pas un qui ne marchât à quatre pattes.

Lors que ce peuple me vit si petit, car la plûpart d'entr'eux ont douze coudées de longueur; & mon corps soûtenu de deux pieds seulement, ils ne pûrent croire que je fusse un homme: car ils tenoient que la Nature ayant donné aux hommes comme aux bêtes deux jambes & deux bras, elles s'en devoient servir comme eux. Et en effet, resvant depuis là-dessus, j'ay songé que cette situation de corps n'étoit point trop extravagante, quand je me suis souvenu que les enfans lors qu'ils ne sont encore instruits que de Nature, marchant à quatre pieds, & qu'ils ne se levent sur deux que par le soin de leurs Nourrices qui les dressent dans de petits chariots, & leurs attachent des lasnieres pour les empêcher de tomber sur les quatre, comme la seule assiette où la figure de nôtre masse encline de se reposer.

Ils disoient donc (à ce que je me suis fait depuis interpreter) qu'infailliblement j'étois la femelle du petit animal de la Reyne. Ainsi je suis en qualité de telle ou d'autre chose mené droit à l'Hôtel de Ville, où je remarquay selon le bourdonnement & les postures que faisoient & le peuple & les Magistrats, qu'ils consultoient ensemble ce que je pouvois être. Quand ils eurent long-temps conferé, un certain Bourgeois qui gardoit les bêtes rares, supplia les Eschevins de me commettre à sa garde, en attendant que la Reyne m'envoyât querir pour vivre avec mon masle. On n'en fit aucune difficulté, & ce Basteleur me porta à son logis, où il m'instruisit à faire le godenot, à passer des cullebutes, à figurer des grimaces ; & les apresdînées il faisoit prendre à la porte un certain prix de ceux qui me vouloient voir : Mais le Ciel fléchy de mes douleurs, & fâché de voir prophaner le Temple de son Maître, voulut qu'un jour comme j'étois attaché au bout d'une corde, avec laquelle le Charlatan me faisoit sauter pour divertir le monde, j'entendis la voix d'un homme qui me demanda en Grec qui j'étois. Je fus bien étonné d'entendre parler en ce Païs-là comme en nôtre Monde. Il m'interrogea quelque temps : je luy répondis, & luy contay ensuite generalement toute l'entreprise & le succez de mon voyage ; il me consola, & je me souviens qu'il me dit : Hé bien, mon fils, vous portez enfin la peine des foiblesses de vôtre Monde : Il y a du vulgaire icy comme là, qui ne peut souffrir la pensée des choses où il n'est point accoûtumé : mais sçachez qu'on ne vous traite qu'à la pareille, & que si quelqu'un de cette terre avoit monté dans le vôtre, avec la hardiesse de se dire homme, vos sçavans le feroient étouffer comme un Monstre. Il me promit ensuite qu'il avertiroit la Cour de mon desastre ; & il ajoûta qu'aussi-tôt qu'il avoit sçû la nouvelle qui couroit de moy, il étoit venu pour me voir, & m'avoit reconnu pour un homme du Monde dont je me disois : parce qu'il y avoit autrefois voyagé, & qu'il avoit demeuré en Grece, où on l'appelloit le Demon de Socrate, qu'il avoit depuis la mort de ce Philosophe gouverné & instruit à Thebes Epaminondas ; & qu'ensuite étant passé chez les Romains, la Justice l'avoit attaché au party du jeune Caton ; qu'aprés sa mort il s'étoit donné à Brutus. Que tous ces grands personnages n'ayant laissé en ce Monde à leurs places que le phantôme de leurs vertus, il s'étoit retiré avec ses compagnons dans les Temples & dans les Solitudes. Enfin, ajoûta-t'il, le peuple de vôtre Terre devient si stupide & si grossiere que mes compagnons & moy perdismes tout le plaisir que nous avions autrefois pris à l'instruire : il n'est pas que vous n'ayez entendu parler de nous, car on nous appelloit Oracles, Nymphes, Genies, Fées, Dieux Foyers, Lemures, Laryes, Lamies, Farfadets, Nayades, Incubes, Ombres, Manes, Spectres, & Phantosmes, & nous abandonnâmes vôtre Monde sous le Regne d'Auguste, un peu aprés que je me fus apparu à Drusus, fils de Livia, qui portoit la guerre en Allemagne, & que je luy eus deffendu de passer outre : il n'y a pas long-temps que j'en suis arrivé pour la seconde fois ; depuis cent ans en ça j'ay eu commission d'y faire un voyage, j'ay rodé beaucoup en Europe, & conversé avec des personnes que possible vous aurez connus : Un jour entr'autres j'apparus à Cardan comme il étudioit, je l'instruisis de quantité de choses, & en recompense il me promit qu'il témoigneroit à la posterité de qui il tenoit les miracles qu'il s'attendoit d'écrire. Je vis Agrippa, l'Abbé Triteme, le Docteur Fauste, la Brosse, Cesar, & une certaine caballe de jeunes gens que le vulgaire à connus sous le nom de Chevalier de la Roze-Croix, à qui j'ay enseigné quantité de soupleses & de secrets naturels, qui sans doute les auront fait passer pour de grands Magiciens : je connus aussi Campanelle ; ce fut moy qui luy conseillay pendant qu'il étoit à l'Inquisition dans Rome, de son visage & de son corps aux postures ordinaires de ceux dont il avoit besoin de connoître l'interieur, afin d'exciter chez soy par une même assiette les pensées que cette même situation avoit appellées dans ses adversaires, parce qu'ainsi il menageroit mieux leur ame quand il la connoistroit, & il commença à ma priere un Livre que nous intitulâmes, *de Sensum rerum*. J'ay frequenté pareillement en France la Mothe le Vayer & Gassendi ; ce second est un homme qui écrit autant en Philosophe que ce premier y vit : j'y ay connu quantité d'autres gens, que vôtre siecle traite de divins, mais je n'ay trouvé en eux que beaucoup de babil & beaucoup d'orgueil. Enfin comme je traversois de vôtre Païs en Angleterre pour étudier les mœurs de ses habitans, je rencontray un homme, la honte de son Païs; car certes c'est une honte aux grands de vôtre Estat de reconnoître en luy, sans l'adorer, la vertu dont il est le Trône, pour achever son Panegyrique, il est tout esprit, il est tout cœur, & il a toutes ces qualitez dont une jadis suffisoit à marquer un Heros : C'est Tristan l'Hermite, veritablement il faut que je vous avoüe que quand je vis une vertu si haute j'apprehenday qu'elle ne fut pas reconnuë, c'est pourquoy je tâchay de luy faire accepter trois phioles, la premiere étoit pleine d'huile de Talc, l'autre de poudre de Projection, & la derniere d'Or Potable ; mais il les refusa avec un desdain plus genereux que Diogene ne reçût les complimens d'Alexandre : enfin je ne puis rien ajoûter à l'Eloge de ce grand homme, sinon que c'est le seul Poëte, le seul Philosophe, & le seul homme libre que vous ayez : Voilà les personnes considerables que j'ay conversées, tous les autres, au moins de ceux que j'ay connus, sont si fort au dessous de l'homme, que j'ay vû des bêtes un peu au dessus.

Au reste, je ne suis point originaire de vôtre terre ny de celle-cy, je suis né dans le Soleil : mais parce que quelquefois nôtre Monde se trouve trop peuplé, à cause de la longue vie de ses habitans, & qu'il est presque exempt de guerres & de maladies ; de temps en temps nos Magistrats envoyent des colonies dans les Mondes des environs : quant à moy, je fus commandé pour aller au vôtre, & déclaré chef de la peuplade qu'on y envoyoit avec moy. J'ay pessé depuis en celuy-cy pour les raisons que je vous ay dites ; & ce qui fait que j'y demeure actuellement, c'est que les hommes y sont amateurs de la verité, qu'on n'y voit point de Pédans, que les Philosophes ne se laissent persuader qu'à la raison, & que l'authorité d'un sçavant, ny le plus grand nombre, ne l'emportent point sur l'opinion d'un bateur en grange, quand il raisonne aussi fortement. Bref en ce Païs on ne conte pour insensez que les Sophistes & les Orateurs : je luy demanday combien de temps ils vivoient, il me répondit trois ou quatre mille ans, & continua de cette sorte.

Encore que les habitans du Soleil ne soient pas en aussi grand nombre que ceux de ce Monde, le Soleil en regorge bien souvent, à cause que le peuple pour être d'un temperament fort chaud est remuant & ambitieux, & digere beaucoup.

Ce que je vous dis ne vous doit pas sembler une chose étonnante ; car quoyque nôtre globe soit tres-vaste & le vôtre petit, quoy que nous ne mourrions qu'aprés quatre mil ans, & vous aprés un demy siecle ; apprenez que tout de même qu'il n'y a pas tant de cailloux que de terre, ny tant de plantes que de cailloux, ny tant d'animaux que de plantes, ny tant d'hommes que d'animaux : ainsi il n'y doit pas avoir tant de Demons que d'hommes, à cause des difficultez qui se rencontrent à la generation d'un composé si parfait.

Je luy demanday s'ils étoient des corps comme nous, il me répondit qu'oüy, qu'ils étoient des corps, mais non pas comme nous, ny comme aucune chose que nous estimions telle ; parce que nous n'appellons vulgairement corps que ce que nous pouvons toucher : qu'au reste il n'y avoit rien en la nature qui ne fut materiel, & que quoy qu'ils le fussent eux-mêmes, ils étoient contraints quand ils vouloient se faire voir à nous, de prendre des corps proportionnez à ce que nos sens sont capables de connoître, & que c'étoit sans doute ce qui avoit fait penser beaucoup de monde, que les histoires qui se contoient d'eux n'étoient qu'un effet de la resverie des foibles à cause qu'elles n'apparoissoient que de nuit : & il ajoûta que comme ils étoient contraints de bâtir eux-mêmes à la haste le corps dont il falloit qu'ils se servissent, ils n'avoient pas le temps bien souvent de les rendre propres qu'à choir seulement dessous un sens, tantôt l'oüye comme les voix des Oracles ; tantôt la vûë comme les Ardans & les Spectres, tantôt le toucher comme les Incubes, & que cette masse n'étant qu'un air épaissy de telle ou telle façon, la lumiere par sa chaleur les détruisoit, ainsi qu'on voit qu'elle dissipe un broüillard en le dilatant.

Tant de belles choses qu'il m'expliquoit, me donnerent la curiosité de l'interroger sur sa naissance & sur sa mort, si au Païs du Soleil l'individu venoit au jour par les voyes de generation, & s'il mourroit par le desordre de son temperamment, ou la rupture de ses organes : Il y a trop peu de rapport, dit-il, entre vos sens & l'explication de ces Maîtres : Vous vous imaginez vos autres que ce que vous ne sçauriez comprendre est spirituel, ou qu'il n'est point ; mais cette consequence est tres fausse, & c'est un témoignage qu'il y a dans l'Univers, un million peut-être de choses qui pour être connuë demanderoient en vous un million d'organes tout differens. Moy par exemple, je connois par mes sens la cause de la simpathie de l'aimant avec le pole, celle du reflux de la Mer, & ce que l'animal devient aprés sa mort ; vos autres ne sçauriez donner jusques à ces hautes conceptions que par la foy, à cause que les proportions à ces miracles vous manquent, non plus qu'un aveugle ne sçauroit s'imaginer ce que c'est que la beauté d'un païsage, le coloris d'un tableau, & les nuances de l'iris, ou bien il se les figurera tantôt comme quelque chose de palpable, comme le manger, comme un son, ou comme une odeur : tout de même si je voulois vous expliquer ce que j'apperçois par les sens qui vous manquent, vous vous le representeriez comme quelque chose qui peut être oüy, vû, touché, fleuré, ou savouré, & ce n'est rien cependant de tout cela.

Il en étoit las de son discours, quand mon basteleur s'apperçût que la chambrée commençoit à s'ennuyer de mon jargon qu'ils n'entendoient point, & qu'ils prenoient pour un grognement non articulé ; il se remit de plus belle à tirer ma corde pour me faire fauter jufques à ce que les fpectateurs étant faouls de rire & d'afleurer que j'avois prefque autant d'efprit que les bêtes de leur Païs, ils fe retirerent chacun chez foy.

J'adouciffois ainfi la dureté des mauvais traittemens de mon Maître par les vifites que me rendoit cét Officieux Demon : car de m'entretenir avec ceux qui me venoient voir, outre qu'ils me prenoient pour un animal des mieux enracinez dans la categorie des Brutes, ny je ne fçavois leur langue, ny eux n'entendoient pas la mienne, & jugez ainfi qu'elle proportion : car vous fçaurez que deux Idiomes feulement font vifitez en ce Païs, l'un qui fert aux grands, & l'autre qui eft particulier pour le peuple.

Celuy des grands n'eft autre chofe qu'une difference de tous noms articulez, à peu prés femblables à nôtre Mufique, quand on n'a pas ajoûté les paroles à l'air, & certes c'eft une invention tout enfemble, & bien utile & bien agreable; car quand ils font las de parler, ou quand ils dédaignent de proftituer leur gorge à cét ufage, ils prennent ou un Luth, ou un autre inftrument, dont ils fe fervent auffi bien que de la voix à le communiquer leurs penfées : de forte que quelquefois ils se rencontreront jusques à quinze ou vingt de compagnie, qui agiteront un poinct de Theologie, ou les difficultez d'un procez, par un concert le plus harmonieux dont on puisse chatoüiller l'oreille.

Le second qui est en usage chez ce peuple, s'execute par le tremoussement des membres, mais non pas peut-être comme on se figure ; car certaines parties du corps signifient un discours tout entier : l'agitation par exemple d'un doigt, d'une main, d'une oreille, d'une lévre, d'un bras, d'un œil, d'une joüe, feront chacun en particulier une oraison ou une periode, avec tous ses membres : d'autres ne servent qu'à designer des mots, comme un ply sur le front, les divers frissonnemens des muscles, les renversemens des mains, les battemens des pieds, les contorsions des bras ; de sorte que quand ils parlent avec la coûtume qu'ils ont prises d'aller tous nuds, leurs membres accoûtumez à gesticuler leurs conceptions se remuent si dru, qu'il ne semble pas d'un homme qui parle, mais d'un corps qui tremble.

Presque tous les jours le Demon me venoit visiter, & ses merveilleux entretiens me faisoient passer sans ennuy les

violences

violences de ma captivité. Enfin un matin je vis entrer dans ma logette un homme que je ne connoissois point, & qui m'ayant fort long-temps leſché, me gueula doucement par l'eſſelle, & de l'une des pattes dont il me ſoûtenoit de peur que je ne me bleſſaſſe, me jetta ſur ſon dos, où je me trouvay ſi mollement & ſi à mon aiſe, qu'avec l'affliction que me faiſoit ſentir un traittement de bête, il ne me prit aucune envie de me ſauver: & puis ces hommes qui marchent à quatre pieds vont bien d'une autre viteſſe que nous, puis que les plus peſans attrapent les Cerfs à la courſe.

Je m'affligeois cependant outre meſure de n'avoir point de nouvelle de mon courtois Demon, & le ſoir de la premiere traitte arrivé que je fus au giſte, je me promenois dans la cour de l'Hôtellerie attendant que le manger fut preſt, lors qu'un homme fort jeune & aſſez beau me vint rire au nez, & jetter à mon col ſes deux pieds de devant. Aprés que je l'eus quelque temps conſideré: quoy me dit-il en François, vous ne connoiſſez plus vôtre amy? Je vous laiſſe à penſer ce que je deviens alors: certes ma ſurpriſe fut ſi grande, que deſlors je m'imaginay que tout le globe de la Lune, tout ce qui m'y

O

étoit arrivé, & tout ce que j'y voyois n'étoit qu'enchantement ; & cét homme bête étant le même qui m'avoit servy de monture, continua de me parler ainsi ; vous m'aviez promis que les bons offices que je vous rendrois ne vous sortiroient jamais de la memoire, & cependant il semble que vous ne m'ayez jamais vû : mais voyant que je demeurois dans mon étonnement ; enfin, ajoûta-t'il, je suis ce Demon de Socrate. Ce discours augmenta mon étonnement ; mais pour m'en tirer il me dit, je suis le Demon de Socrate, qui vous ay diverty pendant vôtre prison, & qui pour vous continuër mes services me suis revêtu du corps avec lequel je vous porté hier : mais l'interrompis-je, comment tout cela se peut-il faire, vû qu'hier vous êtiez d'une taille extrêmement longue ; & qu'aujourd'huy vous êtes tres-court, qu'hier vous aviez une voix foible & cassée, & qu'aujourd'huy vous en avez une claire & vigoureuse, qu'hier enfin vous étiez un vieillard tout chenu, & que vous n'êtes aujourd'huy qu'un jeune homme : quoy donc au lieu qu'en mon Païs on chemine de la naissance à la mort, les animaux de celuy-cy vont de la mort à la naissance, & rajeunissent à force de vieillir.

Si-tôt que j'eus parlé au Prince, me dit-il, aprés avoir reçû l'ordre de vous conduire à la Cour, je vous allay trouver où vous êtiez, & vous ayant apporté icy, j'ay senty le corps que j'informois si fort attenué de lassitude, que tous les organes me refusoient leurs fonctions ordinaires, en sorte que je me suis enquis du chemin de l'Hôpital, où entrant j'ay trouvé le corps d'un jeune homme qui venoit d'expirer par un accident fort bizarre, & pourtant fort commun en ce Païs............ Je m'en suis approché feignant d'y connoître encore du mouvement, & protestant à ceux qui étoient presens qu'il n'étoit point mort, & que ce qu'on croyoit luy avoir fait perdre la vie n'étoit qu'un simple letargie; de sorte que sans être apperçû j'ay approchay ma bouche de la sienne, où je suis entré comme par un souffle : lors mon vieil cadavre est tombé, & comme si j'eusse été ce jeune homme, je me suis levé, & m'en suis venu vous chercher, laissant là les assistans crier miracle. On nous vint querir là-dessus pour nous mettre à table, & je suivis mon conducteur dans une salle magnifiquement meublée, mais où je ne vis rien de preparé pour manger. Une si grande solitude de viande lors que je perissois de faim, m'obligea de luy demander où l'on avoit mis le couvert : je n'écoutay point ce qu'il me répondit, car trois ou quatre jeunes garçons, enfans de l'Hôte s'approcherent de moy dans cét instant, & avec beaucoup de civilité me dépoüillerent jusques à la chemise : cette nouvelle ceremonie m'étonna si fort que je n'en osé pas seulement demander la cause à mes beaux valets de chambre, & je ne sçay comment mon guide qui me demanda par où je voulois commencer, pût tirer de moy ces deux mots, *un potage*; mais je les eus à peine proferez, que je sentis l'odeur du plus succulent mitonné, qui frappa jamais le nez du mauvais riche : je voulus me lever de ma place pour chercher à la piste la source de cette agreable fumée, mais mon porteur m'en empêcha ; où voulez-vous aller, me dit-il, nous irons tantôt à la promenade, mais maintenant il est saison de manger, achevez vôtre potage, & puis nous ferons venir autre chose ; où diable est ce potage (luy répondis-je presque en colere) avez-vous fait gajure de vous mocquer de moy tout aujourd'huy ? Je pensois, me repliqua-t'il, que vous eussiez vû à la Ville d'où nous venons vôtre Maître, ou quelqu'autre prendre ses repas ; c'est pourquoy je ne vous avois point dit de qu'elle façon on se nourrit icy. Puis donc que vous l'ignorez encore, sçachez que l'on n'y vit que de fumée. L'art de cuisinerie est de renfermer dans de grands vaisseaux moulez exprés l'exhalaison qui sort des viandes en les cuisant ; & quand on en a ramassé de plusieurs sortes & de differens goûts, selon l'appety de ceux que l'on traite, on débouche le vaisseau où cette odeur est assemblée ; on en découvre aprés cela un autre, & ainsi jusques à ce que toute la compagnie soit repuë.

A moins que vous n'ayez déja vécu de cette sorte, vous ne croirez jamais que le nez sans dents & sans gosier, fasse pour nourrir l'homme l'office de la bouche ; mais je vous le veux faire par experience. Il n'eût pas plûtôt achevé, que je sentis entrer successivement dans la salle tant d'agreables vapeurs, & si nourrissantes, qu'en moins de demy quart d'heure je me sentis tout-à-fait rassasié quand nous fusmes levez : cecy n'est pas, dit-il, une chose qui vous doive causer beaucoup d'admiration, puis que vous ne pouvez pas avoir tant vécu sans avoir observé qu'en vôtre Monde les Cuisiniers, les Patissiers, & les Rotisseurs, qui mangent moins que les personnes d'une autre vacation, sont pourtant beaucoup plus gras. D'où procede leur embon-point, à vôtre avis, si ce n'est de la fumée dont ils sont sans cesse environnez, & laquelle penetre leurs corps & les nourrit ? Aussi les personnes de ce Monde joüissent d'une santé bien moins interrompuë & plus vigoureuse, à cause que la nourriture n'engendre presque point d'excremens, qui sont l'origine de presque toutes les maladies. Vous avez possible été surpris lors qu'avant le repas on vous a dés-habillé, parce que cette coûtume n'est pas visitée en vôtre Païs; mais c'est la mode de celuy-cy, & l'on en use ainsi, afin que l'animal soit plus transpirable à la fumée. Monsieur, luy repartis-je, il y a tres-grande apparence à ce que vous dites, & je viens moy-même d'en experimenter quelque chose ; mais je vous avoüeray que ne pouvant pas me débrutaliser si promptement, je serois bien aise de sentir un morceau palpable sous mes dents : il me le promit, & toutesfois ce fut pour le lendemain, à cause, dit-il, que manger si-tôt aprés le repas, cela me produiroit une indigestion. Nous discourûmes encore quelque temps, puis nous montâmes à la chambre pour nous coucher. Un homme au haut de l'escalier se presenta à nous, & nous ayant envisagez attentivement, me mena dans un cabinet, dont le plancher étoit couvert de fleurs d'Orange à la hauteur de trois pieds, & mon Demon dans un autre remply d'œillets & de jasseminn, il me dit voyant que je paroissois étonné de cette magnificence, que c'étoient les lits du Païs. Enfin nous nous couchâmes chacun dans nôtre cellule: & dés que je fus étendu sur mes fleurs, j'apperçûs à la lueur d'une trentaine de gros vers luisans enfermez d'un cristal. (Caron ne se sert point d'autres chandelles) ces trois ou quatre jeunes garçons qui m'avoient dés-habillé à souper, dont l'un se mit à me chatoüiller les pieds, l'autre les cuisses, l'autre les flancs, l'autre les bras, & tous avec tant de mignoteries & de delicatesse, qu'en moins d'un moment je me sentis assoupir.

Je vis entrer le lendemain mon Demon avec le Soleil, & je vous veux tenir parole, me dit-il, vous déjeûnerez plus solidement que vous ne soûpâtes hier. A ces mots je me levay, & il me conduisit par la main derriere le jardin du logis, où l'un des enfans de l'Hôte nous attendoit avec un arme à la main presque semblable à nos fusils. Il demanda à mon guide si je voulois une douzaine d'alloüettes, parce que les Magots) il croyoit que j'en fusse un) se nourrissoient de cette viande. A peine eus-je répondu qu'oüy, que le Chasseur déchargea un coup de feu, & vingt ou trente alloüettes tomberent à nos pieds toutes rôties. Voilà, m'imaginay-je aussi-tôt, ce qu'on dit par proverbe en nôtre Monde d'un Païs où les alloüettes tombent toutes rôties : Sans doute que quelqu'un étoit revenu d'icy. Vous n'avez qu'à manger, me dit mon Demon, ils ont l'industrie de messer parmy leur poudre & leur plomb une certaine composition qui tuë, plume, rôtit, & assaisonne le gibier. J'en ramassay quelques-unes, dont je mangay sur sa parole, & en verité je n'ay jamais en ma vie rien goûté de si delicieux. Aprés ce déjeûner, nous nous mismes en état de partir; & avec mille grimaces dont ils se servent quand ils veulent témoigner de l'affection, l'Hôte reçût un papier de mon Demon. Je luy demanday si c'étoit une obligation pour la valeur de l'écot. Il me répartit que non, qu'il ne luy devoit plus rien, & que c'étoit des Vers : Comment des Vers, luy repliquay-je, les Taverniers sont donc icy curieux de rimes,

C'est, me dit il, la monnoye du Païs, & la dépense que nous venons de faire ceans s'est trouver monter à un Sixain que je luy viens de donner. Je ne craignois pas de demeurer court ; car quand nous ferions icy ripaille pendant huit jours, nous ne sçaurions dépenser un Sonnet, & j'en ay quatre sur moy, avec deux Epigrammes, deux Odes, & une Eglogue : & pleust à Dieu, luy dis-je, que cela fut de même en nôtre Monde, j'y connois beaucoup d'honnêtes Poëtes qui meurent de faim, & qui feroient bonne chere, si on payoit les traitteurs en cette monnoye. Je luy demanday si ces Vers servoient toûjours, pourvû qu'on les transcrivit : il me répondit que non, & continua ainsi. Quand on en a composé, l'Autheur les portent à la Cour des Monnoyes, où les Poëtes Jurez du Royaume tiennent leur seance : Là ces versificateurs Officiers mettent les pieces à l'épreuve ; & si elles sont jugées de bon aloy, on les taxes non pas selon leur prix, c'est-à-dire, qu'un Sonnet ne vaut pas toûjours un Sonnet, mais selon le merite de la piece ; & ainsi quand quelqu'un meurt de faim, ce n'est jamais qu'un buffle, & les personnes d'esprit font toûjours grande chere. J'admirois tout extasié la police judicieuse de ce Païs-là, & la poursuivit de cette façon. Il y a encore d'autres personnes qui tiennent cabaret d'une maniere bien différente : lors qu'on sort de chez eux, ils demandent à proportion des frais un acquit pour l'autre Monde : & dés qu'on leur a donné, ils écrivent dans un grand Regiſtre qu'ils appellent les comptes du grand Jour, à peu prés en ces termes. Item, la valeur de tant de Vers délivrez un tel jour, à un tel, qu'on m'y doit rembourſer auſſi-tôt l'acquit reçu du premier fonds qui s'y trouvera : & lors qu'ils se ſentent en danger de mourir, ils font hacher ces rigiſtres en morceaux, & les avalent, parce qu'ils croyent que s'ils n'étoient ainsi digerez, cela ne leur profiteroit de rien.

Cét entretien n'empêchoit pas que nous ne continuaſſions de marcher, c'est-à-dire, mon porteur à quatre pattes ſous moy, & moy à califourchon ſur luy. Je ne particulariſeray point davantage les avantures qui nous arrêterent ſur le chemin, qu'enfin nous terminámes à la Ville où le Roy fait ſa reſidence. Je n'y fus pas plûtôt arrivé qu'on me conduiſit au Palais, où les Grands me reçûrent avec des admirations plus moderées que n'avoit fait le Peuple, quand j'étois paſſé dans les ruës : mais la conclusion que j'étois sans doute la femelle du petit animal de la Reyne, fut celle des Grands comme du Peuple. Mon guide me l'interprétoit ainsi ; & cependant luy-même n'entendoit point cette Enigme, & ne sçavoit qui étoit ce petit animal de la Reyne : mais nous en fûmes bien-tôt éclaircis, car le Roy quelque temps aprés m'avoir consideré, commanda qu'on l'amenât, & à une demie heure delà, je vis entrer au milieu d'une troupe de Singes qui portoient la fraize & le haut de chausse, un petit homme bâty presque tout comme moy, car il marchoit à deux pieds ; si-tôt qu'il m'apperçût, il m'aborda par un *Criado de vos estre meroet*, je luy riposté sa reverence à peu prés en mêmes termes : Mais helas, ils ne nous eurent pas plûtôt vûs parler ensemble, qu'ils crurent tout le préjugé veritable : & cette conjecture n'avoit garde de produire un autre succez, car celuy des assistans qui opinoit pour nous avec plus de faveur protestoit que nôtre entretien étoit un grognement que la joye d'être rejoins par un instinct naturel nous faisoit bourdonner. Ce petit homme me conta qu'il étoit Europeän, natif de la vieille Castille, qu'il avoit trouvé moyen avec des oyseaux de se faire porter jusques au Monde de la Lune où nous étions lors, qu'étant tombé entre les mains de la Reyne elle l'avoit pris pour un Singe à cause qu'ils habillent par hazard en ce Païs-là les Singes à l'Espagnole, & que l'ayant à son arrivée trouvé vêtu de cette façon, elle n'avoit point douté qu'il ne fut de l'espece. Il faut bien dire, luy repliquay-je, qu'après leur avoir essayé toutes sortes d'habits, ils n'en ayent point rencontré de plus ridicules, & que ce n'est qu'à cause de cela qu'ils les équipent de la sorte, n'entretenant ces animaux que pour s'en donner du plaisir : ce n'est pas connoître, reprit-il, la dignité de nôtre Nation en faveur de qui l'Univers ne produit des hommes que pour nous donner des esclaves, & pour qui la Nature ne sçauroit engendrer que des matieres de rire. Il me supplia ensuite de luy apprendre comme je m'étois osé hazarder de graver à la Lune avec la machine dont il luy avois parlé : je luy répondis que c'étoit à cause qu'il avoit emmené les oyseaux, sur lesquels j'y pensois aller : il sourrit de cette raillerie, & environ un quart d'heure après, le Roy commanda aux grandeurs de Singes de nous faire coucher ensemble l'Espagnol & moy, pour faire en son Royaume multiplier nôtre espece. On executa de poinct en poinct la volonté du Prince, de quoy je fus tres-aise pour le plaisir que je recevois d'avoir quelqu'un qui m'entretint pendant la solitude de ma brucification. Un jour mon masle (car on me tenoit pour sa femelle) me conta que ce qui l'avoit veritablement obligé de courir toute la terre, & enfin de l'abandonner pour la Lune, étoit qu'il n'avoit pû trouver un seul Païs où l'imagination même fut en liberté. Voyez-vous, me dit-il, à moins de porter un bonnet, quoy que vous puissiez dire de beau, s'il est contre les principes des Docteurs de drap, vous êtes un idiot, un fou, & quelque chose de pis. On m'a voulu mettre en mon Païs à l'inquisition, parce qu'à la barbe des Pedans j'avois soûtenu qu'il y avoit du vuide, & que je ne connoissois point de matiere au monde plus pesante l'une que l'autre. Je luy demanday de qu'elles probalitez il appuyoit une opinion si peu reçûë : il faut, me répondit-il, pour en venir à bout, supposer qu'il n'y a qu'un Element ; car encore que nous voyons de l'eau, de la terre, de l'air, & du feu separez, on ne les trouve jamais pourtant si parfaitement purs, qu'ils ne soient encore engagez les uns avec les autres. Quand, par exemple, vous regardez du feu, ce n'est pas du feu, ce n'est que de l'air beaucoup prétendu, l'air n'est que de l'eau fort diratée, l'eau n'est que de la terre qui se fond, & la terre elle-même n'est autre chose que de l'eau beaucoup resserrée, & ainsi à pénétrer sérieusement la matiere, vous connoîtrez qu'elle n'est qu'une, qui comme excellente Comedienne joue icy bas toutes sortes d'habits : autrement il faudroit admettre autant d'élemens qu'il y a de sortes de corps : & si vous me demandez pourquoy le feu brûle, & l'eau refroidit, vû que ce n'est qu'une seule matiere; je vous réponds que cette matiere agit par simpathie, selon la disposition où elle se trouve dans le temps qu'elle agit. Le feu qui n'est rien que de la terre encore plus répanduë qu'elle ne l'est pour constituer l'air, tâche de changer en elle par simpathie ce qu'elle rencontre : ainsi la chaleur du charbon étant le feu le plus subtil & le plus propre à penetrer un corps, se glise entre les pores de nôtre masse au commencement, parce que c'est une nouvelle matiere qui nous remplit & nous fait exaler en sueur, cette sueur étenduë, par le feu se convertit en fumée & devient air ; cét air encore davantage fondu par la chaleur de l'antiperistase, ou des astres qui l'affinent s'appelle le feu, & la terre abandonnée par le froid & par l'humide qui lioient toutes les parties tombe en terre ; l'eau d'autre part, quoy qu'elle ne differe de la matiere du feu qu'en ce qu'elle est plus serrée, ne nous brûle pas, à cause qu'étant serrée elle demande par sympathie à resserrer les corps qu'elle rencontre, & le froid que nous sentons n'est autre chose que l'effet de nôtre chair qui se replie sur elle-même par le voisinage de la terre où de l'eau qui la contraint de luy ressembler. De là vient que les hydropiques remplis d'eau changent en eau toute la nourriture qu'ils prennent ; de là vient que les bilieux change en bile tout le sang que forme leur foye, supposé donc qu'il n'y ait qu'un seul élement, il est certissime que tous les corps chacun selon sa qualité inclinent également au centre de la terre.

Mais vous me demanderez pourquoy donc le fer, les métaux, la terre, le bois, décendent plus vîte à ce centre qu'une éponge, si ce n'est à cause qu'elle est pleine d'air, qui tend naturellement en haut. Ce n'en est point du tout là la raison », & voicy comme je vous réponds : quoy qu'une roche tombe avec plus de rapidité qu'une plume, l'un & l'autre ont même inclination pour ce voyage ; mais un boulet de canon, par exemple, s'il trouvoit la terre percée à jour se précipiteroit plus vîte à son centre qu'une vessie grosse de vent, & la raison est que cette masse de métail est beaucoup de terre recognée en un petit canton, & que ce vent est fort peu de terre en beaucoup d'espace : car toutes les parties de la matiere qui loge dans ce fer, jointes qu'elles sont les unes aux autres, augmentent leur force par l'union, à cause que s'étant resserrées elles se trouvent à la fin beaucoup à combattre contre peu, vû qu'une parcelle d'air égale en grosseur au boulet, n'est pas égale en quantité.

Sans prouver cecy par une enfilure de raisons, comment par vôtre foy une pique, une épée, un poignard, nous blessent-ils, si ce n'est à cause que l'acier étant une matiere où les parties sont plus proches & plus enfoncées les unes dans les autres, que non pas vôtre chair donc les pores & la molesse montrent qu'elle contient fort peu de matiere répanduë en un grand lieu, & que la pointe de fer qui nous pique étant une quantité presque innombrable de matiere contre fort peu de chair, il la contraint de ceder au plus fort, de même qu'un escadron bien preſſé entame aiſément un bataillon moins ſerré & plus étendu ; car pourquoy une loupe d'acier embraſée eſt-elle plus chaude qu'un tronc de bois allumé ; ſi ce n'eſt qu'il y a plus de feu dans la loupe en peu d'eſpace, y en ayant d'attaché à toutes les parties du métail, que dans le bâton, qui pour être fort ſpongieux enferme par conſéquent beaucoup de vuide, & que le vuide n'étant qu'une privation de l'Eſtre, ne peut être ſuſceptible de la forme du feu : mais m'objecterez-vous, vous ſuppoſez de vuide comme ſi vous l'aviez prouvé, & c'eſt cela dont nous ſommes en diſpute ; & bien je vais vous le prouver, & quoy que cette difficulté ſoit la ſœur du nœud gordien, j'ay les bras aſſez forts pour en devenir l'Alexandre.

Qu'elle me réponde donc, je l'en ſupplie, cette bête vulgaire qui ne croit être homme, que parce qu'on le luy a dit, ſuppoſé qu'il n'y ait qu'une matiere comme je penſe l'avoir aſſez prouvé ; d'où vient qu'elle ſe relâche & ſe retraint ſelon ſon appetit ; d'où vient qu'un morceau de terre à force de ſe condenſer s'eſt fait caillou ? Eſt-ce que les parties de ce caillou se sont placées les unes dans les autres, en telle sorte que là où s'est fiché ce grain de sablon, là même ou dans le même poinct loge un autre grain de sablon. Tout cela ne se peut, & selon leur principe même, puis que les corps ne se penetrent point : mais il faut que cette matiere se soit raprochée, & si vous voulez, se soit racourcie en sorte qu'elle ait remply quelque lieu qui ne l'étoit pas.

De dire que cela n'est point comprehensible, qu'il y eût du rien dans le Monde, que nous fussions en partie composez de rien : hé pourquoy non, le Monde entier n'est-il pas envelopé de rien : puis que vous m'avoüez cét article, confessez donc qu'il est aussi aisé que le Monde ait du rien dedans soy qu'autour de soy.

Je vois fort bien que vous me demanderez pourquoy donc l'eau rétrainte par la gelée dans un vase le fait créver, si ce n'est pour empêcher qu'il ne fasse du vuide : mais je réponds que cela n'arrive qu'à cause que l'air dessus qui tend aussi bien que la terre & l'eau au centre, rencontrant sur le droit chemin de ce Païs une Hôtellerie vaccante, y va loger s'il trouve les pores de ce vaisseau, c'est-à-dire, les chemins qui conduisent à cette chambre de vuide, trop étroits, trop longs, & trop tortus, satisfait en le brisant à son impatience pour arriver plûtôt au gîte.

Mais sans s'amuser à répondre à toutes leurs objections, j'ose bien dire que s'il n'y avoit point de vuide il n'y auroit point de mouvement, ou il faut admettre la penetration des corps; car il seroit trop ridicule de croire que quand une mouche pousse de l'aisle une parcelle de l'air, cette parcelle en fait reculer devant elle une autre, cette autre encore une autre, & qu'ainsi l'agitation du petit orteil d'une puce allât faire une bosse derriere le Monde. Quand ils n'en peuvent plus, ils ont recours à la rarefaction : mais en bonne foy comme se peut-il faire quand un corps se ratifie, qu'une particule de la masse s'éloigne d'une autre particule, sans laisser ce milieu vuide ; n'auroit-il pas falu que ces deux corps qui se viennent de separer eussent été en même temps au même lieu où étoit celuy-cy, & que de la sorte ils se fussent penetrez tous trois ; je m'attends bien que vous me demanderez pourquoy donc par un chalumeau, une seringue ou une pompe, on fait monter l'eau contre son inclination : à quoy je vous répondray qu'elle est violentée, & que ce n'est pas la peur qu'elle a du vuide, l'oblige à se détourner de son chemin ; mais qu'étant jointe avec l'air d'une nuance imperceptible, elle s'éleve quand on éleve en haut l'air qui la tient embarassée.

Cela n'est pas fort épineux à comprendre quand on connoît le cercle parfait & la délicate enchaînure des Elemens : car si vous considerez attentivement ce limon qui fait le mariage de la terre & de l'eau, vous trouverez qu'il n'est plus terre, qu'il n'est plus eau ; mais qu'il est l'entremetteur du contract de ces deux ennemis ; l'eau tout de même avec l'air s'envoyent reciproquement un broüillard qui penetre aux humeurs de l'un & de l'autre pour moyenner leur paix ; & l'air se reconcilie avec le feu par le moyen d'une exalaison mediatrice qui les unit.

Je pense qu'il vouloit encore parler : mais on nous apporta nôtre mangeaille, & parce que nous avions faim, je fermay les oreilles à ses discours, pour ouvrir l'estomach aux viandes qu'on nous donna.

Il me souvient qu'une autrefois comme nous philosophions, car nous n'aimions guéres ny l'un ny l'autre à nous entretenir des choses basses : je suis bien fâché, dit-il, de voir un esprit de la trempe du vôtre infecté des erreurs du vulgaire. Il faut donc que vous sçachiez malgré le pedantisme d'Aristote, dont retentissent aujourd'huy toutes les Classes de vôtre France, que tout est en tout, c'est-à-dire, que dans l'eau, par exemple il y a du feu, dedans le feu de l'eau, dedans l'air de la terre, & dedans la terre de l'air : quoy que cette opinion fasse ouvrir aux Scolates les yeux grands comme des sallieres, elle est plus aisée à prouver qu'à persuader. Car je leur demande premierement si l'eau n'engendre pas du poisson quand ils me le nieront : creuser un fossé, le remplir du sirop de l'éguiere, & qu'ils passeront encore s'ils veulent à travers un bluteau pour échapper aux objections des aveugles, je veux en cas qu'ils n'y trouvent du poisson dans quelque temps, avaler toute l'eau qu'ils y auront versées : mais s'ils y en trouvent, comme je n'en doute point, c'est une preuve convaincante qu'il y a du sel & du feu ; par conséquent de trouver ensuite de l'eau dans le feu, ce n'est pas une entreprise fort difficile. Car qu'ils choisissent le feu même le plus détaché de la matiere, comme les Cometes, il y en a toûjours beaucoup, puis que si cette

lentée, & que ce n'est pas la peur qu'elle a du vuide, l'oblige à se détourner de son chemin ; mais qu'étant jointe avec l'air d'une nuance imperceptible, elle s'éleve quand on éleve en haut l'air qui la tient embarassée.

Cela n'est pas fort épineux à comprendre quand on connoît le cercle parfait & la délicate enchaînure des Elemens : car si vous considerez attentivement ce limon qui fait le mariage de la terre & de l'eau, vous trouverez qu'il n'est plus terre, qu'il n'est plus eau ; mais qu'il est l'entremetteur du contract de ces deux ennemis ; l'eau tout de même avec l'air s'envoyent reciproquement un broüillard qui penetre aux humeurs de l'un & de l'autre pour moyenner leur paix, & l'air se reconcilie avec le feu par le moyen d'une exalaison mediatrice qui les unit.

Je pense qu'il vouloit encore parler : mais on nous apporta nôtre mangeaille, & parce que nous avions faim, je fermay les oreilles à ses discours, pour ouvrir l'estomach aux viandes qu'on nous donna.

Il me souvient qu'une autrefois comme nous philosophions, car nous n'aimions guéres ny l'un ny l'autre à nous entretenir des choses basses : je suis bien fâché, dit-il, de voir un esprit de la trempe du vôtre infecté des erreurs du vulgaire. Il faut donc que vous sçachiez malgré le pedantisme d'Aristote, dont retentissent aujourd'huy toutes les Classes de vôtre France, que tout est en tout, c'est-à-dire, que dans l'eau, par exemple il y a du feu, dedans le feu de l'eau, dedans l'air de la terre, & dedans la terre de l'air: quoy que cette opinion fasse ouvrir aux Scolates les yeux grands comme des sallieres, elle est plus aisée à prouver qu'à persuader. Car je leur demande premierement si l'eau n'engendre pas du poisson quand ils me le nieront: creuser un fossé, le remplir du sirop de l'éguiere, & qu'ils passeront encore s'ils veulent à travers un bluteau pour échapper aux objections des aveugles, je veux en cas qu'ils n'y trouvent du poisson dans quelque temps, avaler toute l'eau qu'ils y auront versées: mais s'ils y en trouvent, comme je n'en doute point, c'est une preuve convaincante qu'il y a du sel & du feu; par conséquent de trouver ensuite de l'eau dans le feu, ce n'est pas une entreprise fort difficile. Car qu'ils choisissent le feu même le plus détaché de la matiere, comme les Cometes, il y en a toûjours beaucoup, puis que si cette humeur onctueuse, dont ils sont engendrez, réduite en soulfre par la chaleur de l'antiperistase qui les allument, ne trouvoit un obstacle à sa violence dans l'humide froideur qui la tempere & la combat, elle se consommeroit brusquement comme un éclair. Qu'il y ait maintenant de l'air dans la terre, ils ne le nieront pas, ou bien ils n'ont jamais entendu parler des frissons effroyables, dont les Montagnes de la Sicile ont été si souvent agitées : outre cela nous voyons la terre toute poreuse jusques aux grains de sablon qui la composent. Cependant personne n'a dit encore que ces creux fussent remplis de vuide : on ne trouvera donc pas mauvais que l'air y fasse son domicile. Il me reste à prouver que dans l'air il y a de la terre, mais je ne daigne quasi pas prendre la peine, puis que vous en êtes couvaincu autant de fois que vous voyez tomber sur vos têtes ces legions d'atomes si nombreuses, qu'elles étouffent l'Arithmetique.

Mais passons des corps simples aux composez, ils me fourniront de sujets beaucoup plus frequens; & pour montrer que toutes choses sont en toutes choses, non point qu'elles se changent les unes aux autres, comme se gazoüillent vos

Peripateticiens ; car je veux soûtenir à leur barbe que les principes se mêlent, se separent, & se remêlent derechef en telle sorte que ce qui a été fait eau par le sage Createur du Monde le sera toûjours : je ne suppose point à leur mode de maxime que je ne prouve.

C'est pourquoy prenez je vous prie une bûche, ou quelqu'autre matiere combustile, & y mettez le feu, ils diront quand elle sera embrasée que ce qui étoit bois est devenu feu : mais je leur soûtiens que non, & qu'il n'y a point davantage de feu quand elle est toute enflammée, qu'auparavant qu'on en eût approché l'allumette ; mais celuy qui étoit caché dans la bûche que le froid & l'humide empêchoient de s'étendre & d'agir, secouru par l'étranger, a ralié ses forces contre le flegme qui l'étouffoit, & s'est emparé du champ qu'occupoit son ennemy, aussi le montre-t'il sans obstacle & triomphant de son geolier : ne voyez-vous pas comme l'eau s'enfuit par les deux bouts du tronçon, chaude & fumant encore du combat qu'elle a rendu. Cette flâme que vous voyez en haut est le feu le plus subtil, le plus degagé de la matiere & le plûtôt prest, par consequent à retourner chez soy : il s'unit pourtant en piramide jusques à certaine hauteur pour enfoncer l'époisse humidité de l'air qui luy resiste; mais comme il vient en montant à se dégager peu à peu de la violente compagnie de ses Hôtes, alors il prend le large, parce qu'il ne rencontre plus rien d'antipatique à son passage, & cette negligence est bien souvent cause d'une seconde prison : car cheminant separé, il s'égarera quelquefois dans un nuage, s'il s'y rencontre d'autres fois en assez grande quantité pour faire tête à la vapeur, ils se joignent, ils grondent, ils tonnent, ils foudroyent, & la mort des innocens est bien souvent l'effet de la colere animée de ces choses mortes. Si grand il se trouve embarassé dans ces cruditez importunes de la moyenne region, il n'est pas assez fort pour se deffendre, il s'abandonne à la discretion de son ennemy qui le contraint par sa pesanteur de retomber en terre; & ce malheureux enfermé dans une goute d'eau, se rencontrera peut-être au pied d'un chesne, de qui le feu animal invitera ce pauvre égaré de se loger avec luy : ainsi le voila qui revient au même état dont il étoit sorty quelques jours auparavant.

Mais voyons la fortune des autres Elemens

mens qui compofoient cette bûche. L'air fe retire à fon quartier, encore pourtant meflé de vapeurs, à caufe que le feu tout en colere les a brufquement chaffez pefle-mefle. Le voila donc qui fert de balon aux vents, fournit aux animaux de refpiration, remplit le vuide que la Nature fait, & poffible encore que s'étant envelopé dans une goute de rofée; il fera fuccé & digeré par les feüilles alterées de cét arbre où s'eft retiré nôtre feu: l'eau que la flâme avoit chaffé de ce trône, élevé par la chaleur jufques au berceau de Meteores, retombera en pluye fur nôtre chefne auffi-tôt que fur un autre; & la terre devenuë cendre, & puis guerie de fa fterilité, ou par la chaleur nourriffante d'un fumier où on l'aura jettée, ou par le fel vegetatif de quelques plantes voifines, ou par l'eau feconde des Rivieres, fe rencontrera peut-être prés de ce chefne, qui par la chaleur de fon germe l'attirera, & ne fera une partie de fon tour.

De cette façon voila ces quatre Elemens qui reçoivent le même fort, & rentrent en même état d'où ils étoient fortis quelques jours auparavant: ainfi on peut dire que dans un homme il y a tout ce qui eft neceffaire pour compofer un arbre, & dans un arbre tout ce qui est necessaire pour composer un homme. Enfin de cette façon toutes choses se rencontreront en toutes choses, mais il nous manque un Promethée, qui nous tire du sein de la Nature, & nous rendre sensible ce que je veux bien appeller matiere premiere.

Voilà les choses à peu prés dont nous amusions le temps : car ce petit Espagnol avoit l'esprit joly. Nôtre entretien toutesfois n'étoit que de la nuit, à cause que depuis six heures du matin jusques au soir, la grande foule du monde qui nous venoit contempler à nôtre logis nous eût détourné : car quelques-uns nous jettoient des pierres, d'autres des noix, d'autres de l'herbe : il n'étoit bruit que des bêtes du Roy, on nous servoit tous les jours à manger à nos heures, la Reyne & le Roy prenoient eux-mêmes assez souvent la peine de me tâter le ventre pour connoître si je n'emplissois point, car ils brûloient d'une envie extraordinaire d'avoir de la race de ces petits animaux. Je ne sçay si ce fut pour avoir été plus attentifs que mon mâle à leurs simagrées & à leurs tons : mais j'appris plûtôt que celuy à attendre leur langue, & l'écorcher un peu ; ce qui fit qu'on nous considera d'une autre façon qu'on n'avoit fait, & les nouvelles coururent aussi-tôt par tout le Royaume qu'on avoit trouvé deux hommes sauvages plus petits que les autres, à cause des mauvaises nourritures que la solitude nous avoit fournis, & qui par un défaut de la semence de leurs peres n'avoient pas eu les jambes de devant assez fortes pour s'appuyer dessus.

Cette creance alloit prendre racine à force de cheminer, sans les Doctes du Païs qui s'y opposerent, disant que c'étoit une impieté épouventable de croire que non seulement des bêtes, mais des monstres, fussent de leur espece. Il y auroit bien plus d'apparence (ajoûtoient les moins passionnez) que nos animaux domestiques participassent au privilege de l'humanité, de l'immortalité, par consequent à cause qu'ils sont nez dans nôtre Païs, qu'une bête monstrueuse, qui se dit née je ne sçay, ou dans la Lune, & puis considerez la difference qui se remarque entre nous & eux. Nous autres marchons à quatre pieds, parce que Dieu ne se voulut pas fier d'une chose si précieuse à une moins ferme assiete, & il eut peur qu'allans autrement il n'arrivât fortune de l'homme ; c'est pourquoy il prit la peine de l'asseoir sur quatre piliers, afin qu'il ne pût tomber; mais dédaignant de se mêler de la construction de ces deux brutes, il les abandonna au caprice de la Nature, laquelle ne craignant pas la perte de si peu de chose, ne les appuya que sur deux pattes.

Ces oyseaux même, disoient-ils, n'ont pas été si mal-traitez qu'elles; car au moins ils ont reçû des plumes pour subvenir à la foiblesse de leurs pieds, & se jetter en l'air quand nous les éconduirons de chez nous, au lieu que la Nature en ôtant les deux pieds à ces monstres, les a mis en état de ne pouvoir échapper à nôtre Justice.

Voyez un peu outre cela comme ils ont la tête tournée devers le Ciel: c'est la disette où Dieu les a mis de toutes choses qui les a situées de la sorte, car cette posture suppliante témoigne qu'ils se plaignent au Ciel de celuy qui les a creées, & qu'ils luy demandent permission de s'accommoder de nos têtes. Mais nous autres nous avons la tête panchée en bas pour contempler les biens dont nous sommes Seigneurs, & comme n'y ayant rien au Ciel à qui nôtre heureuse condition puisse porter envie.

J'entendois tous les jours à ma loge

faire ces contes, ou d'autres semblables;
& enfin ils briderent si bien l'esprit des
peuples sur cét article, qu'il fut arrêté
que je ne passerois tout au plus que pour
un Perroquet sans plumes, car ils confir-
moient les persuadez sur ce que non plus
qu'un oyseau: je n'avois que deux pieds,
cela fit qu'on me mit en cage par ordre
exprés du conseil d'enhaut.

Là tous les jours l'oiseleur de la Reyne
prenant le soin de me venir siffler la langue comme on fait icy aux Sansonnets,
j'étois heureux à la verité en ce que je ne
manquois point de mangeaille; cependant parmy les sornettes dont les regar-
dans me rompoient les oreilles, j'appris
à parler comme eux, en sorte que quand
je fus assez rompu dans l'Idiome pour
exprimer la plûpart de mes conceptions,
j'en contay des plus belles; déja les
compagnies ne s'entretenoient plus que
de la gentillesse de mes bons mots, & de
l'estime que l'on faisoit de mon esprit;
on vint jusques-là, que le Conseil fut
contraint de faire publier un Arrest, par
lequel on deffendoit de croire que j'eusse
de la raison, avec un commandement
tres exprés à toutes personnes de quelque
qualité ou condition qu'elles fussent, de
s'imaginer, quoy que je puisse faire de

P iij

spirituel, que c'étoit l'instinct qui me le faisoit faire.

Cependant la definition de ce que j'étois, partagea la Ville en deux factions. Le party qui soûtenoit en ma faveur grossissoit de jour en jour; & enfin en dépit de l'anatheme, par lequel on tâchoit d'épouventer le peuple, ceux qui tenoient pour moy demanderent une assemblée des Etats pour resoudre cette controverse. On fut long-temps à s'accorder sur le choix de ceux qui opineroient; mais les arbitres pacifierent l'animosité par le nombre des interessez qu'ils égalerent, & qui ordonnerent qu'on me porteroit dans l'assemblée, comme on fit: mais j'y fus traité autant severement qu'on se le peut imaginer. Les Examinateurs m'interrogent entr'autres choses de Philosophie; je leur exposay tout à la bonne foy ce que jadis mon Regent m'en avoit appris, mais ils ne mirent guéres à me le refuter par beaucoup de raisons convaincantes: de sorte que n'y pouvant répondre, j'alleguay pour dernier refuge les principes d'Aristote qui ne me servoient pas davantage que les Sophismes, car en deux mots, ils m'en découvrirent la fausseté. Cét Aristote, me dirent-ils, dont vous vantez si fort la science, accommodoit sans doute les principes à sa Philosophie, au lieu d'accommoder sa Philosophie aux principes, & encore devoit-il les prouver au moins plus raisonnables que ceux des autres Sectes, dont vous nous avez parlé; c'est pourquoy le bon Seigneur ne trouveras pas mauvais si nous luy baisons les mains. Enfin comme ils virent que je ne leur clabaudois autre chose, sinon qu'ils n'étoient pas plus sçavans qu'Aristote, & qu'on m'avoit deffendu de disputer contre ceux qui nioient les principes. Ils conclurent tous d'une commune voix, que je n'étois pas un homme, mais possible quelque espece d'Austruche, vû que je portois comme elle la tête droite, que je marchois sur deux pieds, qu'enfin horsmis un peu de duvet, je luy étois tout semblable; si bien qu'on ordonna à l'Oiseleur de me reporter en cage. J'y passois mon temps avec assez de plaisir, car à cause de leur langue que je possedois correctement, toute la Cour se divertissoit à me faire jaser. Les Filles de la Reyne entr'autres fouroient toûjours quelque bribe dans mon panier; & la plus gentille de toutes, ayant conçû quelque amitié pour moy, elle étoit si transportée de joye, lors qu'étant en secret, je l'entretenois des mœurs & des divertissemens des gens de nôtre Monde, & principalement de nos cloches, & de nos autres instrumens de Musique, qu'elle me protestoit les larmes aux yeux, que si jamais je me trouvois en état de revoler en nôtre Monde, elle me suivroit de bon cœur.

Un jour de grand matin, m'étant éveillé en sursaut, je la vis qui tabourinoit contre les bâtons de ma cage : Réjoüissez-vous, me dit-elle, hier dans le Conseil on conclud la guerre contre le Roy. J'espere parmy l'embarras des preparatifs, cependant que nôtre Monarque & les Sujets seront éloignez, faire naître l'occasion de vous sauver. Comment la guerre, l'interrompis-je, arrive-t'il des querelles entre les Princes de ce Monde icy comme entre ceux du nôtre ? Hé je vous prie, parlez-moy de leur façon de combattre.

Quand les arbitres, reprit-elle, élûs au gré des deux parties, ont désigné le temps accordé pour l'armement, celuy de la marche, le nombre des combatans, le jour & le lieu de la bataille, & tout cela avec tant d'égalité, qu'il n'y a pas dans une armée un seul homme plus que dans l'autre : les Soldats estropiez d'un côté font tous enrôlez dans une compagnie, & lors qu'on en vient aux mains, les Maréchaux de Camp ont foin de les expofer aux eſtropiez : de l'autre côté les Geans en ont été les Coloſſes, les eſcrimeurs, les adroits, les vaillans, les courageux, les débiles, les foibles, les indiſpoſez, les malades, les robuſtes, les forts ; & ſi quelqu'un entreprenoit de frapper un autre que ſon ennemy déſigné, que moins qu'il pût juſtifier que c'étoit par mépriſe, il eſt condamné de coüard. Aprés la bataille donnée on conte les bleſſez, les morts, les priſonniers, car pour les fuyards il ne s'en trouve point ; les pertes ſe trouvent égales de part & d'autres, ils tirent à la courte paille à qui ſe proclamera victorieux.

Mais encore qu'un Royaume eût défait ſon ennemy de bonne guerre, ce n'eſt preſque rien avancé, car il y a d'autres armées peu nombreuſes de ſçavans & d'hommes d'eſprit, des diſputes, deſquelles dépend entierement le triomphe ou la ſervitude des Eſtats.

Un ſçavant eſt oppoſé à un autre ſçavant, un eſprité à un autre eſprité, & un judicieux à un autre judicieux : au reſte le triomphe que remporte un Eſtat en cette façon est compté pour trois victoires à force ouverte. Aprés la proclamation de la victoire on rompt l'assemblée, & le peuple vainqueur choisit pour être son Roy, ou celuy des ennemis, ou le sien.

Je ne pûs m'empêcher de rire de cette façon scrupuleuse de donner des batailles ; & j'allegois pour exemple d'une bien plus forte Politique les coûtumes de nôtre Europe, où le Monarque n'avoit garde d'obmettre aucun de ses avantages pour vaincre, & voicy comme elle me parla.

Apprenez-moy, me dit-elle, si vos Princes ne pretextent pas leurs armemens du droit : si font, luy repliquay-je, & de la justice de leur cause. Pourquoy donc, continua-t'elle, ne choisissent-ils des arbitres non suspects pour être accordez ; & s'il se trouve qu'ils ayent autant de droit l'une que l'autre, qu'ils demeurent comme ils étoient, ou qu'ils joüent en un coup de piquet la Ville ou la Province dont ils sont en dispute.

Mais vous, luy repartis-je, pourquoy toutes ces circonstances en vôtre façon de combattre ; ne suffit-il pas que les armées soient en pareil nombre d'hommes ? Vous n'avez guére de jugement, me répondit elle. Croiriez-vous, par vôtre foy ayant vaincu sur le pré vôtre ennemy seul à seul, l'avoir vaincu de bonne guerre, si vous étiez maillé, & luy non ; s'il n'avoit qu'un poignard, & vous une estocade ; enfin s'il étoit manchot, & que vous eussiez deux bras. Cependant avec toute l'égalité que vous assurez tant à vos gladiateurs, ils ne se battent jamais pareils ; car l'un sera de grande taille, l'autre de petite taille : l'un sera adroit, l'autre n'aura jamais manié d'épées : l'un sera robuste, l'autre foible, & quand même ces disproportions seroient égales, qu'ils seroient aussi adroits & aussi forts l'un que l'autre, encore ne seroient-ils pas pareils, car l'un des deux aura peut-être plus de courage que l'autre ; & sous l'ombre que cét emporté ne considerera pas le peril, qu'il sera bilieux, qu'il aura plus de sang, qu'il avoit le cœur plus serré, avec toutes ces qualitez qui font le courage, comme si ce n'étoit pas aussi bien qu'une épée, une arme que son ennemy n'a point, il s'ingere de se ruër éperduëment sur luy, de l'effrayer, & d'ôter la vie à ce pauvre homme qui prévoit le danger, dont la chaleur est étouffée dans la pituite, & duquel le cœur est trop vaste pour unir les esprits nécessaires à dissiper cette glace qu'on appelle poltronnerie. Ainsi vous loüez cét homme d'avoir tué son ennemy avec avantage, & le loüant de hardiesse, vous le loüez d'un peché contre nature, puisque sa hardiesse tend à sa destruction. Et à propos de cela, je vous diray qu'il y a quelques années qu'on fit une remontrance au Conseil de guerre, pour apporter un Reglement plus circonspect & plus conscientieux dans les combats. Et le Philosophe qui donnoit l'avis parla ainsi.

Vous vous imaginiez Messieurs, avoir bien égalez les avantages de deux ennemis, quand vous les avez choisis tous deux grands, tous deux adroits, tous deux pleins de courage; mais ce n'est pas encore assez, pais qu'il faut qu'enfin le vainqueur surmonte par adresse, par force & par fortune. Si ç'a été par adresse, il a frappé sans doute son adversaire par un endroit où il ne l'attendoit pas, ou plus vîte qu'il n'étoit vray-semblable, ou feignant de l'attraper d'un côté, il l'a assailly de l'autre: cependant tout cela c'est assigner, c'est tromper, c'est trahir, & la tromperie & la trahison ne doivent pas faire l'estime d'un veritable genereux. S'il a triomphé par force, estimerez-vous son ennemy vaincu, puis qu'il a été violenté ? Non sans doute, non plus que vous ne direz pas qu'un homme ait perdu la victoire, encore qu'il soit accablé de la chûte d'une Montagne, parce qu'il n'a pas été en puissance de la gagner : Tout de même celuy-là n'a point été surmonté, à cause qu'il ne s'est point trouvé dans ce moment disposé à pouvoir resister aux violences de son adversaire. Si ç'a été par hazard qu'il a terrassé son ennemy, c'est la Fortune qu'on doit couronner, il n'y a rien contribué ; & enfin le vaincu n'est non plus blâmable que le joüeur de dez, qui sur dix-sept poincts en voit faire dix-huit.

On luy confessa qu'il avoit raison ; mais qu'il étoit impossible, selon les apparences humaines, d'y mettre ordre ; & qu'il valoit mieux subir un petit inconvenient, que de s'abandonner à cent autres de plus grande importance.

Elle ne m'entretint pas cette fois davantage, parce qu'elle craignoit d'être trouvée toute seule avec moy si matin : ce n'est pas qu'en ce Païs l'impudicité soit un crime ; au contraire, hors les coupables convaincus, tout homme a pouvoir sur toute femme, & une femme tout de même pourroit appeller un homme en Justice qui l'auroit refusée : mais elle ne m'osoit pas frequenter publiquement, à cause que les gens du Conseil avoient dit dans la derniere assemblée que c'étoit les femmes principalement qui publioient que j'étois homme, afin de couvrir sous ce prétexte le desir qui le brûloit de se mesler aux bêtes, & de commettre avec moy sans vergogne des pechez contre nature : cela fut cause que je demeuray long-temps sans la voir, ny pas une du sexe.

Cependant il falloit bien que quelqu'un eût rechauffé les querelles de la définition de mon estre ; car comme je ne songeois plus qu'à mourir en ma cage, on me vint querir encore une fois pour me donner audience. Je fus donc interrogé en presence d'un grand nombre de Courtisans sur quelque poinct de Phisique ; & mes réponses, à ce que je croy, satisfirent aucunement, car celuy qui présidoit m'exposa fort au long les opinions sur la structure du Monde, elles me semblerent ingenieuses, & sans qu'il passa jusqu'à son origine qu'il soûtenoit éternelle, j'eusse trouvé sa Philosophie beaucoup plus raisonnable que la nôtre : mais si-tôt que je l'entendis soûtenir une resverie si contraire à ce que la foy nous apprend, je brisay avec luy, dont il ne fit que rire; ce qui m'obligea de luy dire que puis qu'ils en venoient là, je commençois à croire que leur Monde n'étoit qu'une Lune. Mais, me dirent-ils tous, vous y voyez de la terre, des Rivieres, des Mers, que seroit-ce donc tout cela? N'importe, repartis-je, Aristote asseure que ce n'est que la Lune; & si vous aviez dit le contraire dans les Classes où j'ay fait mes études, on vous auroit sifflé. Il se fit sur cela un grand éclat de rire, il ne faut pas demander si ce fut de leur ignorance: mais cependant on me reconduisit dans ma cage.

Mais d'autres Sçavans plus emportez que les premiers, avertis que j'avois osé dire que la Lune d'où je venois étoit un Monde, & que leur Monde n'étoit qu'une Lune, crurent que cela leur fournissoit un prétexte assez juste pour me faire condamner à l'eau, c'est la façon d'exterminer les impies. Pour cét effet, ils furent encore faire leurs plaintes au Roy, qui leur promit justice, & ordonna que je serois remis sur la sellette.

Me voilà donc dégagé pour la troisiéme fois; & lors le plus ancien prit la parole, & plaida contre moy. Je ne me souviens pas de sa harangue, à cause que j'étois trop épouventé pour recevoir les especes de sa voix sans desordre, & parce aussi qu'il s'étoit servy pour déclamer d'un instrument dont le bruit m'étourdissoit, c'étoit une trompette qu'il avoit tout exprés choisie, afin que la violence de ce son martial, échauffât leurs esprits à ma mort, & afin d'empêcher par cette émotion, que le raisonnement né pût faire son office, comme il arrive dans nos armées, où le tintamarre des trompettes & des tambours empêche le soldat de refléchir sur l'importance de sa vie. Quand il eût dit, je me levay pour deffendre ma cause, mais j'en fus délivré par une avanture qui vous va surprendre. Comme j'avois la bouche ouverte, un homme qui avoit eu grande difficulté à traverser la foule, vint choir aux pieds du Roy, & se traîna long-temps sur le dos en sa presence. Cette façon de faire ne me surprit pas, car je sçavois que c'étoit la posture où ils se mettoient quand ils vouloient discourir en public. Je renguaisnay seulement ma harangue, & voicy celle que nous eûmes de luy.

Justes, écoutez-moy, vous ne sçauriez condamner cét Homme, ce Singe, ou ce Perroquet, pour avoir dit que la

Lune est un Monde d'où il venoit; car s'il est homme, quand même il ne seroit pas venu de la Lune, puis que tout homme est libre, ne luy est-il pas libre aussi de s'imaginer ce qu'il voudra ? Quoy, pouvez-vous le contraindre à n'avoir pas vos visions ? Vous le forcerez bien à dire que la Lune n'est pas un Monde, mais il ne le croira pas pourtant ; car pour croire quelque chose, il faut qu'il se presente à son imagination certaines possibilitez plus grandes au oüy qu'au non : à moins que vous luy fournissiez ce vray-semblable, ou qu'il ne vienne de soy-même s'offrir à son esprit, il vous dira bien qu'il croit, mais il ne le croira pas pour cela.

J'ay maintenant à vous prouver qu'il ne doit pas être condamné, si vous le posez dans la cathegorie des bêtes.

Car supposé qu'il soit animal sans raison, en auriez-vous vous-même de l'accuser d'avoir peché contre elle; il a dit que la Lune étoit un Monde. Or les bêtes n'agissent que par instinct de Nature : dont c'est la Nature qui le dit, & non pas luy ; de croire que cette sçavante Nature qui a fait le Monde & la Lune, ne sçache ce que c'est elle-même, & que vous autres qui n'avez de connoissance que ce que vous en tenez d'elle, le sça-chiez plus certainement, cela seroit bien ridicule : Mais quand même la passion vous feroit renoncer à vos principes, & que vous supposeriez que la Nature ne guidât par les bêtes, rougissez à tout le moins des inquietudes que vous causent les caprices d'une bête. En verité, Messieurs, si vous rencontriez un homme d'âge meur qui veillât à la police d'une fourmiliere, pour tantôt donner un soufflet à la fourmy qui auroit fait choir sa compagnie, tantôt en emprisonner une qui auroit dérobé à sa voisine un grain de bled, tantôt mettre en justice une autre qui auroit abandonné ses œufs, ne l'estimeriez-vous pas insensé de vapeur à des choses trop au dessous de luy, & de prétendre assujettir à la raison des animaux qui n'en ont pas l'usage ? Comment donc, venerable assemblée, deffendrez-vous l'interest que vous prenez aux caprices de ce petit animal ? Justes, j'ay dit.

Dés qu'il eût achevé, une sorte de Musique d'applaudissement fit retentir toute la salle, & aprés que toutes les opinions eurent été débatuës un gros quart d'heure, le Roy prononça.

Que d'oresnavant je serois censé homme, comme tel, mis en liberté, & que la punition d'être envoyé seroit modifiée en une amende honteuse, car il n'en est point en ce Païs-là d'honorable, dans laquelle amende je me dédirois publiquement d'avoir soûtenu que la Lune étoit un Monde, à cause du scandale que la nouveauté de cette opinion auroit dû apporter dans l'ame des foibles.

Cét Arrest prononcé, on m'enleve hors du Palais, on m'abille par ignominie fort magnifiquement, on me porte sur la tribune d'un magnifique Chariot; & traînée que je fus par quatre Princes qu'on avoit attachez au joug, voicy ce qu'ils m'obligerent de prononcer aux carrefours de la Ville.

Peuple je vous déclare que cette Lune cy n'est pas une Lune, mais un Monde; & que ce Monde de là-bas n'est pas un Monde, mais une Lune; tel est ce que le Conseil trouve bon que vous croyez.

Aprés que j'eus crié la même chose aux cinq grandes places de la Cité, j'apperçûs mon Avocat qui me tendoit la main pour m'aider à descendre. Je fus bien étonné de reconnoître, quand je l'eus envisagé, que c'étoit mon Demon, nous fûmes une heure à nous embrasser: & venez vous-en chez moy, me dit-il, car de retourner en Cour après une amende honteuse, vous n'y seriez pas vû de bon œil : au reste il faut que je vous die que vous seriez encore parmy les Singes aussi bien que l'Espagnol vôtre compagnon, si je n'eusse publié dans les compagnies la vigueur & la force de vôtre esprit, & brigué contre vos ennemis en vôtre faveur la protection des Grands. La fin de mes remerciemens nous fit entrer chez luy. Il m'entretint jusques au repas des ressors qu'il avoit fait joüer pour obliger mes ennemis, malgré tous les plus specieux scrupules, dont ils avoient embaboüiné le peuple, à se déporter d'une poursuite si injuste : mais comme on nous eut averty qu'on avoit servy, il me dit qu'il avoit pour me tenir compagnie ce soir-là prié deux Professeurs d'Academie de cette Ville de venir manger avec nous : je les feray tomber, ajoûta-t'il sur la Philosophie qu'ils enseignent en ce Monde-cy, & par même moyen vous verrez le fils de mon Hôte: c'est un jeune homme autant plein d'esprit que j'en aye jamais rencontré ; ce seroit un second Socrate s'il pouvoit regler ses lumieres, & ne point étouffer dans le vice les graces dont Dieu continuellement le visite, & ne plus effecter le libertinage comme il fait par une chimerique oſtentation & une affectation de s'acquerir la reputation d'homme d'eſprit. Je me ſuis logé ceans pour eſpier les occaſions de l'inſtruire : il ſe teut comme pour me laiſſer à mon tout la liberté de diſcourir ; puis il fit ſigne qu'on me devêtît des honteux ornemens dont j'étois encore tout brillant.

Les deux Profeſſeurs que nous attendions entrerent preſque auſſi-tôt, & nous allâmes nous mettre à table où elle étoit dreſſée, & où nous trouvâmes le jeune garçon dont il m'avoit parlé qui mangeoit déja : ils luy firent grande ſalüade, & le traitterent d'un reſpect auſſi profond que d'eſclave à Seigneur : j'en demanday la cauſe à mon Demon, qui me répondit que c'étoit à cauſe de ſon âge, parce qu'en ce Monde-là les vieux rendoient toute ſorte de reſpect & de déference aux jeunes ; bien plus que les peres obeïſſoient à leurs enfans auſſi-tôt que par l'avis du Senat des Philoſophes, ils avoient atteint l'âge de raiſon. Vous vous étonnez, continua t'il, d'une coûtume ſi contraire à celle de vôtre Païs, mais elle ne repugne point à la droite raiſon : Car en conſcience, dites-moy, quand un homme jeune & chaud eſt en force d'imaginer, de juger & d'executer, n'est-il pas plus capable de gouverner une famille qu'un infirme sexagenaire, pauvre hebeté, dont la neige de soixante hyvers a glacé l'imagination, & qui ne se conduit que parce que vous appellez experience des heureux succez, qui ne sont cependant que de simples effets du hazard contre toutes les regles de l'œconomie de la prudence humaine : pour du jugement il en a aussi peu, quoy que le vulgaire de vôtre Monde en fasse un appanage de la vieillesse ; mais pour le dés-abuser, il faut qu'il sçache que ce qu'on appelle prudence en un vieillard, n'est autre chose qu'une apprehension panique, une peur enragée de rien entreprendre qui l'obsede : ainsi quand il n'a pas risqué un danger où un jeune homme s'est perdu, ce n'est pas qu'il en préjugeât la catastrophe, mais il n'avoit pas assez de feu pour allumer ces nobles élans qui nous font ozer : au lieu que l'audace en ce jeune homme, étoit comme un gage de la reüssite de son dessein, parce que cette ardeur qui fait la promptitude & la facilité d'une execution, étoit celle qui le poussoit à l'entreprendre. Pour ce qui est d'executer, je ferois tort à vôtre esprit de m'efforcer à le convaincre de preuves. Vous sçavez que la jeuneſſe ſeule eſt propre à l'action ; & ſi vous n'en étiez pas tout-à-fait perſuadé, dites-moy je vous prie, quand vous reſpectez un homme courageux, n'eſt-ce pas à cauſe qu'il vous peut vanger de vos ennemis, ou de vos oppreſſions ? Et eſt-ce par autre conſideration que par pure habitude que vous le conſiderez, lors qu'un bataillon de ſeptante Janviers a gelé ſon ſang, & tué de froid toutes les nobles antouſiâſmes, dont les jeunes perſonnes ſont échauffées ? Lors que vous déferez au plus fort, n'eſt-ce pas afin qu'il vous ſoit obligé d'une victoire que vous ne luy ſçauriez diſputer ? Pourquoy donc vous ſoubmettre à luy, quand la pareſſe a fondu ſes muſcles, debilité les arteres, évaporé ſes eſprits, & ſuccé la moüelle de ſes os ? Si vous adoriez une femme, n'étoit-ce pas à cauſe de ſa beauté ? Pourquoy donc continuër vos genuflexions âpres que la vieilleſſe en a fait un fantôme qui ne repreſente plus qu'une hideuſe image de la mort ? Enfin lors que vous aimez un homme ſpirituel, c'étoit à cauſe que par la vivacité de ſon genie il penetroit une affaire meſlée & la débroüilloit, qu'il défrayoit par ſon bien dire l'aſſemblée du plus haut carat, qu'i digeroit les sciences d'une seule pensée, & cependant vous luy continuez vos honneurs, quand ses organes usez rendent sa tête imbecile, pesante & importune aux compagnies, & lors qu'il ressemble plûtôt à la figure d'un Dieu Foyer qu'à un homme de raison : Concluez donc par là, mon fils, qu'il vaut mieux que les jeunes gens soient pourvûs du gouvernement des familles que les vieillards. D'autant plus même que selon vos maximes, Hercule, Achille, Epaminondas, Alexandre & Cesar, qui sont presque tous morts au deçà de quarante ans, n'auroient merité aucuns honneurs, parce qu'à vôtre conte ils auroient été trop jeunes, bien que leur seule jeunesse fut seule la cause de leurs belles actions, qu'un âge plus avancé eût renduës sans effet : parce qu'il eût manqué de l'ardeur de la promptitude qui leur ont donné ces grands succés : mais, dites-vous, toutes les Loix de nôtre Monde font retentir avec soin ce respect qu'on doit aux vieillard : Il est vray, mais aussi tous ceux qui ont introduit des loix ont été des vieillards qui craignoient que les jeunes ne les dépossedassent justement de l'authorité qu'ils avoient extorquée.... Vous ne tenez de vôtre Architecte mortel

que

que vôtre corps seulement ; vôtre ame vient des Cieux, il n'a tenu qu'au hazard que vôtre Pere n'ait été vôtre fils, comme vous êtes le sien. Sçavez-vous même s'il ne vous a point empêché d'heriter d'un Diadéme ; Vôtre esprit peut-être étoit party du Ciel à dessein d'animer le Roy des Romains au ventre de l'Imperatrice ; en chemin par hazard il rencontra vôtre embrion, & peut-être que pour abreger sa course il s'y logea : Non, non, Dieu ne vous eût point rayé du calcul qu'il avoit fait des hommes, quand vôtre pere fut mort petit garçon. Mais qui sçait si vous ne seriez point aujourd'huy l'ouvrage de quelque vaillant Capitaine qui vous auroit associé à sa gloire comme à ses biens. Ainsi peut-être vous n'êtes non plus redevable à vôtre Pere de la vie qu'il vous a donnée, que vous le seriez au Pirate qui vous auroit mis à la chaîne, parce qu'il vous nourriroit : & je veux même qu'il vous eût engendré Prince, qu'il vous eût engendré Roy ; un present perd son merite : lors qu'il est fait sans le choix de celuy qui le reçoit. On donna la mort à Cesar, on la donna à Cassius ; cependant Cassius en est obligé à l'Esclave, dont il l'impetra, & non pas Cesar à des meurtriers, parce qu'ils

Q

digeroit les sciences d'une seule pensée; & cependant vous luy continuez vos honneurs, quand ses organes usez rendent sa tête imbecile, pesante & importune aux compagnies, & lors qu'il ressemble plûtôt à la figure d'un Dieu Foyer qu'à un homme de raison : Concluez donc par là, mon fils, qu'il vaut mieux que les jeunes gens soient pourvûs du gouvernement des familles que les vieillards. D'autant plus même que selon vos maximes, Hercule, Achille, Epaminondas, Alexandre & Cesar, qui sont presque tous morts au déçà de quarante ans, n'auroient merité aucuns honneurs, parce qu'à vôtre conte ils auroient été trop jeunes, bien que leur seule jeunesse fut seule la cause de leurs belles actions, qu'un âge plus avancé eût renduës sans effet : parce qu'il eût manqué de l'ardeur de la promptitude qui leur ont donné ces grands succés : mais, dites-vous, toutes les Loix de nôtre Monde font retentir avec soin ce respect qu'on doit aux vieillard : Il est vray, mais aussi tous ceux qui ont introduit des loix ont été des vieillards qui craignoient que les jeunes ne les dépossedassent justement de l'authorité qu'ils avoient extorquée.... Vous ne tenez de vôtre Architecte mortel

que

que vôtre corps seulement ; vôtre ame vient des Cieux, il n'a tenu qu'au hazard que vôtre Pere n'ait été vôtre fils, comme vous êtes le sien. Sçavez-vous même s'il ne vous a point empêché d'heriter d'un Diadéme ; Vôtre esprit peut-être étoit party du Ciel à dessein d'animer le Roy des Romains au ventre de l'Imperatrice ; en chemin par hazard il rencontra vôtre embrion, & peut-être que pour abreger sa course il s'y logea : Non, non, Dieu ne vous eût point rayé du calcul qu'il avoit fait des hommes, quand vôtre pere fut mort petit garçon. Mais qui sçait si vous ne seriez point aujourd'huy l'ouvrage de quelque vaillant Capitaine qui vous auroit associé à sa gloire comme à ses biens. Ainsi peut-être vous n'êtes non plus redevable à vôtre Pere de la vie qu'il vous a donnée, que vous le seriez au Pirate qui vous auroit mis à la chaîne, parce qu'il vous nourriroit : & je veux même qu'il vous eût engendré Prince, qu'il vous eût engendré Roy ; un present perd son merite : lors qu'il est fait sans le choix de celuy qui le reçoit. On donna la mort à Cesar, on la donna à Cassius ; cependant Cassius en est obligé à l'Esclave, dont il l'impetra, & non pas Cesar à des meurtriers, parce qu'ils

Q

le forcerent de la prendre. Vôtre Pere consulta-t'il vôtre volonté, lors qu'il embraſſa vôtre Mere; vous demanda-t'il ſi vous trouviez bon de voir ce ſiecle-là, ou d'en attendre un autre, ſi vous vous contenteriez d'être fils d'un ſot, ou ſi vous auriez l'ambition de ſortir d'un brave homme. Helas! vous que l'affaire concernoit tout ſeul, vous êtiez le ſeul dont on ne prenoit point l'avis. Peut-être qu'alors ſi vous euſſiez été enfermé autre part que dans la matiere des idées de la Nature, & que vôtre naiſſance eût été à nôtre opinion, vous auriez dit à la Parque, ma chere Demoiſelle, prens le fuſeau d'un autre; il y a fort long-temps que je ſuis dans le tien, & j'aime encore mieux demeurer cent ans à n'être pas, que d'être aujourd'huy pour m'en repentir demain: cependant il vous falût paſſer par-là, vous eûtes beau pialler pour retourner à la longue & noire maiſon dont on vous arrachoit, on faiſoit ſemblant de croire que vous demandiez à teter.

Voilà, ô mon fils, les raiſons à peu près qui ſont cauſes du reſpect que les Peres portent à leurs enfans: je ſçay bien que j'ay peché du côté des enfans plus que la juſtice ne le demande, & que j'ay en leur faveur un peu parlé contre ma conscience : mais voulant corriger cét orgueil dont certains Peres bravent la foiblesse de leurs petits, j'ay été obligé de faire comme ceux qui pour redresser un arbre tortu le tirent de l'autre côté, afin qu'il redevienne également droit entre les deux contorsions : ainsi j'ay fait restituër aux Peres ce qu'ils ôtent à leurs enfans, leur en ôtant beaucoup qui leur appartenoit, afin qu'une autrefois ils se contentassent du leur. Je sçay bien encore que j'ay choqué par cette apologie tous les vieillards : mais qu'ils se souviennent qu'ils ont été enfans avant que d'être Peres, & qu'il est impossible que je n'aye parlé fort à leur avantage, puis qu'ils n'ont pas été trouvez sous une pomme de choux : mais enfin, quoy qu'il en puisse arriver, quand mes ennemis se mettroient en bataille contre mes amis, je n'auray que du bon, car j'ay servy tous les hommes, & je n'en ay desservy que la moitié.

A ces mots il se teut, & le fils de nôtre Hôte prit ainsi la parole ; Permettez-moy, luy dit-il, puisque je suis informé par vôtre soin, & de l'Origine de l'Histoire, des Coûtumes, & de la Philosophie du Monde de ce petit Homme, que j'ajoûte quelque chose à ce que vous avez dit, & que je prouve que les enfans ne sont point obligez à leurs Peres de leur generation, parce que leurs Peres étoient obligez en conscience de les engendrer.

La Philosophie de leur Monde la plus étroite, confesse qu'il est plus avantageux de mourir, à cause que pour mourir il faut avoir vêcu, que de n'être point. Or puis qu'en ne donnant pas l'estre à ce rien, je le mets en un état pire que la mort, je suis plus coupable de ne le pas produire que de le tuër. Tu croirois cependant, ô mon petit Homme, avoir fait un parricide indigne de pardon, si tu avois égorgé ton fils; il seroit énorme à la verité, mais il est bien plus execrable de ne pas donner l'estre à qui le peut recevoir : car cét enfant à qui tu ôte la lumiere pour toûjours, eût eu la satisfaction d'en joüir quelque temps. Encore nous sçavons qu'il n'en est privé que pour quelques siecles ; mais ces pauvres quarante petits rien, dont tu pouvois faire quarante bons Soldats à ton Roy, tu les empêche malicieusement de venir au jour, & les laisse corrompre dans les riens au hazard d'une apoplexie qui t'étouffera......

Cette réponce ne satisfit pas à ce que je croy, le petit Hôte, car il en hocha trois ou quatre fois la tête ; mais nôtre commun Precepteur se teut, parce que le repas étoit en impatience de s'envoler.

Nous nous étendismes donc sur des Matelats fort molets, couverts de grands tapis ; & un jeune serviteur ayant pris le plus vieil de nos Philosophes, le conduisit dans une petite salle separée, d'où mon Demon luy cria de nous venir retrouver si-tôt qu'il auroit mangé.

Cette fantaisie de manger à part me donna la curiosité d'en demander la cause : Il ne goûte point, me dit-il, d'odeur de viande, ny même des herbes, si elles ne sont mortes d'elles-mêmes, à cause qu'il les pense capables de douleur. Je ne m'ébahis pas tant, repliquay-je, qu'il s'abstienne de la chair & de toutes choses qui ont eu vie sensitive ; car en nôtre Monde les Pitagoriciens, & même quelques saisies Anacorettes, ont usé de ce regime ; mais de n'oser par exemple couper un Choux de peur de le blesser, cela me semble tout-à-fait ridicule. Et moy, répondit mon Demon, je trouve beaucoup d'apparence en son opinion.

Car dites-moy, ce Choux dont vous parlez, n'est-il pas comme une estre existent de la Nature ; Ne l'avez-vous pas tous deux pour Mere également ; encore semble-t'il qu'elle aye pourvû plus necessairement à celle du vegetant que du raisonnable, puis qu'elle a remis la generation d'un homme aux caprices de son Pere, qui peut selon son plaisir l'engendrer, ou ne l'engendrer pas : rigueur dont cependant elle n'a pas voulu traitter avec le Choux ; car au lieu de remettre à la discretion du Pere de germer le fils, comme si elle eût apprehendé davantage que la race du Choux perist, que celle des hommes, elle les contraint bongré malgré de se donner l'estre les uns aux autres, & non pas ainsi que les hommes, qui ne les engendrent que selon leurs caprices, & qui en leur vie n'en peuvent engendrer au plus qu'une vingtaine, au lieu que les Choux en peuvent produire quatre cens mille par tête. De dire que la Nature a pourtant plus aimé l'homme que le Choux, c'est que nous nous chatoüillons pour nous faire rire, étant incapable de passion : elle ne sçauroit ny haïr ny aimer personne ; & si elle étoit susceptible d'amour, elle auroit plûtôt des tendresses pour ce Choux que vous tenez qui ne sçauroit l'offenser, que pour cét homme qui voudroit la détruire s'il le pouvoit. Ajoûtez à cela que l'homme ne sçauroit naître sans crime, étant une partie du premier criminel : mais nous sçavons fort bien que le premier Choux n'offença pas son Createur. Si on dit que nous sommes faits à l'image du premier estre, & non pas le Choux : quand il seroit vray, nous avons en foüillant nôtre ame par où nous luy ressemblons, effacé cette ressemblance, puis qu'il n'y a rien de plus contraire à Dieu que le peché. Si donc nôtre ame n'est plus son portrait, nous ne luy ressemblons pas plus par les pieds, par les mains, par la bouche, par le front, & par les oreilles, que le Choux par ses feüilles, par ses fleurs, par sa tige, par son trognon, & par sa tête. Ne croyez-vous pas en verité si cette pauvre plante pouvoit parler quand on la couppe, qu'elle ne dit, Homme mon cher frere, que t'ay-je fait qui merite la mort : je ne crois que dans les jardins, & l'on ne me trouve jamais en lieu sauvage, où je vivrois en seureté : je dédaigne toutes les autres societez, horsmis la tienne ; & à peine suis-je semé dans ton jardin, que pour te témoigner ma complaisance, je m'épanoüis, je te tends les bras, je t'offre mes enfans en graine, & pour récompense de ma courtoisie, tu me fais trancher la tête. Voilà le discours que tiendroit ce Choux, s'il pouvoit s'exprimer : hé quoy à cause qu'il ne sçauroit se plaindre, est-ce à dire que nous pouvons justement luy faire tout le mal qu'il ne sçauroit empêcher : si je trouve un miserable lié, puis-je sans crime le tuër, à cause qu'il ne peut se deffendre : au contraire sa foiblesse agraveroit ma cruauté, car combien que cette miserable creature soit pauvre & dénuée de tous nos avantages, elle ne merite pas la mort ; quoy de tous les biens de l'estre, elle n'a que celuy de rejetter, & nous le luy arrachons. Le peché de massacrer un homme n'est pas si grand, parce qu'un jour il revivra, que de couper un Choux & luy ôter la vie, à luy qui n'en a point d'autre à esperer, vous aneantissez le Choux en le faisant mourir : mais en tuant un homme vous ne faites que changer son domicile ; & je dis bien plus, puis que Dieu cherit également ses ouvrages, & qu'il a partagé ses bienfaits également entre nous & les plantes, qu'il est tres-juste de les considerer également comme nous. Il est vray que nous naquismes les premiers ; mais dans la famille de Dieu, il n'y a point de droit d'ainesse : si donc les Choux n'eurent point de part avec nous du fief de l'immortalité, ils furent sans doute avantagez de quelqu'autre qui par sa grandeur recompensa sa briefveté : c'est peut-être un intellect universel, une connoissance parfaite de toutes les choses dans leurs causes : & c'est aussi pour cela que ce sage Moteur ne leur a point taillé d'organes semblable aux nôtres, qui n'ont qu'un simple raisonnement foible, & souvent trompeur, mais d'autres plus ingenieusement travaillent, plus forts, & plus nombreux, qui servent à l'operation de leurs speculatifs entretiens. Vous me demanderez peut-être ce qu'ils nous ont jamais communiqué de ces grandes pensées. Mais, dites-moy, que nous ont jamais enseigné certains estres que nous admettons au dessus de nous, avec lesquelles nous n'avons aucun raport ny proportion, & dont nous comprenons l'existence aussi difficilement que l'intelligence & les façons avec lesquelles un Choux est capable de s'exprimer à ses semblables, & non pas à nous, à cause que nos sens sont trop foibles pour penetrer jusques-là.

Moïse, le plus grand de tous les

Philosophes, & qui puisoit la connoissance de la Nature dans la source de la Nature même, signifioit cette verité, lors qu'il parloit de l'arbre, de science, & il vouloit sans doute nous enseigner sous cette Enigme, que les plantes possedent privativement à nous la Philosophie parfaite. Souvenez-vous donc de tous les animaux le plus superbe, qu'encore qu'un Choux que vous coupez ne dise mot, il n'en pense pas moins : mais le pauvre vegetant n'a pas des organes propres à hurler comme vous, il n'en a pas pour tretiller ny pour pleurer ; il en a toutefois par lesquels il se plaint du tort que vous luy faites, & par lesquels il attire sur vous la vengeance du Ciel. Que si enfin vous insistez à me demander comment je sçay que les Choux ont ces belles pensées, je vous demande comme vous sçavez qu'ils ne les ont point, & que tel d'entr'eux à vôtre imitation ne dise pas le soir en s'enfermant. Je suis, Monsieur le Chou frisé, vôtre tres-humble serviteur, Choux cabus.

Il en étoit là de son discours, quand ce jeune garçon qui avoit emmené nôtre Philosophe le ramena. Hé quoy déja dîné, luy cria mon Demon, il répondit qu'oüy, à l'issuë prés, d'autant que le Phisionome luy avoit permis de tâter de la nôtre. Le jeune Hôte n'atrendit pas que je luy demandasse l'explication de ce mystere ; je voy bien dit-il, que cette façon de vivre vous étonne. Sçachez donc, quoy qu'en vôtre Monde on gouverne la santé plus negligemment, que le regime de celuy-cy n'est pas à méprifer.

Dans toutes les maisons il y a un Phisionome entretenu du public, qui est à peu prés ce qu'on appelleroit chez vous un Medecin, horsmis qu'il n'y gouverne que les sains, & qu'il ne juge des diverses façons dont il nous fait traitter, que par la proportion, figure & cimetrie de nos membres, par les lineamens du visage, le coloris de la chair, la delicatesse du cuir, l'agilité de la masse, le son de la voix, la teinture, la force & la dureté du poil. N'avez-vous pas tantôt pris garde à un homme de taille assez courte qui vous a consideré, c'étoit le Philosophe de ceans : asseurez-vous que selon qu'il a reconnu vôtre complexion, il a diversifié l'exalaison de vôtre dîné : regardez combien le matelats où l'on vous a fait coucher est éloigné de nos lits, sans doute qu'il vous a jugé d'un temperamment bien éloigné du nôtre; puis qu'il a craint que l'odeur qui s'évapore de ces petits robinets sous nôtre nez, ne s'épandit jusques à vous, ou que la vôtre ne fumât jusques à nous, vous le verrez ce soir qui choisira les fleurs pour vôtre lit avec la même circonspection. Pendant tout ce discours je faisois signe à mon Hôte qu'il tâchast d'obliger les Philosophes à tomber sur quelque chapitre de la science qu'ils professoient, il m'étoit trop amy pour n'en pas faire naître aussi-tôt l'occasion; c'est pourquoy je ne vous diray point ny les discours, ny les prieres qui firent l'ambassade de ce traité, aussi bien la nuance du ridicule au serieux fut trop imperceptible pour pouvoir être imitée. Tant y a Lecteur, que le dernier venu de ces Docteurs, aprés plusieurs autres choses, continua ainsi.

Il me reste a prouver qu'il y a des Mondes infinis dans un Monde infiny. Representez-vous donc l'Univers comme un grand animal, que les Etoiles qui sont des Mondes sont dans ce grand animal comme d'autres grands animaux qui servent reciproquement de Mondes à d'autres peuples rels que nous, nos chevaux, &c. Et que nous à nôtre tour sommes aussi des Mondes à l'égard de certains animaux encore plus petits sans comparaison que nous, comme sont certains vers, des poux, des cirons, que ceux-cy sont la terre, d'autres plus imperceptibles, qu'ainsi de même que nous paroissons chacun en particulier un grand Monde à ce petit peuple. Peut-être que nôtre chair, nôtre sang, nos esprits, ne sont autre chose qu'une tissure de petits animaux qui s'entretiennent, nous prêtent mouvement par le leur, & se laissent aveuglement conduire à nôtre volonté qui leur sert de Cocher, nous conduisent nous-mêmes, & produisent tout ensemble cette action que nous appellons la vie. Car dites-moy je vous prie, est-il mal aisé à croire qu'un poux prenne vôtre corps pour un Monde, & que quand quelqu'un d'eux voyage depuis l'une de vos oreilles jusques à l'autre, ses compagnons disent qu'il a voyagé aux deux bouts de la terre, ou qu'il a couru de l'un à l'autre Pôle : oüy sans doute, ce petit peuple prend vôtre poil pour les forests de son Païs, les pores pleins de petuite pour des fontaines, les butes pour des lacs & des étangs, les apoſtumes pour des mers, les defluxions pour les deluges : & quand vous vous peignez en devant & en arriere, ils prennent cette agitation pour le flux & reflux de l'Occean. La demangeaiſon ne prouve-t'elle pas mon dire ; le ciron qui la produit, eſt-ce autre choſe qu'un de ces petits animaux qui s'eſt dépris de la ſocieté civile pour s'établir tyran de ſon Païs ? Si vous me demandez d'où vient qu'ils ſont plus grands que ces autres imperceptibles : je vous demande pourquoy les Elephans ſont plus grands que nous, & les Hybernois que les Eſpagnols : Quant à cette ampoule & cette croûte dont vous ignorez la cauſe, il faut qu'elles arrivent, ou par la corruption de leurs ennemis que ces petits geans ont maſſacrez, ou que la peſte produite par la neceſſité des alimens dont les ſeditieux ſe ſont gorgez, & ont laiſſé pourrir dans la campagne des monceaux de cadavres, où que ce tyran aprés avoir tout autour de ſoy chaſſé les compagnons qui de leurs corps bouchoient les pores du nôtre, ait donné paſſage à la pituite, laquelle étant extraversée hors la sphere de la circulation de nôtre sang s'est corrompuë. On me demandera peut-être pourquoy un ciron en produit tant d'autres, ce n'est pas chose mal aifé à concevoir, car de même qu'une revolte en produit une autre, aussi ces petits peuples poussez du mauvais exemple de leurs compagnons seditieux, aspirent chacun au commandement, allumant par tout la guerre, le massacre & la faim. Mais me direz-vous, certaines personnes sont bien moins sujettes à la demangeaison que d'autres : cependant chacun est remply également de ces petits animaux, puis que ce sont eux, dites vous qui font la vie. Il est vray, aussi le remarquons-nous, que les flegmatiques sont moins en proye à la grâtelle que les bilieux, à cause que le peuple simpatisant au climat qu'il habite est plus lent en un corps froid, qu'un autre échauffé par la temperature de sa region, qui petille, se remuë & ne sçauroit demeurer en une place : ainsi le billeux est bien plus delicat que le flegmatique, parce qu'étant animé en bien plus de parties, & l'ame étant l'action de ces petites bêtes, il est capable de sentir en tous les endroits où ce bétail se remuë ; là où le flegmatique n'étant pas assez chaud pour faire agir qu'en peu d'endroits cette remuante populace, il n'est sensible qu'en peu d'endroits : & pour prouver encore cette cironalité universelle, vous n'aurez qu'à considerer quand vous êtes blessé comme le sang accourt à la playe. Vos Docteurs disent qu'il est guidé par la prévoyante nature qui veut secourir les parties debitées, ce qui feroit conclure qu'outre l'ame & l'esprit, il y auroit encore en nous une troisiéme substance intellectuelle qui auroit ses fonctions & ses organes à part : c'est pourquoy je trouve bien plus probable de dire que ces petits animaux se sentant attaquez envoyent chez leurs voisins demander du secours, & qu'étant arrivez de tous côtez, & le Païs se trouvant incapable de tant de gens, ils meurent ou de faim, ou étouffent dans la presse. Cette mortalité arrive quand l'apostume est mure ; car pour témoigner qu'alors ces animaux sont étouffez, c'est que la chair pourie devient insensible ; que si bien souvent la seignée qu'on ordonne pour divertir la fluxion, profite, c'est à cause que s'en étant perdu beaucoup par l'ouverture que ces petits animaux tâchoient de boucher, ils refusent d'assister leurs alliez, n'ayant que mediocrement la puissance de se deffendre chacun chez soy.

Il acheva ainsi, quand le second Philosophe apperçût que nos yeux assemblez sur les siens l'exhortoient de parler à son tour.

Hommes, dit-il, vous voyant curieux d'apprendre à ce petit animal nôtre semblable, quelque chose de la science que nous professons, je dicte maintenant un traité que je serois bien aise de luy produire, à cause des lumieres qu'il donne à l'intelligence de nôtre Phisique, c'est l'explication de l'origine éternelle du monde : mais comme je suis empressé de faire travailler à mes soufflets, car demain sans remise la Ville part : vous pardonnerez au temps, avec promesse toutefois qu'aussi-tôt qu'elle sera arrivée où elle doit aller, je vous satisferay.

A ces mots, le fils le l'Hôte appela son Pere pour sçavoir quelle heure il étoit; mais ayant répondu qu'il étoit huit heures sonnées, il luy demanda tout en colere, pourquoy il ne les avoit avertis à sept comme il le luy avoit commandé, qu'il sçavoit bien que les maisons partoient le lendemain, & que les murailles de la Ville l'étoient déja. Mon fils, repliqua le bon homme, on a publié depuis que vous êtes à table une deffence expresse de partir avant après demain : n'importe, repartit le jeune homme, vous devez obeïr aveuglement, ne point penetrer dans mes ordres, & vous souvenir seulement de ce que je vous ay commandé. Vîte, allez querir vôtre effigie : lors qu'elle fut apportée, il la saisit par le bras, & la foüetta un gros quart d'heure : or ce vaut rien, continua-t'il en punition de vôtre désobeïssance, je veux que vous serviez aujourd'huy de risée à tout le monde, & pour cét effet je vous commande de ne marcher que sur deux pieds le reste de la journée; le pauvre homme sortit fort éploré, & son fils nous fit des excuses de son emportement.

J'avois bien de la peine, quoy que je me mordisse les lévres, à m'empêcher de rire d'une si plaisante punition : & cela fut cause que pour rompre cette brulesque pedagogie qui m'auroit sans doute fait éclater, je le suppliay de me dire ce qu'il entendoit par ce voyage de la Ville dont tantôt il avoit parlé, & si les maisons & les murailles cheminoient : il me répondit entre nos Villes, cher étranger, il y en a de mobiles & de sedentaires ; les mobiles, comme par exemple, celles où nous sommes maintenant, sont faites comme je vais vous dire. L'Architecte construit chaque Palais, ainsi que vous voyez d'un bois fort leger; il pratique dessous quatre roües dans l'épaisseur de l'une des murs, il place dix gros soufflets, dont les tuyaux passent d'une ligne orisontale à travers le dernier étage de l'un à l'autre pignon ; en sorte que quand on veut traîner les Villes autre part (car on les change d'air à toutes les saisons) chacun deplie sur l'un des côtez de son logis quantité de larges voiles au devant des soufflets : puis ayant bandé un ressort pour les faire joüer, leurs maisons en moins de huit jours, avec les bouffées continuelles que vomissent ces monstres à vent, sont emportées si on veut à plus de cent lieuës. Quand à celles que nous appellons sedentaires, les logis en sont presque semblables à vos Tours, horsmis qu'ils sont de bois, & qu'ils sont percez au centre d'une grosse & forte vis, qui regne de la cave jusques au toict, pour les pouvoir hausser & baisser à discretion. Or la terre est creusée aussi profonde que l'édifice est élevé, & le tout est construit de cette sorte, afin qu'aussi-tôt que les gelées commencent à morfondre le Ciel, ils puissent descendre leurs maisons en terre, où ils se tiennent à l'abry des interperies de l'air: mais si-tôt que les douces haleines du Printemps viennent à le radoucir, ils remontent au jour par le moyen de leur grosse vis dont je vous ay parlé. Je le priay, puis qu'il avoit déja eu tant de bonté pour moy, & que la Ville ne partoit que le lendemain, de me dire quelque chose de cette origine éternelle du monde dont il m'avoit parlé quelque temps auparavant; & je vous promets, luy dis-je, qu'en recompense, si-tôt que je seray de retour dans la Lune, dont mon Gouverneur (je luy montray mon Demon) vous témoignera que je suis venu, j'y semeray vôtre gloire, en y racontant les belles choses que vous m'aurez dites : je voy bien que vous riez de cette promesse, parce que vous ne croyez pas que la Lune dont je vous parle soit un Monde, & que j'en sois un habitant, mais je vous puis asseurer aussi que les peuples de ce monde-là qui ne prennent celuy-cy que pour une Lune, se mocqueront de moy, quand je diray que vôtre Lune est un Monde, & qu'il y a des campagnes avec des habitans, il ne me répondit que par un sousris, & parla ainsi.

Puis que nous sommes certains quand nous voulons recourir à l'origine de ce grand Tout, d'encourir trois ou quatre absurditez, il est bien raisonnable de prendre le chemin qui nous fait le moins broncher. Je dis donc que le premier obstacle qui nous arrête, c'est l'Eternité du monde ; l'esprit des hommes n'étant pas assez fort pour la concevoir, & ne pouvant non plus s'imaginer que ce grand Univers, si beau, si bien reglé, pût s'être fait soy-même, ils ont eu recours à la Creation ; mais semblable à celuy qui s'enfonceroit dans la Riviere de peur d'être moüillé de la pluye, ils se sauvent des bras, mais à la misericorde d'un geant, encore ne s'en sauvent-ils pas : car cette Eternité qu'ils ôtent au monde pour ne l'avoir pû comprendre ils la donnent à Dieu, comme s'il avoit besoin de ce present, & comme s'il étoit plus aisé de l'imaginer dans l'un que dans l'autre : car dites-moy je vous prie, a-t'on jamais conçû comme de rien, il se peut faire quelque chose ? Helas ! entre rien & un Atome seulement : il y a des proportions tellement infinies, que la cervelle la plus aiguë n'y sçauroit penetrer : il faudra pour échapper à ce labyrinthe inexplicable, que vous admettiez une matiere éternelle avec Dieu : mais me direz-vous quand je vous accorderois la matiere éternelle, comment ce cahos s'est-il arrangé de soy-même ; ha je vous le vais expliquer.

Il faut ! ô mon petit Animal, aprés avoir separé metalement chaque petits corps visibles en une infinité de petits corps invisibles, s'imaginer que l'Univers infiny n'est composé d'autre chose que de ces Atomes infinis tres-solides, tres-incorruptibles, étans simples, dont les uns sont cubiques, les autres par le logrames, d'autres agulaires, d'autres ronds, d'autres pointus, d'aures piramideaux, d'autres exanons, d'autres ovales, qui tous agissent diversement chacun selon sa figure : & qu'ainsi ne soit, posez une boule d'yvoire fort ronde sur un lieu fort uny, à la moindre impression que vous luy donnerez, elle sera un demy quart d'heure sans s'arrêter : or j'ajoûte que si elle étoit aussi parfaitement ronde que le sont quelques-uns de ces Atomes donc je parle, & la surface où elle seroit posée parfaitement unie, elle ne s'arrêteroit jamais. Si donc l'arrest capable d'incliner un corps au mouvement perpetuel, pourquoy ne croirons-nous pas que la nature le puisse faire; il en est de même des autres figures, desquelles l'une comme carrée demande le repos perpetuel, d'autres un mouvement de côté, d'autres un demy mouvement comme de trépidation ; & la ronde dont l'estre de se remuër, venant à se joindre à la piramidale, fait peut-être ce que nous appellons feu, parce que non seulement le feu s'agite sans se reposer, mais perce & penetre facilement : le feu a outre cela des effets differens selon l'ouverture & la qualité des angles où la figure ronde se joint, comme par exemple le feu du poivre est autre chose que le feu du sucre, le feu du sucre que celuy de la canelle, celuy de la canelle que celuy du clou de girofle, & celuy-cy que le feu d'un fagot. Or le feu qui est le constructeur des parties & du tout de l'Univers, a poussé & ramassé dans un Chesne, la quantité des figures necessaires à composer ce Chesne : mais me direz-vous, comment le hazard peut-il avoir ramassé en un lieu toutes les choses necessaires à produire ce Chesne ; je vous réponds, que ce n'est pas merveille que la matiere ainsi disposée ait formé ce Chesne, mais que la merveille eût été plus grande, si la matiere ainsi disposée, le Chesne n'eût pas été produit ; un peu moins de certaines figures, c'eût été un Orme, un Peuplier, un Saule, un peu moins de certaines figures : c'eût été la plante sensitive, une Huître à l'écaille, un Ver, une Mouche, une Grenoüille, un Moineau, un Singe, un Homme. Quand ayant jetté trois dez sur une table, il arrive rafle de deux, ou bien de trois, quatre & cinq, ou bien deux six & un, direz-vous, ô le grand miracle ! à chaque dez il est arrivé le même point, tant d'autres points pouvant arriver,

arriver, ô le grand miracle : il est arrivé trois points qui se suivent : ô le grand miracle ! il est arrivé justement deux six, & le dessus de l'autre six. Je suis asseuré qu'étant homme d'esprit, vous ne ferez jamais ces exclamations, car puis qu'il n'y a sur les dez qu'une certaine quantité de nombres, il est impossible qu'il n'en arrive quelqu'un ; & aprés cela vous vous étonnez comme cette matiere broüillée pesle-mesle au gré du hazard, peut avoir constitué un homme, vû qu'il y avoit tant de choses necessaires à la construction de son estre ; Vous ne sçavez donc pas qu'un million de fois cette matiere s'acheminant au dessein d'un homme, s'est arrêtée à former tantôt une pierre, tantôt du plomb, tantôt du corail, tantôt une fleur, tantôt une Comete ; & tout cela à cause du plus ou du moins de certaines figures qu'il falloit, ou qu'il ne falloit pas à désigner un homme : Si bien que ce n'est pas merveille qu'entre une infinité de matieres qui changent & remuënt incessamment, elles ayent rencontré à faire le peu d'animaux, vegetaux, de mineraux que nous voyons, non plus que ce n'est pas merveille qu'en cent

R

3 coups de dez il arrive une rafle ; aussibien est-il impossible que de ce remuëment il ne se fasse quelque chose , & cette chose sera toûjours admirée d'un étourdy qui ne sçaura pas combien peu s'en est fallu qu'elle n'ait été faite. Quand la grande Riviere fait moudre un Moulin , conduit les ressorts d'une Horloge , & que le petit Ruisseau ne fait que couler & se dérober quelquefois , vous ne direz pas que cette Riviere à bien de l'esprit , parce que vous sçavez qu'elle a rencontré les choses disposées à faire tous ces beaux chefs-d'œuvres ; car si son Moulin ne se fut pas trouvé dans son cours , elle n'auroit pas pulverisé le froment ; si elle n'eût point rencontré l'Horloge, elle n'auroit pas marqué les heures ; & si le petit Ruisseau dont j'ay parlé avoit eu la même rencontre , il auroit fait les mêmes miracles. Il en va tout ainsi de ce feu qui se meurt de soy-même, car ayant trouvé les organes propres à l'agitation necessaire pour raisonner , il est prest seulement à sentir, il a senty quand il en a trouvé de propres à vegeter , il a vegeté ; & qu'ainsi ne soit , qu'on créve les yeux de cét homme que le feu de cette ame

fait voir, il cessera de voir de même que nôtre grande Horloge cessera de marquer les heures, si l'on en brise le mouvement.

Enfin ces premiers & indivisibles Atomes sont un cercle sur qui roule sans difficultez les plus embarrassantes de la Phisique : il n'est pas jusques à l'operation des sens que personne n'a pû encore bien concevoir que je n'explique fort aisément par les petits corps : commençons par la vûë, elle merite, comme la plus incomprehensible, nôtre premier début.

Elle se fait donc, à ce que je m'imagine, quand les tuniques de l'œil dont les pertuis sont semblables à ceux du verre, transmettent cette poussiere de feu, qu'on appelle rayons visuels, & qu'elle est arrêtée par quelque matiere opaque qui la fait rejallir chez soy; car alors rencontrant en chemin l'image de l'objet qui l'a repoussée, & cette image n'étant qu'un nombre infiny de petits corps qui s'exalent continuellement en égale superficie du sujet regardé, elle la pousse jusques à nôtre œil : vous ne manquerez pas de m'objecter que le verre est un corps opaque & fort serré, & que

R ij

cependant au lieu de rechasser ces autres petits corps, il s'en laisse penetrer: mais je vous réponds que ces pores du verre sont taillez de même figure que ces Ames de feu qui le traversent, & que comme un crible à froment n'est pas propre à cribler l'avoine, ny un crible à avoine à cribler du froment; ainsi une boëte de sapin, quoy que mince, & qu'elle laisse penetrer les sons, n'est pas penetrable à la vûë, & une piece de cristal, quoy que transparante, qui se laisse percer à la vûë, n'est pas penetrable au toucher: je ne pûs là m'empêcher de l'interrompre. Un grand Poëte & Philosophe de nôtre Monde, luy dis-je, a parlé aprés Epeicure, & luy aprés Democrite, de ces petits corps presque comme vous? C'est pourquoy vous ne me surprenez point par ce discours; & je vous prie en le continuant, de me dire comme par ces principes vous expliqueriez la façon de vous peindre dans un miroir. Il est fort aisé, me repliqua-t'il, car figurez-vous que ces feux de vôtre œil ayant traversé la glace, & rencontrant derriere un corps non diaphane qui les rejette, ils repassent par où ils étoient venus, &

trouvant ces petits corps cheminans en superficies égales dans le miroir, ils les rappellent à nos yeux ; & nôtre imagination plus chaude que les autres facultez de nôtre ame où attire le plus subtil, dont elle fait chez soy un portrait de racourcy.

L'operation de l'oüie n'est pas plus mal-aisée à concevoir ; & pour être plus succinct, considerons-là seulement dans l'harmonie d'un luth touché par les mains d'un Maître de l'Art. Vous me demanderez comme il se peut faire que j'apperçoive si loin de moy une chose que je ne vois point ? Est-ce qu'il sort de mes oreilles une éponge qui boit cette musique pour me la rapporter, ou ce joüeur engendre-t'il dans ma tête un autre petit joüeur avec un petit luth, qui ait ordre de me chanter comme un Echo les mêmes airs ? Non, mais ce miracle procede ce que la corde tirée venant à frapper des petits corps dont l'air est composé, elle le chasse dans mon cerveau, le perçant doucement avec des petits riens corporels : & selon que la corde est bandée, le son est haut, à cause qu'elle pousse les Atomes plus vigoureusement, & l'organe ainsi penetré en fournit à la fantaisie dequoy faire son tableau, si trop peu, il arrive qu'en nôtre memoire n'ayant pû encore achever son image, nous sommes contraints de luy repeter le même son, afin que des materaux que luy fournissent, par exemple, les mesures d'une Sarabande, elles en prennent assez pour achever le portrait de cette Sarabande : mais cette operation n'a rien de si merveilleux que les autres, par lesquelles à l'aide du même organe nous sommes émeus tantôt à la joye, tantôt à la colere............ & cela se fait lors que dans ce mouvement ces petits corps en rencontrent d'autres en nous remuant de même façon, ou que leur propre figure rend susceptibles du même ébranlement : car alors les nouveaux venus excitent leurs Hôtes à se remuër comme eux : & de cette façon lors qu'un air violens rencontre le feu de nôtre sang, il le fait encliner en même branle, & il l'anime à se pousser dehors, c'est ce que nous appellons ardeur de courage. Si le son est plus doux, & qu'il n'ait la force de soûlever qu'une moindre flâme plus ébranlée, en la promenant le long des nerfs des membranes & des pertuis de nôtre chair, elle excite ce chatoüillement qu'on appelle joye, il en arrive ainsi de l'ébullition des autres passions, selon que ces petits corps sont jettez plus ou moins violemment sur nous, selon le mouvement qu'ils reçoivent par la rencontre d'autres branles, & selon qu'ils trouvent à remuër chez nous : c'est quant a l'oüye.

La démonstration du toucher n'est pas maintenant plus difficile, en concevant que toute matiere palpable il se fait une émission perpetuelle de petits corps ; & qu'à mesure que nous la touchons, il s'en évapore davantage : parce que nous les épraignons du sujet même, comme l'eau d'une éponge quand nous la pressons. Les durs viennent faire à l'organe le rapport de leur solidité, les souples de leur molesse, les raboteux, &c. Et qu'ainsi ne soit, nous ne sommes plus si fins à discerner par l'attouchement avec des mains usées de travail, à cause de l'épaisseur du cal, qui pour n'être ny poreux, ny animé, ne transmet que fort mal-aisément ces fumées de la matiere. Quelqu'un desirera d'apprendre où l'organe de toucher tient son

R iiij

siege ; pour moy je pense qu'il est répandu dans toutes les superficies de la masse, vû qu'il sent dans toutes ses parties. Je m'imagine toutesfois que plus nous tâtons par un membre proche de la tête, & plus vîte nous distinguons ce qui se peut experimenter, quand les yeux clos nous patinons quelque chose, car nous la devinons plus facilement : & si au contraire nous la tâtions du pied, nous aurions plus de peine à la connoître : cela provient de ce que nôtre peau étant par tout criblée de petits trous, nos nerfs dont la matiere n'est pas plus serrée, perdent en chemin beaucoup de ces petits Atomes par les menus pertuits de leur contexture, avant que d'être arrivez jusques au cerveau, qui est le terme de leur voyage. Il me reste à parler de l'odorat & du goust.

Dites-moy ; lors que je goûte un fruit, n'est-ce pas à cause de la chaleur de ma bouche qui le fond ; Avoüez-moy donc qu'y ayans dans une poire des sels, & que la dissolution partageant en petits corps d'autres figures que ceux qui composent la saveur d'une pomme, il faut qu'ils percent nôtre Palais d'une maniere bien differente ; tout ainsi que l'escare enfoncée par le fer d'une picque qui me traverse, n'est pas semblable à ce que me fait souffrir en sursaut la bale d'un Pistolet, & de même que la bale de ce Pistolet m'imprime une autre douleur que celle d'un carreau d'acier.

De l'odorat je n'ay rien à dire, puis que les Philosophes mêmes confessent qu'il se fait par une émission continuelle de petits corps.

Je m'en vais sur ce principe vous expliquer la creation, l'harmonie, & l'influence des globes celestes, avec l'immuable varieté des meteores.

Il alloit continuër, mais le vieil Hôte entra là-dessus, qui fit songer nôtre Philosophe à la retraitte : il apportoit des cristaux pleins de verres luisans pour éclairer la salle : mais comme ces petits feux infectes perdent beaucoup de leur éclat, quand ils ne sont pas nouvellement amassez, ceux-cy vieux de dix jours n'éclairoient presque point. Mon Demon n'attendit pas que la compagnie en fut incommodée, il monta dans son cabinet, & en redescendit aussi-tôt avec deux boulets de feu si brillants, que chacun s'étonna comme il ne se brûloit point les doigts : ces flambeaux incombustibles, dit-il, nous servirons mieux que vos pelotons de verres. Ce sont des rayons du Soleil que j'ay purgez de leur chaleur, autrement les qualitez corrosives de son feu auroient blessé vôtre vûë en l'éblouïssant, j'en ay fixé la lumiere, & l'ay enfermée dans ces boules transparantes que je tiens : cela ne vous doit pas fournir un grand sujet d'admiration, car il ne m'est pas plus difficile à moy qui suis né dans le Soleil, de condenser ses rayons qui sont la poussiere de ce Monde là, qu'à vous d'amasser de la poussiere ou des Atomes qui sont de la terre pulverisée de celuy-cy. Là-dessus nôtre Hôte envoya un valet conduire les Philosophes, parce qu'il étoit nuit avec une douzaine de globes à verres pendus à ses quatre pieds. Pour nous autres, sçavoir mon Precepteur & moy, nous nous couchasmes par l'ordre du Phisionome. Il me mit cette fois-là dans une chambre de violette & de lys, m'envoya chatoüiller à l'ordinaire : & le lendemain sur les neuf heures je vis entrer mon Demon, qui me dit qu'il venoit du Palais, où l'une des Demoiselles de la Reyne l'avoit prié de l'aller trouver, & qu'elle s'étoit enquise de moy, témoignant qu'elle persistoit toûjours dans le dessein de me tenir parole, c'est-à-dire que de bon cœur elle me suivroit, si je la voulois mener avec moy dans l'autre Monde ; Ce qui m'a fort édifié, continua-t'il. c'est quand j'ay reconnu que le motif principal de son voyage étoit de se faire Chrêtienne : ainsi je luy ay promis d'aider son dessein de toutes mes forces, & d'inventer pour cét effet une machine capable de tenir trois ou quatre personnes, dans laquelle vous y pourrez monter ensemble dés aujourd'huy. Je vais m'appliquer serieusement à l'execution de cette entreprise : c'est pourquoy afin de vous divertir pendant que je ne seray point avec vous, voicy un Livre que je vous laisse, je l'apportay jadis de mon Païs natal ; il est intitulé, *Les Estats & Empires de la Lune, avec une Addition de l'Histoire de l'Estincelle.* Je vous donne encore celuy-cy que j'estime beaucoup davantage, c'est *le grand œuvre des Philosophes*, qu'un des plus forts esprits du Soleil a composé : il prouve là-dedans que toutes choses sont vrayes, & declare la façon d'unir phísiquement les veritez de chaque contradictoire, comme par exemple que le blanc est noir, & que le noir est blanc, qu'on peut être & n'être pas en même temps, qu'il peut y avoir une montagne sans valée, que le neant est quelque chose, & que toutes les choses qui sont ne sont point : mais remarquez qu'il prouve tous ces inoüis paradoxes, sans aucune raison capticuse tout Sophistique quand vous serez ennuyé de lire, vous pourrez vous promener ou vous entretenir avec le fils de nôtre Hôte, son esprit à beaucoup de charmes ; ce qui me déplaist en luy, c'est qu'il est impie : s'il luy arrive de vous scandaliser, ou de faire par quelque raisonnement de chanceler vôtre foy, ne manquez pas aussi-tôt de me le venir proposer : je vous en resoudray les difficultez, un autre vous ordonneroit de rompre compagnie : mais comme il est extrêmement vain, je suis asseuré qu'il prendroit cette fuite pour une défaite, & il se figureroit que nôtre croyance seroit sans raison, si vous refusiez d'entendre les siennes. Il me quitta en achevant ce mot ; mais il fut à peine sorty, que je mis à considerer attentivement leurs Livres & leurs boëtes, c'est-à-dire, leurs couvertures : qui me sembloient admirables pour leurs richesses ; l'une étoit taillée d'un seul diamant, sans comparaison plus brillant que les nôtres ; la seconde ne paroissoit qu'une monstrueuse perle fenduë en deux. Mon Demon avoit traduit ces Livres en langage de ce Monde, mais parce que je n'ay point de leur Imprimerie, je m'en vais expliquer la façon de ces deux Volumes.

A l'ouverture de la boëte, je trouvay dedans un je ne sçay quoy de métail presque semblable à nos Horloges, plein de ne je sçay quels petits ressorts & de machines inperceptibles : c'est un Livre à la verité, mais c'est un Livre miraculeux, qui n'a ny feüillets ny caracteres : enfin c'est un Livre, où pour apprendre les yeux sont inutiles ; on n'a besoin que des oreilles. Quand quelqu'un donc souhaite lire, il bande avec grande quantité de toutes sortes de petits nerfs cette machine, puis il tourne l'éguille sur le chapitre qu'il desire écouter, & au même temps il en sort comme de la bouche d'un homme, ou d'un instrument de

Musique, tous les sons distincts & differens qui servent entre les grands Lunaires à l'expression du langage.

Lors que j'ay depuis reflechy sur cette miraculeuse invention de faire des Livres, je ne m'étonne plus de voir que les jeunes hommes de ce Païs-là possedoient plus de connoissance à seize & dix-huit ans, que les barbes grises du nôtre, car sçachant lire aussi-tôt que parler, ils ne sont jamais sans lecture, à la chambre, à la promenade, en ville, en voyage, ils peuvent avoir dans la poche, ou pendus à la ceinture, une trentaine de ces Livres dont ils n'ont qu'à bander un ressort pour en oüir un Chapitre seulement ou bien plusieurs, s'ils sont en humeur d'écouter tout un Livre: ainsi vous avez éternellement autour de vous tous les grands Hommes, morts & vivans qui vous entretiennent de vives voix. Ce present m'occupa plus d'une heure; & enfin me les étans attachez en forme de pendans d'oreilles: je sortis pour me promener, mais je ne fus pas plûtôt au bout de la ruë, que je rencontray une trouppe assez nombreuse de personnes tristes.

Quatre d'entr'eux portoient sur leurs épaules une espece de cercüeil envelopé de noir : je m'informay d'un regardant ce que vouloit dire ce convoy semblable aux pompes funebres de mon Païs, il me répondit que ce méchant & nommé du peuple par une chiquenaude sur le genoüil droit, qui avoit été convaincu d'envie & d'ingratitude, étoit décedé le jour précedent, & que le Parlement l'avoit condamné il y avoit plus de vingt ans à mourir dans son lit, & puis d'être enterré aprés sa mort. Je me pris à rire de cette réponse : & luy m'interrogeant pourquoy ? Vous m'étonnez, dis-je, de dire que ce qui est une marque de benediction dans nôtre Monde, comme la longue vie, une mort paisible, une sepulture honorable, serve en celuy-cy d'une punition exemplaire. Quoy, vous prenez la sepulture pour quelque chose de précieux, me repartit cét homme ; Et par vôtre foy, pouvez-vous concevoir quelque chose de plus épouventable qu'un cadavre marchant sous les vers dont il regorge, à la mercy des crapaux qui luy mâchent les joües, enfin la bête revêtuë du corps d'un homme ? Bon Dieu, la seule imagination d'avoir, quoy que mort, le visage embarassé d'un drap, & sur la bouche une picque de terre me donne de la peine à respirer. Ce miserable que vous voyez porter, outre l'infamie d'être jetté dans une fosse, a été condamné d'être assisté dans son convoy de cent cinquante de ses amis, & commandement à eux, en punition d'avoir aimé un envieux & un ingrat, de paroître à ses funerailles avec un visage triste : & sans que les Juges en ont eu pitié, imputans en parties ses crimes à son peu d'esprit, ils auroient ordonné d'y pleurer. Horsmis les criminels, on brûle icy tout le monde : aussi est-ce une coûtume tres-décente & tres-raisonnable : car nous croyons que le feu ayant separé le pur d'avec l'impur, la chaleur ressemble par simpathie cette chaleur naturelle qui faisoit l'ame, & luy donne la force de s'élever toûjours, & montant jusques à quelque estre, la terre de certains Peuples plus immateriels que nous & plus intellectuels, parce que leur temperament doit répondre & participer à à la pureté du globe qu'ils habitent.

Ce n'est pas encore nôtre façon d'inhumer la plus belle. Quand un de nos Philosophes vient à un âge où il sent ramollir son esprit, & la glace de ses ans engourdir ses mouvemens de son ame, il assemble ses amis par un banquet somptueux ; puis ayant exposé les motifs qui le font resoudre à prendre congé de la Nature, & le peu d'esperance qu'il y a d'ajoûter quelque chose à ses belles actions, on luy fait grace, c'est-à-dire, qu'on luy permet de mourir, ou qu'on luy fait un severe commandement de vivre. Quand donc à la pluralité de voix on luy à mis son souffle entre les mains, il avertit ses plus chers, & du jour & du lieu : ceux-cy se purgent, & s'abstienne de manger pendant vingt-quatre heures ; puis arrivez qu'ils sont au logis du Sage, & sacrifié qu'ils ont au Soleil ; ils entrent dans la chambre où le genereux les attend sur un lit de parade ; chacun le veut embrasser, & quand c'est au rang de celuy qu'il aime le mieux, aprés l'avoir baisé tendrement, il l'appuye sur son estomach, & joignant sa bouche sur sa bouche, de la main droite il se baigne un poignard dans le cœur. L'Amant ne détache point ses lévres de celles de son Amant qu'il ne le sente expirer ; & lors il retire le fer de son sein, & fermant de sa bouche la playe, il avale son sang, qu'il succe jusqu'à ce qu'un second luy succede; puis un troisiéme, un quatriéme, & enfin toute la compagnie, & quatre ou cinq heures aprés on introduit à chacune une fille de seize ou dix-sept ans : & pendant trois ou quatre jours qu'ils sont à goûter les plaisirs de l'amour, ils ne sont nourris que de la chair du mort qu'on leur fait manger toute cruë, afin que si de ces embrasemens il peut naître quelque chose, ils soient asseurez que c'est leur amy qui revit.

J'interrompis ce discours en disant à celuy qui me le faisoit, que ces façons de faire avoient beaucoup de ressemblance avec celle de quelque peuple de nôtre Monde, & continuay ma promenade, qui fut si longue, que quand je revins il y avoit deux heures que le dîné étoit prest. On me demanda pourquoy j'étois arrivé si tard ; ce n'a pas été ma faute, répondis-je au Cuisinier qui s'en plaignoit : j'ay demandé plusieurs fois parmy les ruës qu'elle heure il étoit, mais on ne m'a repondu qu'en ouvrant la bouche, serrant les dents, & tournant le visage de travers.

Quoy, s'écria toute la compagnie vous ne sçavez pas que par-là ils vous montroient l'heure ? par ma foy, repartis-je, ils avoient beau exposer leur grand nez au Soleil, avant que je l'apprisse. C'est une commodité, me dirent-ils, qui leur sert à se passer d'horloge; car de leurs dents ils font un cadran si juste, qu'alors qu'ils veulent instruire quelqu'un de l'heure, ils ouvrent les lévres, & l'ombre de ce nez qui vient tomber dessus leurs dents, marque comme un Cadran celle dont le curieux est en peine. Maintenant, afin que vous sçachiez pourquoy en ce Païs tout le monde à le nez grand, apprenez qu'aussi-tôt que la femme est accouchée, la Matrone porte l'enfant au Maître du Seminaire ; & justement au bout de l'an, les Experts étans assemblez, si son nez est trouvé plus court qu'à une certaine mesure que tient le Syndic, il est sensé Camus, & mis entre les mains des gens qui le châtrent. Vous me demanderez la cause de cette barbarie, & comme il se peut faire que nous (chez qui la virginité est un crime) établissions des continences par force : mais sçachez que nous le faisons après avoir observé depuis trente siecles, qu'un grand nez est le signe d'un homme spirituel, courtois, affable, genereux, liberal : & que le petit est un signe du contraire ; c'est pourquoy des Camus on bâtit les Eunuques, parce que la Republique aime mieux ne point avoir d'enfans, que d'en avoir qui leurs fussent semblables. Il parloit encore, lors que je vis entrer un homme tout nud : je m'assis aussi-tôt, & me couvris pour luy faire honneur, car ce sont les marques du plus grand respect qu'on puisse en ce Païs-là témoigner à quelqu'un. Le Royaume, dit-il souhaite qu'avant de retourner en vôtre Monde, vous en avertissiez les Magistrats, à cause qu'un Mathematicien vient tout à l'heure de promettre au Conseil, que pourvû qu'étant de retour chez vous, vous vouliez construire une certaine machine qu'il vous enseignera, il attirera vôtre globe, & se joindra à celuy-cy : à quoy je promis de ne pas manquer. Hé ! je vous prie (dis-je à mon Hôte quand l'autre fut party) de me dire pourquoy cét envoyé portoit à la ceinture des parties honteuses de bronze : ce que j'avois vû plusieurs fois pendant que j'étois en cage, fans l'avoir osé demander ; parce que j'étois toûjours environné de Filles de la Reyne que je craignois d'offenser, si j'eusse en leur presence attiré l'entretien d'une matiere si grasse : de sorte qu'il me répondit, les femelles icy, non plus que les masles, ne sont pas assez ingrates pour rougir à la vûë de celuy qui les a forgées : & les Vierges n'ont pas honte d'aimer sur nous en memoire de leur mere Nature, la seule chose qui porte son nom. Sçachez donc que l'escharpe dont cét homme est honoré, & où pend pour médaille la figure d'un membre viril, est le symbole du Gentil-homme, & la marque qui distingue le Noble d'avec le Roturier. Ce paradoxe me sembla si extravant, que je ne pûs m'empêcher de rire.

Cette coûtume me semble bien extraordinaire, repartis-je, car en nôtre Monde la marque de Noblesse est de porter une épée. Mais l'Hôte sans s'émouvoir : ô mon petit homme, s'écria-t'il, quoy les grands de vôtre Monde sont enragez de faire parade d'un instrument qui désigne un bourreau, & qui n'est forgé que pour nous détruire ; enfin l'ennemy juré de tout ce qui vit, & de cacher au contraire un membre sans que nous serions au rang de ce qui n'est pas le Promethée de chaque animal, & le reparateur infatigable des foiblesses de la Nature? Mal-heureuse contrée où les marques de generation sont ignominieuses, & où celles d'aneantissement sont honorables : cependant vous appellez ce membre-là des parties honteuses, comme s'il y avoit quelque chose de plus glorieux que de donner la vie, & rien de plus honteux que de l'ôter. Pendant tout ce discours nous ne laissions pas de dîner : & si-tôt que nous fusmes levez, nous allâmes au jardin prendre l'air ; & là prenant occasion de parler de la generation & conception des choses, il me dit. Vous devez sçavoir que la terre se faisant un arbre, d'un arbre un pourceau, & d'un pourceau un homme, nous devons, puis que tous les estres dans la Nature tendent au plus parfait qu'ils aspirent à devenir hommes ; cette essence étant l'achevement du plus beau mixte, & le mieux imaginé qui soit au Monde, parce que c'est le seul qui fasse le lieu de la vie animale avec le raisonnable. C'est ce qu'on ne peut nier sans être Pedant, puis que nous voyons qu'un Prunier par la chaleur de son germe, comme par une bouche, succe & digere le gason qui l'environne ; qu'un pourceau dévore ce fruit, & le fait devenir une partie de soy-même ; & qu'un homme mangeant le pourceau, réchauffe cette chair morte, la joint à soy, & à fait revivre cét animal sous une plus noble espece. Ainsi cét homme que vous voyez étoit peut-être il y a soixante ans une touffe d'herbe dans mon jardin, & ce qui est d'autant plus probable que l'opinion de la Metempsicose Pytagorique, soûtenuë par tant de grands hommes, n'est vray-semblablement parvenuë jusques à nous, qu'afin de nous engager à en rechercher la verité : comme en effet nous avons trouvé que tout ce qui est sent & vegete ; & qu'enfin aprés que toute la matiere est parvenuë à ce periode qui est sa perfection, elle descend & retourne dans son manité pour revenir & joüer derechef les mêmes rôles. Je descends tres-satisfait au jardin ; & je commençois à reciter à mon compagnon ce que nôtre Maître m'avoit appris, quand le Phisionome arriva pour nous conduire à la refection & au dortoir.

Le lendemain dés que je fus éveillé je m'en allay faire lever mon Antagoniste. C'est un aussi grand miracle (luy dis-je en l'abordant) de trouver un fort esprit comme le vôtre enseuely dans le sommeil, que de voir du feu sans action : il soûrit de ce mauvais compliment ; mais (s'écria-t'il avec une colere passionnée d'amour) ne vous deferez-vous jamais de ces termes fabuleux ; sçachez que ces noms-là diffament le nom de Philosophe ; & que comme le Sage ne voit rien au monde qu'il ne conçoive & qu'il ne juge pouvoir être conçû, il doit abhorrer toutes ces expressions de prodiges & d'évenement de nature, qu'ont inventé les stupides pour excuser les foiblesses de leur entendement.

Je creus alors être obligé en conscience de prendre la parole pour le détromper. Encore, luy repliquay-je, que vous soyez fort obstinée dans vos sentimens, j'ay vû tout plein des choses arrivées surnaturellement : vous le dites, continua-t'il : mais vous ne sçavez pas que la force de l'imagination est capable de guerir toutes ses maladies

que

que vous attribuez au sur-naturel, à cause d'un certain baume naturel contenant toutes les qualitez contraires à toutes celles de chaque mal qui nous attaque : ce qui se fait quand nôtre imagination avertie par la douleur, va chercher en ce lieu le remede specifique qu'elle apporte au venin. C'est là d'où vient qu'un habille Medecin de vôtre Monde, conseille au malade de prendre plûtôt un Medecin ignorant qu'on estimera pourtant fort habille, qu'un fort habille qu'on estimera ignorant ; parce qu'il se figure que nôtre imagination travaillant à nôtre santé, pourvû qu'elle soit aidée de remedes, est capable de nous guerir ; mais que les plus puissans étoient trop foibles, quand l'imagination ne les appliquoit pas. Vous étonnez-vous que les premiers hommes de vôtre Monde vivoient tant de siecles sans avoir aucune connoissance de Medecine, non ? Et qu'est-ce à vôtre avis qui en pouvoit être la cause, sinon leur nature encore dans sa force, & ce baume universel, qui n'est pas encore dissipé par les drogues dont vos Medecins vous consomment ; n'ayant lors pour rentrer en convalefcence qu'à le fou-haiter fortement, & s'imaginer d'être gueris. Auffi leur fantaifie vigoureufe fe plongeant dans cette huile vital, en attiroit l'elixit, & appliquant l'actif au paffif, ils fe trouvoient prefque dans un clin d'œil auffi fains qu'auparavant : ce qui malgré la dépravation de la Nature ne laiffe pas de fe faire encore aujourd'huy, quoy qu'un peu rarement à la verité : mais le populaire l'attribuë à miracle. Pour moy je n'en crois rien du tout, & je me fonde fur ce qu'il eft plus facile que tous fes Docteurs fe trompent, que cela n'eft facile à faire ; car je leur demande, le fiévreux qui vient d'être guery a fouhaité bien fort pendant fa maladie, comme il eft vray-femblable d'être guery, & même il a fait des vœux pour cela : de forte qu'il falloit neceffairement qu'il mourut, ou qu'il demeurât dans fon mal, ou qu'il guerît : s'il fut mort, on eût dit que le Ciel l'avoit recompenfé de fes peines, & même on eût dit que felon la priere du malade, il a été guery de tous fes maux : s'il fut demeuré dans fon infirmité, on auroit dit qu'il n'avoit pas la foy : mais parce qu'il est guery, c'est un miracle tout visible. N'est-il pas bien plus vray-semblable que sa fantaisie excitée par les violens desirs de la santé, & fait son operation ; car je veux qu'il soit reschappé, pourquoy crier miracle, puis que nous voyons beaucoup de personnes qui s'étoient voüées, perir miserablement avec leurs vœux.

Mais à tout le moins, luy repartis-je, si ce que vous dites de ce baume est veritable, c'est une marque de ne la raisonnabilité de nôtre ame, puis que sans se servir des instrumens de nôtre raison, sans s'appuyer du concours de nôtre volonté, elle fait elle-même comme si étant hors de nous elle appliquoit l'actif ou passif. Or si étant separée de nous elle est raisonnable, il faut necessairement qu'elle soit spirituelle : & si vous la confessez spirituelle, je conclus qu'elle est immortelle, puis que la mort n'arrive dans l'animal que par le changement des formes dont la Nature seule est capable. Ce jeune homme alors s'étant mis en son seant sur son lit, & m'ayant fait asseoir, discourut à peu prés de cette sorte.

Pour l'ame des bêtes qui est corporelle, je ne m'étonne pas qu'elle meure, vû qu'elle n'est possible qu'une harmonie de quatre qualitez, une force de sang, une proportion d'organes & bien concertez ; mais je m'étonne bien fort que la nôtre intellectuelle, incorporelle, & immortelle, soit contrainte de sortir de chez nous par la même cause qui fait perir celle d'un Bœuf. A-t'elle fait pacte avec vôtre corps, que quand il auroit un coup d'épée dans le cœur, une balle de plomb dans la cervelle, une mousquetade à travers le corps, d'abandonner aussi-tôt sa maison........ & si cette ame étoit spirituelle & par soy-même si raisonnable, qu'elle fut aussi capable d'intelligence quand elle est separé de nôtre masse, que quand elle en est revêtuë, pourquoy les Aveugles nez, avec tous les beaux avantages de cette ame intellectuelle, ne sçauroient-ils s'imaginer ce que c'est que de voir ; est-ce à cause qu'ils ne sont pas encore privez par le trépas de tous leurs sens ? Quoy, je ne pourray donc me servir de ma main droite, à cause que je n'ay une gauche ?............
Et enfin pour faire une comparaison

juste, & qui détruise tout ce que vous avez dit, je me contenteray de vous apporter l'exemple d'un Peintre qui ne peut travailler sans pinceau : & je vous diray que l'ame est tout de même, quand elle n'a pas l'usage des sens. Oüy : mais, ajoûta-t'il............ Cependant ils veulent que cette ame qui ne peut agir qu'imparfaitement, à cause de la perte d'un de ses outils dans le cours de la vie, puisse alors travailler avec perfection, quand après nôtre mort elle les aura tous perdus ; S'ils me viennent rechanter qu'elle n'a pas besoin de ces instrumens pour faire ses fonctions, je leur rechantera qu'il faut foüetter les Quinze-vingts, qui font semblant de ne voir goutte. Il vouloit continuër dans de si impertinens raisonnemens : mais je luy fermay la bouche, en le priant de les cesser, comme il fit, de peur de querelle : car il connoissoit que je commençois à m'échauffer. Il s'en alla ensuite, & me laissa dans l'admiration des gens de ce Monde-là, dans lesquels, jusqu'au simple peuple ; il se trouve naturellement tant d'esprit, au lieu que ceux du nôtre en ont si peu, & qu'il

S iij

leur coûte si cher. Enfin l'amour de mon Païs me détachant petit à petit de l'affection, & de la même pensée que j'avois euë de demeurer en celuy-là, je ne songeay plus qu'à mon départ: mais j'y vis tant d'impossibilité, que j'en dévins tout chagrin. Mon Demon s'en apperçût, & m'ayant demandé à quoy il tenoit que je ne parusse par le même que toûjours, je luy dis franchement le sujet de ma melancolie: mais il me fit de si belles promesses pour mon retour, que je m'en reposay sur luy entierement. J'en donnay avis au Conseil qui m'envoya querir, & qui me fit prêter serment que je raconterois dans nôtre Monde les choses que j'avois vûës en celuy-là. Ensuite on me fit expedier des passeports ; & mon Demon s'étant muny des choses necessaires pour un si grand voyage, me demanda en quel endroit de mon Païs je voulois descendre. Je luy dis que la pluspart des riches enfans de Paris se proposant un voyage à Rome une fois en la vie, ne s'imaginant pas après cela qu'il y eût rien de beau ny à faire, ny à voir, je le priois de trouver bon que je les imitasse : mais ajoûtayje, dans qu'elle machine ferons-nous ce voyage, & quel ordre pensez-vous que me veüille donner le Mathematicien qui me parla l'autre jour de joindre ce globe-cy au nôtre. Quand au Mathematicien, me dit-il, ne vous y arrêtez point, car c'est un homme qui promet beaucoup, & qui ne tient rien. Et quant à la machine qui vous reportera, ce sera la même qui vous voitura à la Cour. Comment, dis-je, l'air deviendra pour soûtenir vos pas aussi solide que la terre ? C'est ce que je ne croy point; c'est une chose étrange, reprit-il, que ce que vous croyez & ne croyez pas. Hé parquoy les Sorciers de vôtre Monde qui marchent en l'air, & conduisent des armées de gresles, de neiges, de pluyes, & d'autres tels meteores, d'une Province en une autre, auroient-ils plus de pouvoir que nous ? Soyez, soyez, je vous prie, plus credule en ma faveur. Il est vray, luy dis-je, que j'ay reçû de vous tant de bons offices, de même que Socrate & les autres pour qui vous avez tant eu d'amitié, que je me dois fier à vous comme je fais, en m'y abandonnant de tout mon cœur.

leur coûte si cher. Enfin l'amour de mon Païs me détachant petit à petit de l'affection, & de la même pensée que j'avois euë de demeurer en celuy-là, je ne songeay plus qu'à mon départ: mais j'y vis tant d'impossibilité, que j'en dévins tout chagrin. Mon Demon s'en apperçût, & m'ayant demandé à quoy il tenoit que je ne parusse par le même que toûjours, je luy dis franchement le sujet de ma melancolie: mais il me fit de si belles promesses pour mon retour, que je m'en reposay sur luy entierement. J'en donnay avis au Conseil qui m'envoya querir, & qui me fit prêter serment que je raconterois dans nôtre Monde les choses que j'avois vûës en celuy-là. Ensuite on me fit expedier des passeports; & mon Demon s'étant muny des choses necessaires pour un si grand voyage, me demanda en quel endroit de mon Païs je voulois descendre. Je luy dis que la plûspart des riches enfans de Paris se proposant un voyage à Rome une fois en la vie, ne s'imaginant pas aprés cela qu'il y eût rien de beau ny à faire, ny à voir, je le priois de trouver bon que je les imitasse: mais ajoûtayje, dans qu'elle machine ferons-nous ce voyage, & quel ordre pensez-vous que me veüille donner le Mathematicien qui me parla l'autre jour de joindre ce globe-cy au nôtre. Quand au Mathematicien, me dit-il, ne vous y arrêtez point, car c'est un homme qui promet beaucoup, & qui ne tient rien. Et quant à la machine qui vous reportera, ce sera la même qui vous voitura à la Cour. Comment, dis-je, l'air deviendra pour soûtenir vos pas aussi solide que la terre ? C'est ce que je ne croy point ; c'est une chose étrange, reprit-il, que ce que vous croyez & ne croyez pas. Hé parquoy les Sorciers de vôtre Monde qui marchent en l'air, & conduisent des armées de gresles, de neiges, de pluyes, & d'autres tels meteores, d'une Province en une autre, auroient-ils plus de pouvoir que nous ? Soyez, soyez, je vous prie, plus credule en ma faveur. Il est vray, luy dis-je, que j'ay reçû de vous tant de bons offices, de même que Socrate & les autres pour qui vous avez tant eu d'amitié, que je me dois fier à vous comme je fais, en m'y abandonnant de tout mon cœur.

Je n'eus pas plûtôt achevé cette parole, qu'il s'enleva comme un tourbillon, & me tenant entre ses bras, il me fit passer sans incommodité tout ce grand espace que nos Astronomes mettent entre nous & la Lune, en un jour & demy; ce qui me fit connoître le mensonge de ceux qui disent qu'une meule de moulin seroit trois cens soixante & tant d'années à tomber du Ciel, puis que je fus si peu de temps à tomber du globe de la Lune en celuy-cy. Enfin au commencement de la seconde journée, je m'apperçûs que j'approchois de nôtre Monde. Déja je distinguois l'Europe d'avec l'Afrique, & ces deux d'avec l'Asie, lors que je sentis le soulfre que je vis sortir d'une fort haute Montagne: cela m'incommodoit de sorte que je m'évanoüis. Je ne puis pas dire ce qui m'arriva ensuite; mais je me trouvay ayant repris mes sens dans des bruïettes sur la pante d'une coline, au milieu de quelques Pastres qui parloient Italien. Je ne sçavois ce qu'étoit devenu mon Demon, & je demanday à ces Pastres s'ils ne l'avoient point vû. A ce mot ils firent le signe de la Croix,

& me regarderent comme si j'en eusse été un moy-même : mais leur disant que j'étois Chrêtien, & que je les priois par charité de me conduire en quelque lieu où je pusse me reposer, ils me menerent dans un Village à un mille de là, où je fus à peine arrivé, que tous les Chiens du lieu depuis les Bichons jusques aux Dogues, se vinrent jetter sur moy, & m'eussent dévoré si je n'eusse trouvé une maison où je me sauvé : mais cela ne les empêcha pas de continuër leur sabat, en sorte que le Maître du logis m'en regardoit de mauvais œil ; & je croy que dans le scrupule où le peuple augure de ces sortes d'accidens, cét homme étoit capable de m'abandonner en proye à ces animaux, si je ne me fusse avisé de ce qui les acharnoit ainsi aprés moy, étoit le Monde d'où je venois, à cause qu'ayant accoûtumé d'aboyer à la Lune, ils sentoient que j'en venois, & que j'en avois l'odeur, comme ceux qui conservent une espece de relan ou air marin, quelque temps aprés être descendus de sur la mer. Pour me purger de ce mauvais air, je m'exposay sur une terrasse, durant trois ou quatre heures au Soleil : aprés quoy je descendis, & les Chiens qui ne sentoient plus d'influence qui m'avoit fait leur ennemy, ne m'aboyerent plus, & s'en retournerent chacun chez soy. Le lendemain je partis pour Rome, où je vis le reste, des triomphes de quelques Grands Hommes de même que ceux des siecles : j'en admiré les belles ruines, & les belles reparations qu'y ont fait les Modernes. Enfin aprés y être demeuré quinze jours en la compagnie de Monsieur de Cyrano mon Cousin, qui me prêta de l'argent pour mon retour, j'allay à Civitavechia, & me mis sur une Gallere qui m'amena jusqu'à Marseille. Pendant tout ce voyage je n'eus l'esprit tendu qu'aux merveilles de celuy que je venois de faire. J'en commençay les memoires dés ce temps-là ; & quand j'ay été de retour, je les ay mis autant en ordre que la maladie qui me retient au lit me l'a pû permettre. Mais prévoyant qu'elle sera la fin de mes études & de mes travaux, pour tenir parole au Conseil de ce Monde-là, j'ay prié Monsieur le Bret, mon plus cher & mon plus inviolable Amy, de les donner au public, avec l'Histoire de la Republique du Soleil, celle de l'Estincelle, & quelques autres Ouvrages de même façon, si ceux qui nous les ont dérobez les luy rendent, comme je les en conjure de tout mon cœur.

F I N.

LE PEDANT JOÜE',

COMEDIE.

PAR MONSIEUR DE CYRANO BERGERAC.

A ROUEN,
Chez JEAN B. BESONGNE,
ruë Ecuyere, au Soleil
Royal. 1678.

ACTEURS.

GRANGER, Pedant.
CHASTEAUFORT, Capitan.
MATHIEU GAREAU, Païsan.
DE LA TREMBLAYE, Gentilhomme amoureux de la Fille du Pedant.
CHARLOT GRANGER, Fils du Pedant.
CORBINELI, Valet du jeune Granger, Fourbe.
PIERRE PAQUIER, Cuistre du Pedant, faisant le Plaisant.
FLEURY, Cousin du Pedant.
MANON, Fille du Pedant.
GENEVOTE, Sœur de Monsieur de la Tremblaye.
CUISTRES.

La Scene est à Paris au College de Beauvais.

LE PEDANT JOÜÉ,
COMEDIE.

ACTE PREMIER.
SCENE PREMIERE.
GRANGER, CHASTEAUFORT,
GRANGER.

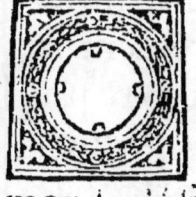PAR les Dieux jumeaux, tous les Monstres ne sont pas en Afrique. Et de grace, Satrape du Palais Stigial, donne-moy la définition de ton individu. Ne serois tu point un estre de raison, une chi-

mere, un accident sans substance, un elixir de la matiere premiere, un Spectre de drap noir? Ha! tu n'est sans doute que cela, ou tout au plus un grimaut d'Enfer, qui fait l'école buissonniere.

CHASTEAUFORT.

Puis que je te voy curieux de connoître les grandes choses, je veux t'apprendre les miracles de mon berceau. La Nature se voyant incommodée d'un si grand nombre de Divinitez, voulut opposer un Hercule à ces Monstres. Cela luy donna bien jusques à la hardiesse de s'imaginer qu'elle me pouvoit produire. Pour cét effet elle empoigna les Ames de Samson, d'Hector, d'Achille, d'Ajax, de Cyrus, d'Epaminondas, d'Alexandre, de Romule, de Scipion, d'Annibal, de Sylla, de Pompée, de Pyrrhus, de Caton, de Cesar & d'Antoine; puis les ayant pulverisées, calcinées, rectifiées, elle reduisit toute cette confession, en un spirituel sublimé, qui n'attendoit plus qu'un fourreau pour s'y fourer. Nature glorieuse de son reüssit, ne pût goûter modérement sa joye, elle clabauda son chef-d'œuvre par tout; l'Art en devint jaloux & fâché, disoit-il, qu'une Teigneuse emporta toute seule la gloire de m'avoir engendré, la traita d'ingrate, de superbe, luy déchira sa coëffe; Nature de son côté prit son ennemy aux cheveux; Enfin l'un & l'autre batit & fut batu. Le tintamarre des démentis, des souflets, des bastonnades, m'éveilla, je les vis, & jugeant que leurs démeslez ne portoient pas la mine de prendre si-tôt fin, je me creé moy-même. Depuis ce temps-là leur querelle dure encore; par tout vous voyez ces irréconciliables ennemis se prester le colet, & les descriptions de nos Escrivains d'aujourd'huy ne sont lardées d'autre chose que des faits d'armes de ces deux Gladiateurs, à cause que prenant à bon augure d'être né dans la guerre, je leur commanday en memoire de ma naissance, de se battre jusqu'à la fin du Monde sans se reposer. Donc afin de ne pas demeurer ingrat, je voulus dépetrer la Nature de ces Dieutelets, dont l'insolence la mettoit en cervelle. Je les manday, ils obeïrent; enfin je prononçay cét immuable Arrest. Gaillarde Trouppe, quand je vous ay convoquez, la plus misericordieuse intention que j'eusse pour vous, étoit de vous annichiler; mais craignant que vôtre impuissance ne reprochast à mes mains l'indignité de cette victoire, voicy ce que j'ordonne de vôtre sort. Vous autres Dieux qui sçavez si bien courir comme

Saturne Pere du Temps, qui mangeant & devorant tout, court à l'Hôpital; Jupiter, qui comme ayant la tête fêlée depuis le coup de hache qu'il reçût de Vulcain, doit courir les ruës; Mars qui comme Soldat court aux armes; Phebus, qui comme Dieu des Vers court la bouche des Poëtes; Venus, qui comme Putain court l'éguillette; Mercure, qui comme Messager court la Poste; Et Diane, qui comme Chasseresse court les Bois. Vous prendrez la peine, s'il vous plaist, de monter tous sept à califourchon sur une Etoile. Là vous courerez de si bonne sorte, que vous n'aurez pas le loisir d'ouvrir les yeux.

PAQUIER.
En effet, les Planettes sont justement ces sept-là.

GRANGER.
Et des autres Dieux qu'en fistes-vous?

CHASTEAUFORT.
Midy sonna, la faim me prit, j'en fis un saupiquet pour mon dîner.

PAQUIER.
Domine, ce fut asseurément en ce temps-là que les Oracles cesserent.

CHASTEAUFORT.
Il est vray; & dés-lors ma complexion prenant part à ce salmigondis de Dieux,

l'ourlet de ſes gueſtres, eſt pour vous un *Ne plus ultra* Premierement à cauſe que vous êtes Veuf d'une Pucelle qui vous fit faire plus de chemin en deux jours, que le Soleil n'en fait en huit mois dans le Zodiaque : Vous courûtes de la Vierge au Chancre en moins de vingt-quatre heures, d'où vous entrâtes au Verſeau ſans avoir vû d'autre Signe en paſſant que celuy du Capricorne. La ſeconde objection que je fais, eſt que vous êtes Normand; Normandie *quaſi* venu du Nord pour mandier. De vôtre Nation les Serviteurs ſont traîtres, les Egaux inſolens, & les Maîtres inſuportables. Jadis le Blazon de cette Province étoit trois Faux, pour montrer les trois eſpeces de faux qu'engendre ce Climat; *Scilicet*, Faux-Sauniers, Faux-Témoins, Faux-Monoyeurs, je ne veux point de Fauſſaires en ma maiſon. La troiſiéme, qui m'eſt une raiſon invincible, c'eſt que vôtre bourſe eſt malade d'un flux de ventre, dont la mienne aprehende la contagion. Je ſçay que vôtre valeur eſt recommandable, & que vôtre mine ſeule feroit trembler le plus ferme manteau d'aujourd'huy : Mais en cét âge de Fer on juge de nous par ce que nous avons, & non par ce que nous ſommes. La pauvreté fait le vice; & ſi vous me demandez, *Cur tibi despicior ?* je vous répons, *Nunc omnibus itur ad aurum.* D'un certain riche Laboureur, la Charruë m'ébloüit, & je suis tout-à-fait resolu que puis que *hic dator . I longum ponat* dans son *O communè*. C'est pourquoy je vous conseille de ne plus approcher ma Fille en Roy d'Egypte, c'est-à-dire, qu'on ne vous voye point auprés d'elle dresser la pyramide à son intention. Quoy que j'aime les regles de la Grammaire, je ne prendrois pas plaisir de vous voir accorder ensemble le Masculin avec le Feminin ; & je craindrois que *si duo continuè jungantur fixa nec una, sit res,* un malevole n'inferast ; *Optant sibi jungere casus.*

CHASTEAUFORT.

Il est vray, Dieu me damne, que vôtre Fille est folle de mon amour ; Mais quoy, c'est mon foible de n'avoir jamais pû regarder de Femme sans la blesser. La petite Gueuse toutefois a si bien sçû friponner mon cœur ; ses yeux ont si bien sçû paillarder ma pensée, que je luy pardonne quasi la hardiesse qu'elle a prise de me donner de l'amour. Genereux Gentilhomme, me dit-elle l'autre jour, (la Pauvrette ne sçavoit pas mes qualitez) l'Univers a besoin de deux Conquerans, la race en est éteinte en vous, si vous ne me regardez d'un œil de misericorde: Comme vous êtes un Alexandre, je suis une Amazone; faisons sortir de nous deux un Plusque-Mars, de qui la naissance soit utile au genre humain, & dont les armes aprés avoir dispensé la mort aux deux bouts de la Terre, fassent un si puissant Empire, que jamais le Soleil ne se couche pour tous ses Peuples. J'avois de la peine à me rendre entre les bras de cette passion; mais enfin je vainquis en me vainquant, tout ce qu'il y a de grand au monde, c'est-à-dire, que je l'aimay: Je ne veux pas pourtant que tant de gloire vous rende orgueilleux; que deveniez insolent sur les petits; mais humiliez-vous en vôtre neant que j'ay voulu choisir pour faire hautement éclater ma puissance. Vous craignez, je le voy bien, que je ne méprise vôtre pauvreté: mais quand il plaira à cette épée, elle fera de l'Amerique & de la Chine, une basse-cour de vôtre Maison.

GRANGER.

O! Microscome de visions fanatiques: *Vade retro*, autrement aprés vous avoir apostrophé du bras gauche, *Addetur huic dexter, cui sincopa fiet ut alter*; & pour toute emplastre de ces balafres, vous serez medicamenté d'un *sic volo, sic jubeo*, *sit pro ratione voluntas.* Loin donc d'icy, Prophane, si vous ne voulez que je mette en usage, pour vous punir, toutes les regles de l'Arithmetique. Ma colere *primò* commencera par la Démonstration, puis marchera en suite une Position de soufflets: *item* une Addition de bastonades: *Hinc* une Fraction de bras: *Illinc*, une Soustraction de jambes. De là je feray gresler une Multiplication de coups, tapes, taloches, horions, fendans, estocs, revers, estramaçons, casse-museaux si épouventables, qu'aprés cela l'œil d'un Linx ne pourra pas faire la moindre Division, ny Subdivision, de la plus grosse parcelle de vôtre miserable Individu.

CHASTEAUFORT.

Et moy, chetif Excommunié, j'aurois déja fait sortir ton ame par cent playes, sans la dignité de mon Estre, qui me défend d'ôter la vie à quelque chose de moindre qu'un Geant; & même je te pardonne, à cause qu'infailliblement l'ignorance de ce que je suis t'a jetté dans ces extravagances. Cependant me voicy fort en peine, car pouvoit-il me méconnoître, puis que pour sçavoir mon nom, il ne faut qu'être de ce Monde. Sçachez donc, Messire Jean, que je suis celuy qu'on ne peut exterminer sans faire une Epitaphe à

Comedie.

la Nature ; & le Pere des Vaillans, puis qu'à tous je leur ay donné la vie.
GRANGER.
Pardonnez, Grand Prince, à mon peu de foy. Ce n'est pas ....
CHASTEAUFORT.
Relevez-vous, Monsieur le Curé, je suis content : Choisissez viste où vous voulez regner, & cette main vous bâtit un Trône dont l'Escalier sera fait des Cadavres de six cens Roys.
GRANGER.
Mon Empire sera plus grand que le Monde, si je regne sur vôtre cœur. Protegez-moy seulement contre je ne sçay quel Gentillastre qui a bien l'insolence de marcher sur vos brisées, & ....
CHASTEAUFORT.
Ne vous expliquez pas, j'aurois peur que mes yeux en couroux ne jettassent des étincelles, dont quelqu'une par mégarde vous pourroit consumer. Un Mortel a-t-il donc eu la temerité de se chauffer à même feu que moy, & je ne puniray pas les quatre Elemens qui l'ont souffert : Mais je ne puis parler, la rage me transporte, je m'en vay faire pendre l'Eau, le Feu, la Terre, & l'Air, & songer au genre de mort dont nous exterminerons ce Pigmée qui veut faire le Colosse.

SCENE II.
GRANGER, PAQUIER.

GRANGER.

HE' bien, *Petre*, ne voila pas une digue que je viens d'opposer aux terreurs que me donne tous les jours Monsieur de la Tremblaye ? Car la Tremblaye à cause de Châteaufort, Châteaufort à cause de la Tremblaye, désisteront de la poursuite de ma Fille. Ce sont deux Poltrons si éprouvez, que s'ils se battent jamais, ils se demanderont tous deux la vie. Me voicy cependant embarqué sur une Mer où la moitié du Monde a fait naufrage. C'est l'amour chez moy, l'amour dehors, l'amour par tout. Je n'ay qu'une Fille à marier, & j'ay trois Gendres prétendus. L'un se dit brave, je sçay le contraire ; l'autre riche, mais je ne sçay ; l'autre Gentilhomme, mais il mange beaucoup. O! Nature, vous croiriez-vous être mise en frais, si vous aviez fagoté tant seulement trois belles qualitez en un Invidu. Ha! Pierre Paquier, le monde s'en va renverser.

Comedie. 17
PAQUIER.
Tant mieux; car autrefois j'entendois dire la même chose, que tout étoit renversé. Or si l'on renverse aujourd'huy ce qui étoit renversé, c'est le remettre en son sens.
GRANGER.
Mais ce n'est pas encore là ma plus grande playe ; j'aime, & mon Fils est mon Rival. Depuis le jour que cette furieuse pensée a pris giste au ventricule de mon cerveau, je ne mange pour toute viande, qu'un *penitet, taset, miseret*. Ha, ç'en est fait, je me vais pendre.
PAQUIER.
La, la, esperez en Dieu, il vous assistera : Il assiste bien les Allemans qui ne sont pas de ce Païs-cy.
GRANGER.
Si je l'envoyois à Venise ? *haud dubiè*, c'est le meilleur. C'est le meilleur ? O ! oüy sans doute. Bien donc, dés demain je le mettray sur Mer.
PAQUIER.
Au moins ne le laissez pas embarquer sans attacher sur luy de l'Anis à la Reyne, car les Medecins en ordonnent contre les vents. ### GRANGER.
Va-t-en dire à Charlot Granger, qu'il avole subitement icy. S'il veut sçavoir qui le demande, dis-luy que c'est moy.

SCENE III.
GRANGER *seul.*

DOnc sejongant de nos Larcs ce Vorace absorbeur de biens, chaque sol de rente que je saoulois avoir deviendra parisis & le marteau de la jalousie ne sonnera plus les longues heures du desespoir dans le clocher de mon ame ? D'un autre côté me puis-je resoudre au mariage, moy que les Livres ont instruit des accidens qu'il tire à sa cordelle ? Que je me marie ou ne me marie pas, je suis asseuré de me repentir. N'importe, ma Femme prétenduë n'est pas grande ; ayant à vêtir une here, je ne la puis prendre trop courte. On dit cependant qu'elle veut plastronner sa virginité, contre les estocades de mes perfections. Hé ! à d'autres, un pucelage est plus difficile à porter qu'une cuirasse. Toutes les Femmes ne sont-elles pas semblables aux Arbres, pourquoy donc ne voudroient-elles pas être arrousées ? *Ac primò,* comme les Arbres elles ont plusieurs têtes ; comme les Arbres, si elles sont ou trop, ou trop peu humectées, elles ne portent point : comme les Arbres,

Comedie.

elles ont les fleurs auparavant les fruits, comme les Arbres, elles déchargent quand on les secouë : Enfin Jean Despotere le confirme quand il dit, *Arboris est nomen muliebre.* Mais je croy que Paquier a beu de l'eau du Fleuve *Leikè*, ou que mon Fils s'approche à pas d'Ecrevisse : je m'en vais *obviam* droit à luy.

SCENE IV.
CHARLOT, PAQUIER.

CHARLOT.
JE ne puis rien comprendre à ton galimathias.
PAQUIER.
Pour-moy je ne trouve rien de si clair.
CHARLOT.
Mais enfin ne me sçaurois-tu dire qui c'est qui me demande ?
PAQUIER.
Je vous dis que c'est moy.
CHARLOT.
Comment toy ?
PAQUIER.
Je ne vous dis pas moy : mais je vous dis que c'est Moy ; car il m'a dit en partant, dis luy que c'est, Moy.

CHARLOT.
Ne seroit-ce point mon Pere que tu veux dire ?

PAQUIER.
Hé ! vrayement oüy. A propos je pense qu'il a envie de vous envoyer sur la Mer.

CHARLOT.
Hé quoy faire, Paquier ?

PAQUIER.
Il ne me l'a point dit : mais je croy que c'est pour voir la Campagne.

CHARLOT.
J'ay trop voyagé, j'en suis las.

PAQUIER.
Qui vous ? Je vais gager Chapeau de Cocu, qui est un des vieux de vôtre Pere, que vous n'avez jamais vû la Mer que dans une Huistre à l'écaille.

CHARLOT.
Et toy, Paquier, en as-tu vû davantage ?

PAQUIER.
Oüy-da, j'ay vû les Bons-Hommes, Chaillot, Saint Clou, Vaugirard.

CHARLOT.
Et qu'y as-tu remarqué de beau, Paquier ?

PAQUIER.
A la verité je ne les vis pas trop bien, pource que les murailles m'empêchoient.

CHARLOT.
Je pense, ma foy, que tes voyages n'ont

pas été plus longs, que sera celuy dont tu me parles. Va, tu peux l'assurer que je ne desire pas ....

SCENE V.
GRANGER, CHARLOT, PAQUIER.

GRANGER.

Que tu demeures plus long-temps icy. Viste, Charlot, il faut partir. Songe à l'Adieu dont tu prendras congé des Dieux Foyers, protecteurs du toit paternel : car demain l'Aurore porte-safran ne se sera pas plûtôt jettée des bras de Tithon dans ceux de Cephale, qu'il te faudra fier à la discretion de Neptun Guide-Nefs. C'est à Venise où je t'envoye ; *Tuus enim patruus* m'a mandé qu'étant orbe d'hoirs masles, il avoit besoin d'un personnage sur la fidelité duquel il pût se reposer du maniement de ses facultez. Puis que donc tu n'as jamais voulu t'abreuver aux Marests, Fils de l'Ongle du Cheval emplumé, & que la Lyrique harmonie du sçavant Meurtrier de Pithon n'a jamais enflé ta parole, essaye si dans la marchandise Mercure aux pieds aiſlez te preſtera ſon Caducée. Ainſi le turbulent Eole te ſoit auſſi affable qu'aux pacifiques Nids des Alcions. Enfin, Charlot, il faut partir.

CHARLOT.

Pour où aller, mon Pere?

GRANGER.

A Veniſe, mon Fils.

CHARLOT.

Je voy bien, Monſieur, que vous voulez éprouver ſi je ſerois aſſez lâche pour vous abandonner, & par mon abſence vous arracher d'entre les bras un Fils unique: Mais non, mon Pere, ſi vos tendreſſes ſont aſſez grandes pour ſacrifier vôtre joye à mon avancement, mon affection eſt ſi forte, qu'elle n'empêchera de vous obeïr: Auſſi quoy que vous puiſſiez alleguer, je demeureray ſans ceſſe auprés de vous, & ſeray vôtre bâton de vieilleſſe.

GRANGER.

Ce n'eſt pas pour prendre vôtre avis, mais pour vous apprendre ma volonté, que je vous ay fait venir. Donc demain je vous emmaillotte dans un Vaiſſeau, pendant que l'air eſt ſerain: car s'il venoit à nébuliſier, nous ſommes menacez par les Centuries de Noſtradamus, d'un temps fort incommode à la Navigation.

CHARLOT.

C'eſt donc ſerieuſement que vous ordonnez de ce voyage ? Mais apprenez que c'eſt ce que je ne puis faire, & que je ne feray jamais.

SCENE VI.

FLEURY, GRANGER, PAQUIER.

FLEURY.

HE' bien, mon Couſin, nôtre Laboureur eſt-il arrivé ? ferons-nous ce mariage ?

GRANGER.

Helas ! mon Couſin, vous êtes arrivé ſous les preſagieux auſpices d'un Oyſeau bien infortuné. Soyez toutefois le fatal Arbitre de ma noire ou blanche deſtinée, & le fidéle étuy de toutes mes penſées. Ce riche Gendre n'eſt pas encore venu, je l'attendois icy : mais lors que je ne penſois vaquer qu'à la joye, je me vois inveſty des glaives de la douleur. Mon Fils eſt fol, mon Couſin : le pauvre Enfant doit une belle Chandelle à Saint Mathurin.

FLEURY.

Bon Dieu ! depuis quand ce malheur est-il arrivé ?

GRANGER.

Helas ! tantôt comme je le careſſois, il a voulu ſe jetter à mon viſage, & déſiner à mes dépens le portrait d'un Maniaque ſur mes joües. Il gromele en pietinant, qu'il n'ira point à Veniſe. Ho, ho, le voicy, cachons-nous, & l'écoutons.

SCENE VII.

CHARLOT, FLEURY, GRANGER, CUISTRES.

CHARLOT.

Moy j'iray à Veniſe ! & j'abandonnerois la choſe pour laquelle ſeule j'aime le jour ? J'iray plûtôt aux Enfers : plûtôt d'un poignard j'ouvriray le ſein de mon barbare Pere : & plûtôt de mes propres mains ayant choiſi ſon cœur dans un ruiſſeau de ſang, j'en battray les murailles.

FLEURY.

O ! grand Dieu ! quelle rage ?

CHARLOT.

Non, mon Pere, je n'y puis conſentir.

FLEURY

FLEURY *fuyant.*

Liez-le, mon Cousin, liez-le, il ne faut qu'un malheur.

GRANGER.

Piliers de Classes, Tire-gigauts, Ciseaux de Portion, Executeurs de Justice Latine, *Adeste subito, adeste, ne dicam avolate.* Jettez-moy promptement vos bras Achilains sur ce Microscome erronée de chimeres abstractives, & liez-le aussi fort que Promethée sur le Caucase.

CHARLOT.

Vous avez beau faire, je n'iray point.

GRANGER.

Gardez bien qu'il n'échappe, il feroit un Haricot de nos scientifiques substances.

CHARLOT.

Mais, mon Pere, encore dites-moy pour quel sujet vous me traittez ainsi? Ne tient il qu'à faire le voyage de Venise pour vous contenter? J'y suis tout prest.

GRANGER.

Osez-vous attenter au Tableau vivant de ma docte Machine, Goujats de Ciceron? Songez à vous *Iratus est Rex, Reginaque non sine causa.* Apprenez que j'en dis moins que je n'en pense, & que *supprimit Orator qua rusticus edit inepte.*

B

CHARLOT.

Oüy, mon Pere, je vous promets de vous obeïr en toutes choses : mais pour aller à Venise, il n'y faut pas penser.

GRANGER.

Comment Freslons de College, Roüille de mon pain, Cangrene de ma substance, cét obsedé n'a pas encore les fers aux pieds ? Viste, qu'on luy donne plus d'entraves que Xerces n'en mit à l'Occean, quand il le voulut faire Esclave.

CHARLOT.

Ah ! mon Pere, ne me liez point, je suis tout prest à partir.

GRANGER.

Ha ! je le sçavois bien que mon Fils étoit trop bien moriginé pour donner chez luy passage à la frenesie. Va, mon Dauphin, mon Infant, mon Prince de Gales, tu seras quelque jour la benediction de mes vieux ans. Excuse un esprit prévenu de faux rapports ; je te promets en récompense d'allumer pour toy mon amour au centuple dés que tu seras là.

CHARLOT.

Où là, mon Pere ?

GRANGER.

A Venise, mon Fils.

CHARLOT.

A Venise, moy ? plûtôt la mort.

GRANGER.

Au fou, au fou, ne voyez-vous pas comme il m'a jetté de l'écume en parlant? Voyez ses yeux tous renversez dans sa tête : Ha! mon Dieu, faut-il que j'aye un Enfant fou? Viste, qu'on me l'empoigne?

CHARLOT.

Mais encore, apprenez-moy pourquoy on m'attache?

UN CUISTRE.

Parce que vous ne voulez pas aller à Venise.

CHARLOT.

Moy, je n'y veux pas aller? On vous le fait accroire. Helas! mon Pere, tant s'en faut, toute ma vie j'ay souhaité avec passion de voir l'Italie, & ces belles Contrées qu'on appelle le Jardin du Monde.

GRANGER.

Donc, mon Fils, tu n'as plus besoin d'Elebore. Donc ta tête reste encore aussi saine que celle d'un Chou cabus aprés la gelée. Vien m'embrasser, vien mon Touton, & va-t'en aussi-tôt chercher quelque chose de gentil & à bon marché, qui soit rare hors de Paris, pour en faire un present à ton Oncle ; car je vais toute à cette heure te retenir une place au Coche de Lyon.

SCENE VIII.

CHARLOT seul.

Que de fâcheuses conjonctures où je me trouve embarassé ! Aprés toute ma feinte, il faut encore ou abandonner ma Maîtresse, c'est-à-dire, mourir ; ou me resoudre à vêtir un pourpoint de pierre, cela s'appelle Saint Victor, ou Saint Martin.

SCENE IX.

CORBINELI, CHARLOT.

CORBINELI.

SI vous me voulez croire, vôtre voyage ne sera pas long.

CHARLOT.

Ha ! mon pauvre Corbineli, te voila. Sçais-tu donc bien les malheurs où mon Pere m'engage ?

CORBINELI.

Il m'en vient d'apostropher tout le *Tu autem*. Il vous envoye à Venise ; vous devez partir demain : Mais pourvû que vous m'écoutiez, je pense que si le bon Homme, pour tracer le plan de cette Ville, attend vôtre retour, il peut dés maintenant s'en fier à la Carte. Il vous commande d'acheter icy quelque bagatelle à bon marché, qui soit rare à Venise, pour en faire un present à vôtre Oncle : C'est un Coûteau qu'il vient d'émoudre pour s'égorger. Suivez-moy seulement.

Fin du Premier Acte.

ACTE II.
SCENE PREMIERE.
CHASTEAUFORT seul.

Ous vous êtes batu ? Et donc ? Vous avez eu avantage sur vôtre Ennemy ? Fort bien. Vous l'avez désarmé ? Facilement. Et blessé ? Hon. Dangereusement, s'entend A travers le corps. Vous vous éloignerez Il le faut. Sans dire adieu au Roy ? Ha, a, a. Mais cét autre, mordiable, de quelle mort le ferons-nous tomber ? De l'étrangler comme Hercule fit Anthée, je ne suis pas Bourreau. Luy feray-je avaler toute la Mer ? Le monument d'Aristote est trop illustre pour un ignorant. S'il étoit Maquereau, je le ferois mourir en eau douce. Dans la flâme, il n'auroit pas le temps de bien goûter la mort. Commanderay-je à la Terre de l'engloutir tout vif ? Non; car comme ces

petits Gentillastres sont accoûtumez de manger leurs Terres, celuy-cy pourroit bien manger celle qui le couvriroit. De le déchirer par morceaux, ma colere ne seroit pas contente, s'il restoit de ce malheureux un atôme aprés sa mort. O Dieux! je suis réduit à n'oser pas seulement luy deffendre de vivre, parce que je ne sçay comment le faire mourir.

SCENE II.
J. GAREAU, CHASTEAUFORT.

GAREAU.

Vartigué, vela de ces mangeux de petits Enfans. La Vegne de la Courtille, belle montre, & peu de rapport.

CHASTEAUFORT.

Où vas-tu bon Homme?

GAREAU.

Tout devant moy.

CHASTEAUFORT.

Mais je te demande où va le chemin que tu suis.

GAREAU.

Il ne va pas, il ne bouge.

CHASTEAUFORT.

Pauvre rustre, ce n'est pas cela que je veux sçavoir : Je te demande si tu as en-

core bien du chemin à faire aujourd'huy.
GAREAU.
Nanain da, je le trouvaray tout fait.
CHASTEAUFORT.
Tu parois, Dieu me damne, bien gaillard, pour n'avoir pas dîné.
GAREAU.
Dix nez? Qu'en fera-je de dix? il ne m'en faut qu'un. ### CHASTEAUFORT.
Quel Docteur! Il en sçait autant que son Curé. ### GAREAU.
Aussi fije? N'est-il pas bian curé qui n'a rien au vantre? Hé là, ris Jean, on te frit des œufs. Testigué, est-ce à cause qu'ous estes Monsieu, qu'ou faites tant de menes; Dame, qui tare a, guare a. Tenez n'avous point veu malva; Bonjou donc Monsieu, s'tules: Hé qu'est-ce donc; Je pense donc qu'ou me prandrais pour queuque inorant; Hé si tu es riche, desne deux fois. Aga quien, qui m'a angé de ce galouriau; Bonefi sfesmon! vela un Homme bien vidé, vela un engein de belle déguesne, vela un biau vaissiau, s'il avet deux saicles sur le cul. Par la morguoi, si j'avoüas une sarpe ci un baston, je feroüas un Gentizome tout auqueu. C'est de la Noblesse à Maquieu Furon, va te couché tu souperas demain. Est-ce donc pelamor qu'ous avez un angin de far au côté,

qu'ous fetes l'Olbrius & le Vespasian ; Vartigué ce n'est pas encore come-ça. Dame accoutez je vous dorois bian de la gaule par sous l'huis; mais par la morguoy ne me joüez pas des Trogedies, car je vous feroüas du bezot. Jarnigué je ne fis pas un gniais : J'ay été sans repruche Marguillier, j'ay été Beguiau, j'ay été Portofrande, j'ay été Chasse-Chien, j'ay été Guieu & Guiebe, je ne sçay pus qui je fis. Mais ardé de tout ça bre rrrrr, j'en dis du Mirlira, parmets que j'aye du Stic. CHASTEAUFORT. Malheureux excommunié, voila bien du haut stile. GAREAU. Monsieu de Marsilly m'appellet bian son bastar. Il ne s'en est pas sally l'époisseur d'un tornas qu'il ne m'ait fait apprenty Conseillé. Vien-ça, ce me-fit-il une fois, gros Fils de Putain (car j'équions tout comme deux Freres) je veux, ce fit-il, que tu venais, ce fit-il, autour de moy, ce fit-il, dans la Turquise, ce me fit-il. O ! ce l'y fis je, cela vous plaist à dire : Non est, ce me fit-il. O ! si est, ce l'y fis-je. O ! ce me fis-je à par moy: Ecoute Jean, ne faut point faire le bougre, faut sauter. Dame je ne fesy point de défigurance davantage, je me bouty avec ly cahin caha, tout à la maxite Françoise.

Mais quand on gn'y eſt, on gn'y eſt. Bonnefy pourtant je paraiſſy un ſot baſquié, un ſot baſquié je paraiſſy; car Martin Binet.... Et y à propos Denis le Balafré ſon Onque, ce grand ecné, s'en venit l'autre jour la remontée lantarner environ moy. Ah! ma foy, ma foy, je penſe que Guieu marcy, je vous l'y ramenis le plus biau chinfregniau ſus le mouſtafa, qu'oul l'y en demeury les badigoines écarboüillées tout avaux l'Hyvar. Que Guiebe auſſi! Tous les jours que Guieu feſet, ce bagnoquier-là me ravaudet comme un Satan. C'eſtet ſa Sœur qui épouſit le grand Tiphoine. Acoutez, ol n'a que faire de faire tant l'enhafée, ol n'a goute de brin de biau. Parmafy, comme dit l'autre, ce n'eſt pas grand chance; la Reyne de Nior, malheureuſſ'en biauté. Pour ſon Homme, quand oul eſt deſ-habillé, c'eſt un biau cor-nu. Mais regardez un petit, ce n'étet encore qu'une varmene, & ſi ol feſet déja tant la dévargondée, pour autant qu'ol ſavet luire dans les Seſſiaumes, qu'on n'en ſavet chevir. Ol ſe carret comme un pou dans eune rogne: Dame auſſi ol avet la voix, reverance parlé, auſſi finement claire qu'eune yau de roche. L'en diſet que Monſieu le Curé avet bian trampé souvent son Goupillon dans son Bennaiquié : mais ardé sont des médiseux, les faut laisser dire ; & pis quand oul auret ribaudé un tantinet, c'est à ly à faire, & à nous à nous taire : pis qu'il donne bian la pollution aux autres, il ne l'oubly pas pour ly. Monsieu le Vicaire itou étet d'une humeur bian domicile & bian turquoise : mais ardé....

CHASTEAUFORT.
Et de grace, Villageois, acheve nous tes avantures du voyage de Monsieur de Marsilly.

GAREAU.
Ho, ho, ous n'estes pas le Roy Minos, ous estes le Roy Priant. O donc je voyagisme vers l'Or riant, & vers la Mardy Terre Année.

CHASTEAUFORT.
Tu veux dire au contraire vers l'Orient, sur la Mediterranée.

GAREAU.
Hé bian je me reprens, un var se reprend bian. Mais guian si vous pensiais que je devisiesme entendre tous ces tintamarres là, comme vous autres Latiniseurs, Dame na nain : Et vous, comme guiebe déharnachez-vous vostre Philophie ; J'arrivismes itou aux Deux Trois de Gilles le Bastard, dans la Transvilanie, en Beth-

B vj

lian de Galilene, en Harico, & pis au País.... au País... du Beure.

CHASTEAUFORT.
Que Diable veux-tu dire, au País du Beure ?   GAREAU.
Oüy au País du Beure. Tanquia que c'est un País qui est mou comme Beure, & où les gens sont durs comme Piare. Ha! c'est la Graisse, hé bian les gens n'y sont-ils pas bian durs, pis que ce sont des Grets ? Et pis aprés cela je nous en allismes, reverance parlé, en un País si loin, si loin: je pense que mon Maistre appellet cela le País des Bassins, où le monde est noir comme des Antechrits. Ardé, je croy fixiblement que je n'eussiesmes pas encore cheminé deux glieuës, que j'eussiesmes trové le Paradis & l'Enfar. Mais tenez, tout ce qui me semblit de pus biau à voir, c'est ces petits Sarasins d'Italise : cette petite grene d'andoüille n'est pas pus grande que savequoy, & s'ils savont déja parler Italian. Dame je ne fesimes là guere d'ordure. Je nous bandismes nos quaisses tout au bout du Monde dans la Turquise, moy & mon Maistre. Parmasy pourtant, je disis biantoit à mon Maistre qu'oul s'en revenist. Hé quemant, quelle vilanie ? Tous ces Turs-là sont tretous Huguenots comme des Chiens. Oul se

garmantet par escousse de leur bailler des exultations à la Turquoise.
CHASTEAUFORT.
Il faut dire des exhortations à la Turque.
GAREAU.
O bian, tanquia qu'il les sarmonet comme il falet.
CHASTEAUFORT.
Ton Maître sçavoit donc l'Idiome Turc.
GAREAU.
Hé vramant oüy oul savet tous ces Gerosmes-là ; les avet-il pas veus dans le Latin ? Son Frere itou étet bian savant, mais oul n'étet pas encore si savant, car n'en marmuset qu'oul n'avet appris le Latin qu'en François. C'étet un bon Nicolas qui s'en allet tout devant ly, hurlu, brelu; n'en n'eust pas dit qu'oul y touchet, & stanpandant oul marmonet toûjours dans une bastelée de Livres. Je ne me sauras tenir de rire, quand je me ramenteu des noms si biscornus, & si pas le sanguoy tout ça étet vray, car oul étet moulé. D'auquns s'intiloient, s'inturloient : oüay ? ce n'est pas encore come ça : S'inluruloient, j'y sis casi : S'intilutoient ; s'in, s'in, s'in ; Tanquia que je m'entens bian.
CHASTEAUFORT.
Tu veux dire s'intituloient.

GAREAU.

Oüy, oüy, s'in, s'in, hela qui se fesoient come vous dites : Vela tout come il le défrinchet. Je ne say pus où j'en sis, vous me l'avez fait pardre.

CHASTEAUFORT.

Tu parlois du nom de ces Livres.

GAREAU.

Ces Livres donc, pis que Livres y a. Oüay ? Ha je say bian ; Oul y avet des Amas de Gaules, des Cadets de Tirelire, & des Aisnez de Vigile.

CHASTEAUFORT.

Il faut dire, mon grand amy, des Amadis de Gaule, des Décades de Tite-Live, des Eneïdes de Virgile. Mais poursuis.

GAREAU.

O ! par le sangué va-t'en charcher tes poursuiveux. Aga qu'il est raisonnabe aujourd'hy, il a mangé de la soupe à neuf heures. Hé si je ne veux pas dire comme ça moy ? Tanquia qu'à la parfin je nous en revinsmes. Il apportit de ce Païs-là tant de Guiamans rouges, des Hemoroïdes vartes, & une grande Epée qui ateindret d'icy à demain. C'est à tout cos farremens que ces mangeux de petits enfans se batont en detil. Il aportit itou de petits engingorniaux remplis de naissance, à celle fin de conserver ce feset-il l'humeur ridicule, à celle fin, ce fefet-il, de vivre auffi long-temps que Maquieu falé. Tenez n'av.ous point veu Niquedoüille, qui ne fçauret rire fans montrer les dants?

CHASTEAUFORT.
Je ne ris pas de la vertu de tes effences.

Il le frape. GAREAU.

O guian fçachez que les naiffances ont de marveilleufes propretez; c'eft un certain oignement dont les Ancians s'oignient quand ils eftient morts, dont ils vivient fi longuement. Mais morgué il me viant de fouvenir que vous vouliais tantoft que je vous difi le nom de ces Livres. Et je ne veux pas moy, & vous eftes un fot dres là: & teftigué ous eftes un inorant là dedans. Car ventregué fi vous eftes un fi bon difeux, morgué tapons-nous donc la gueulle comme il faut. Dame il ne faut point tant de beure pour faire un cartron. Et quien & ve'la pour toy.

CHASTEAUFORT.
Ce coup ne m'offenfe point, au contraire il publie mon courage invincible à fouffrir. Toutesfois afin que tu ne te rendes pas indigne de pardon par une feconde faute, encore que ce foit ma couftume de donner pluftoft un coup d'épée qu'une parole, je veux bien te dire qui je fuis. J'ay

fait en ma vie feptante mille Combats, & n'ay jamais porté bote qui n'ait tué fans confeffion. Ce n'eſt pas que j'aye jamais feraillé le fleurêt, je fuis adroit la grace à Dieu, & partant la fcience que j'ay des armes, je ne l'ay jamais apprife que l'épée à la main. Mais que cêt avertiſſement ne t'éfraye point : Je fuis tout cœur, & il n'y a point par confequent de place fur mon corps où tu puiſſes adreſſer tes coups fans me tuër. Sus donc, mais gardons la veuë, ne portons point de même temps, ne pouſſons point de prés, ne tirons point de feconde : Mais vifte, vifte, je n'aime pas tant de difcours : Mardieu depuis le temps je me ferois mis en garde, j'aurois gagné la mefure, je l'aurois rompuë, j'aurois furpris le fort, j'aurois pris le temps, j'aurois coupé fous le bras, j'aurois marqué tous les battemens, j'aurois tiré la flanconade, j'aurois porté le coup de deſſous, je me ferois allongé de tierce fur les armes, j'aurois quarté du pied gauche, j'aurois marqué feinte à la pointe & dedans & dehors, j'aurois eftramaçoné, ébranlé, empieté, engagé, volté, porté, paré, ripofté, carté, paſſé, defarmé & tué trente Hommes.

GAREAU.

Vramant, vramant, vela bian la Muficle

Comedie. 41

de S. Innocent, la pus grande piqué du monde. Quel embrocheux de Limas! Et quien, quien, vela encor pour t'agacer.
Il le frape encore.

CHASTEAUFORT.

Je ne sçay, Dieu me damne, ce que m'a fait ce maraut, je ne me sçaurois fâcher contre luy. *Il le frape encore.* Foy de Cavalier, cette gentillesse me charme. Voila le faquin du plus grand cœur que je vis jamais. *Il le frape encore* Il faut necessairement, ou que ce belistre soit mon Fils, ou qu'il soit Démoniaque. *Il est frapé derechef* D'égorger mon Fils à mon escient, je n'ay garde; De tuër un Possedé, j'aurois tort, puis qu'il n'est pas coupable des fautes que le Diable luy fait faire. Toutefois, ô pauvre Païsan! sçache que je porte à mon côté la Mere-Nourrice des Fossoyeurs: que de la Tête du dernier Sophy, je fis un pomeau à mon épée: que du vent de mon Chapeau, je submerge un Armée Navale: & que qui veut sçavoir le nombre des Hommes que j'ay tuez, n'a qu'à poser un 9. & tous les grains de sable de la Mer ensuite, qui serviront de zeros. *Il est encore batu* Quoy que tu fasses, ayant protesté que je gagnerois cela sur moy-même, de me laisser battre une fois en ma vie, il ne sera pas dit qu'un maraut comme toy me fasse changer de resolution. *Gareau se retire en un coin du Theatre, & le Capitan demeure seul.* Quelque faquin de cœur bas & ravalé, auroit voulu mesurer son épée avec ce vilain : mais moy qui suis Gentilhomme, & Gentilhomme d'extraction, je m'en suis fort bien sçeu garder. Il ne s'en est cependant quasi rien fallu que je ne l'aye percé de mille coups, tant les noires vapeurs de la bille offusquent quelquefois la clarté des plus beaux Génies. En effet j'allois tout massacrer. Je jure donc aujourd'huy par cette main, cette main dispensatrice des Couronnes & des Houletes, de ne plus doresnavant recevoir personne au combat, qu'il n'ait lû devant moy sur le pré ses Lettres de Noblesse : & pour plus grande prévoyance, je m'en vais faire promptement avertir Messieurs les Mareschaux qu'ils m'envoyent des Gardes pour m'empêcher de me battre : car je sens croitre ma colere, mon cœur s'enfler, & les doigts qui me demangent de faire un homicide. Viste, viste, des Gardes, car je ne répons plus de moy : Et vous autres, Messieurs, qui m'écoutez, allez m'en querir tout à l'heure, ou par moy tantôt vous n'aurez point d'autre lumiere à vous en retourner, que celle des éclairs de mon

Sabre, quand il vous tombera sur la tête; & la raison est, que je vay, si je n'ay un Garde, souffler d'icy le Soleil dans les Cieux comme une chandelle. Je te massacrerois, mais tu as du cœur, & j'ay besoin de Soldats. *Gareau revenant le frape encore, & le Capitan s'en va.*

SCENE III.

GRANGER, GAREAU, MANON, FLEURY.

MANON.

Quel démeslé donc, mon pauvre Jean, avois-tu avec ce Capitaine?

GAREAU.

Aaga, ou me venet ravodé de sa Philophie. Ardé tenez, c'est tout fin dret comme ce grand Cocsigruë de Monsieu du Meny : vous savez bian, qui avet ces grands penaches quand je demeurais chez Mademoiselle de Carnay. Dame pelamor qu'oul étet brave comme le tems, qu'oul luiset dans le moulé, qu'oul jargonet par escousse des Asnes à Batiste, des Peres-Paticiers, il velet que je l'y fisiesmes tretous l'obenigna. Pelamor itou, à ce que fuchequient les médiseux, qu'avec Mademoirelle noſtre Metraiſſe, il boutet cety-cy dans cety-là, (ce n'eſt pas ce non-obſtant, comme dit l'autre, pour ce chore là, car ardé bonne renomée vaut mieux que ceinture dorée:) mais par la morguoy ſpheſmon, c'étet un bel oiſiau pour tourner quetre broches : & pis étou l'en marmuſet qu'oul étout un tentet tarabuſté de l'entendement. Bonnefy la barbe l'y étet venuë devant eune bonne Ville, ol l'y étet venuë devant Sens. Ce Jean qui de tout ſe meſle, il y a déja eune bonne eſcouſſe da, s'en venit me ramener avos les échegnes eune houſſene de dix ans. Vartigué je n'étais pas Gentizome pour me battre en deüil, mais.... O donc c'étet Mademoirelle noſtre Metraiſſe qui m'avet loüé, & ſtanpandant il voulet, ce dit il, me faire, ce dit-il, enfiler la porte. O, ce me fit-il, je te feray bian enfiler la porte, ce fit-il, Guian cette parole-la me prenit au cœur. O par la morguoy, ce l'y fis-je, vous ne me ferais point enfiler la porte : & pis au fons, ce l'y fis-je, c'eſt Mademoirelle qui m'a loüé : ſi Mademoirelle veut que je l'enfile, je l'enfileray bian, mais non pas pour vous.

GRANGER.

Or-ça nôtre Gendre, mettons toutes

Comedie. 45

querelles sous le pied, & donnons-leur d'un oubly à travers les hypocondres. Si l'Hymenée porte un flambeau, ce n'est pas celuy de la Discorde : Il doit allumer nos cœurs, non pas nôtre fiel : C'est le sujet qui nous assemble tous. Voila ma Fille qui voudroit déja qu'on dist d'elle & de vous, *Sub, super, in, subter, casu jungamur viroque in vero sensu.*

MANON.
Mon Pere, je ne suis pas capable de former des souhaits, mais de seconder les vôtres : Conduisez ma main dans celle que vous avez choisie, & vous verrez vôtre Fille d'un visage égal, ou descendre, ou monter.

GRANGER.
Rien donc ne nous empêche plus de conclure cét accord, aussi-tôt que nous sçaurons les natures de vôtre bien.

FLEURY.
La-donc, ne perdons point de temps.

GRANGER.
Vos facultez consistent-elles en Rentes, en Maisons, ou en Meubles ?

GAREAU.
Dame oüy, j'ay tres-bian de tout-ça, par le moyen d'un heritage.

GRANGER.
Qu'on donne promptement un Siege à

Monsieur. Manon, saluez vôtre Mary.
Cette succession est-elle grande ?
GAREAU.
Elle est de vint mille frans.
GRANGER.
Viste, Paquier, qu'on mette le couvert.
GAREAU. *Il se met dans une Chaise.*
La, la, vous moquez-vous ? rasubez vostre bonnet ; entre nous autres, il ne faut point tant de fresmes, ny de simonies. Hé ! qu'es-ce donc ? Nostre-dinse, n'en diret que je ne nous connoissiens plus. Quoy, ous avez bouté en obliviance de quand ous équiais au Chaquiau ? Parguene alez ous n'équiais qu'un petit Navet en ce tems-là, ous estes à cette heure-cy eune Citroüille bian grosse. Vramant laissez faire, je pense que Guieu marcy, j'avons bian sarmoné de vous, feu nostre mainagere & moy. Si vous étet venu des cornes toutes les fois que les oreilles vous ont corné (ce que j'en dis pourtant ce n'est pas que j'en parle, ce crois-je bian qu'ous en avez assez sans nous.) Tanquia que, donc pour revenir à nostre conte, jerniguoy j'équiesmes tous deux de méchantes petites varmeines. J'alliesmes vreder avant ces Bois. Et y à propos ce biau Marle qui sublet si finement haut : Hé bian regardez, ce n'étet que le Clocu

Fili Davi! Ous équiais un vray Juy d'Avignon en ce tems-là : Ous équiais tréjours à pandiller entour ces cloches, & y à sauter comme un Maron. O bian, mais ce n'est pas le tout que des choux, il faut de la graisse.

GRANGER.
Avez-vous icy des Contracts acquisitoires de ces heritages-là?

GAREAU.
Nanain vramant, & si l'on ne me les veut pas donner ; mais je me doute bian de ce qu'oul y a. Testigué je m'amuse bian à des papiers, moy. Hé ardé, tous ces brinborions de Contracts, ce n'est que de l'écriture qui n'est pas vraye, car ol n'est pas moulée. Hobian, acourez-la, c'est eune petite sussion qui est vramant bian grande da, de Nicolas Girard; hé la, le Pere de ce petit Loüis Girard qui étet si semillant : ne vous sçauriais-vous recorder ? c'est ly qui s'allit neger à la grand Mere. O bian son Pere est mort, & si je l'avons conduit en tare, s'il a plû à Guieu, sans reproche, comme dit l'autre. Ce pauvre Guiebe étet allé dénicher des Pies sur l'Orme de la Comere Massée : Dame comme oul étet au copiau, le vela bredi, breda, qui commence à griller tout avaux les branches, & chéit eune grande

escousse, pouf, à la renvarse. Guieu benit la Cresquianté, je croy que le cœur l'y écarboüillit dans le ventre, car oul ne sonit jamais mot, ne groüillit, sinon qu'oul grimonit en trépassant, Guiebe set de la Pie, & des Piaux. O donc ly il étet mon Compere, & sa Femme ma Comere. Or ma Comere, pis que Comere y a, auparavant que d'avoir épousé mon Compere, avet épousé en premieres nopces, le Cousin de la Brû de Piare Olivier, qui touchet de bian prés à Jean Henault, de par le Gendre du Biaufrere de son Onque. Or cely-cy, retenez bian, avet eu des enfans de Jaquelaine Brunet qui moururent sans enfans : Mais il se trouve que le Neveu de Denis Gauchet avet tout baillé à sa Femme par Contract de mariage, à celle fin de frustrifer les heriquiers de Thomas Plançon qui devient y rentrer, pis que sa Mere grand n'avet rian laissé aux Mineurs de Denis Vanel l'esné : Or il se trouve que je somes parens en queuque magniere de la Veufve de Denis Vanel le jeune, & par consequent ne devons-je pas avoir la sussion de Nicolas Girard.

GRANGER.

Mon amy, je fais ouvrir à ma conception plus d'yeux que n'en eût jamais le Berger Gardien

Gardien de la Vache Io, & je ne vois goute en vôtre affaire.

GAREAU.

O Monsieu, je m'en vas vous l'éclaircir aussi finement claire que la voix des Enfans de chœur de nostre Vilage. Acoutez donc : Il faut que vous sachiais que la Veufve de Denis Vanel le jeune, dont je somes parens en queuque magniere, étet Fille du second lit de Georges Marquiau, le Biaufrere de la Sœur du Neveu de Piare Brunet dont j'avons tantost fait mention : Or il est bian à clair que si le Cousain de la Brû Piare Olivier qui touchet de bian prés à Jean Henault, de par le Gendre du Biaufrere de son Onque, étet Pere des enfans de Jaquelaine Brunet trépassez sans enfans, & qu'aprés tout ce tintamare là, on n'avet rian laissé aux Mineux de Denis Vanel le jeune, j'y devons rentrer, n'est-ce pas ?

GRANGER.

Paquier, repliez la nappe, Monsieur n'a pas le loisir de s'arrester. Ma foy, beau Sire, depuis que Cupidon segrega la Lumiere de Cahos, il ne s'est point vû sous le Soleil un démeslé semblable. Dedale & son Labirinthe en ont bien dans le dos. Je vous remercie cependant de l'honneur qu'il vous plaiſoit nous faire : Vous pouvez promener vôtre Charuë ailleurs que ſur le champ virginal du ventre de ma Fille.

MANON.
Les Valets de la Fête vous remerſiſſont.

FLEURY.
Vous avez bon courage, mais les jambes vous faillent.

GAREAU.
Ma foy voire ; Auſſi bian n'en velay-je pus. J'aime bian mieux eune bonne groſſe Mainagere, qui vous travaille de ſes dix doigts, que non pas de ces Madames de Paris qui ſe feſont courtiſer des Courtiſans. Vous verrais ces Galouriaux tant que le jour eſt long, leûr dire, Mon cœur, Mamour ; Parcy, Parlà, Je le veux bian, Le veux-tu bian? Et pis c'eſt à ſe babouler, à ſe patiner, à plaquer les mains au commencement ſur les joües, pis ſur le cou, pis ſur les tripes, pis ſur le brichet, pis encore pus bas, & ainſi le viſſe-gliſſe. Stanpandant moy qui ne veux pas qu'on me faſſe des Trogedies, ſi j'avoüas trouvé queuque Ribaut licher le morviau à ma Femme, comme cét affront-la frape bian au cœur, peut-être que dans le deſeſpoir je m'emporteroüas à jeter ſon chapiau par les

freneftres, pis ce feret du fcandale ; Ti-
gué queuque gniais.
GRANGER.
O efperances futiles du concept des Humains ! De même les Chats tu ne flates
que pour égratigner, Fortune malicieufe.

SCENE IV.
CORBINELI, GRANGER, PAQUIER.

CORBINELI.

Elle n'eft pas feulement malicieufe, elle eft enragée. Helas ! tout
eft perdu, vôtre Fils eft mort.
GRANGER.
Mon Fils eft mort ! es-tu hors de fens ?
CORBINELI.
Non, je parle ferieufement : Vôtre
Fils à la verité n'eft pas mort, mais il
eft entre les mains des Turcs.
GRANGER.
Entre les mains des Turcs ? Soûtiens-
moy ; je fuis mort.
CORBINELI.
A peine étions-nous entrez en Batteau
pour paffer de la Porte de Nefle au Quay
de l'Efcole....

GRANGER.
Et qu'allois tu faire à l'Escole ? Baudet.
CORBINELI.
Mon Maître s'étant souvenu du commandement que vous luy avez fait d'acheter quelque bagatelle qui fut rare à Venise, & de peu de valeur à Paris, pour en regaler son Oncle, s'étoit imaginé qu'une douzaine de Cotrets n'étans pas chers, & ne s'en trouvant point par toute l'Europe de mignons comme en cette Ville, il devoit en porter là : C'est pourquoy nous passions vers l'Escole pour en acheter : mais à peine avons-nous éloigné la Côte, que nous avons été pris par une Galere Turque.
GRANGER.
Hé ! de par le Cornet retors de Triton Dieu Marin, qui jamais oüit parler que la Mer fust à S. Clou ? qu'il y eust là des Galeres, des Pyrates, ny des Ecüeils ?   CORBINELI.
C'est en cela que la chose est plus merveilleuse : Et quoy que l'on ne les aye point vûs en France que cela, que sçait-on s'ils ne sont point venus de Constantinople jusques icy entre deux Eaux.
PAQUIER.
En effet, Monsieur, les Topinambours qui demeurent quatre ou cinq cens lieuës au

Comédie.

delà du Monde, vinrent bien autrefois à Paris; & l'autre jour encore les Polonois enleverent bien la Princesse Marie en plein jour à l'Hôtel de Nevers, sans que personne osast branler.

CORBINELI.

Mais ils ne se sont pas contentez de cecy, ils ont voulu poignarder vôtre Fils....

PAQUIER.

Quoy sans confession?

CORBINELI.

S'il ne se rachetoit par de l'argent.

GRANGER.

Ah! les miserables; c'étoit pour incuter la peur dans cette jeune poitrine.

PAQUIER.

En effet, les Turcs n'ont garde de toucher l'argent des Chrétiens, à cause qu'il a une Croix.

CORBINELI.

Mon Maître ne m'a jamais pû dire autre chose, sinon: Va-t-en trouver mon Pere, & luy dis.... Ses larmes aussi-tôt suffoquant sa parole, m'ont bien mieux expliqué qu'il n'eût sçû faire, les tendresses qu'il a pour vous.

GRANGER.

Que Diable aller faire aussi dans la Galere d'un Turc? D'un Turc! *verge*.

CORBINELI.
Ces Ecumeurs impitoyables ne me vouloient pas accorder la liberté de vous venir trouver, si je ne me fus jetté aux genoux du plus apparent d'entr'eux. Hé! Monsieur le Turc, luy ay-je dit, permettez moy d'aller avertir son Pere, qui vous envoyera tout-à-l'heure sa rançon.   GRANGER.
Tu ne devois pas parler de rançon; ils se feront moquez de toy.

CORBINELI.
Au contraire; A ce mot il a un peu resserrené sa face. Va, m'a-t'il dit: mais si tu n'es icy de retour dans un moment, j'iray prendre ton Maître dans son College, & vous étrangleray tous trois aux antennes de nôtre Navire. J'avois si peur d'entendre encore quelque chose de plus fâcheux, ou que le Diable ne me vint emporter étant en la compagnie de ces Excommuniez, que je me suis promptement jetté dans un Esquif, pour vous avertir des funestes particularitez de cette rencontre.

GRANGER.
Que Diable aller faire dans la Galere d'un Turc.

PAQUIER.
Qui n'a peut-être pas été à confesse depuis dix ans.

GRANGER.
Mais penses-tu qu'il soit bien resolu d'aller à Venise.
CORBINELI.
Il ne respire autre chose.
GRANGER.
Le mal n'est donc pas sans remede. Paquier, donne-moy le receptacle des instrumens de l'Immortalité, *Scriptorium scilicet*.
CORBINELI.
Qu'en desirez-vous faire.
GRANGER.
Ecrire une Lettre à ces Turcs.
CORBINELI.
Touchant quoy.
GRANGER.
Qu'ils me renvoyent mon Fils, parce que j'en ay affaire; Qu'au reste ils doivent excuser la jeunesse, qui est sujette à beaucoup de fautes: & que s'il luy arrive une autre fois de se laisser prendre, je leur promets foy de Docteur, de ne leur en plus obtendre la faculté auditive.
CORBINELI.
Ils se moqueront, par ma foy, de vous.
GRANGER.
Va-t'en donc leur dire de ma part, Que je suis tout prest de leur répondre pardevant Notaire que le premier des leurs qui me

tombera entre les mains, je le leur renvoyeray pour rien. (Ha! que Diable, qu-Diable, aller faire en cette Galere?) Ou dis leur qu'autrement je vais m'en plaindre à la Justice. Si-tôt qu'ils l'auront remis en liberté, ne vous amusez ny l'un ny l'autre, car j'ay affaire de vous.

CORBINELI.

Tout cela s'appelle dormir les yeux ouverts.   GRANGER.

Mon Dieu, faut-il être ruïné à l'âge où je suis? Va-t-en avec Paquier, prens le reste du Teston que je luy donnay pour la dépense il n'y a que huit jours. (Aller sans dessein dans une Galere!) Prens tout le reliqua de cette piece. (Ha! malheureuse geniture, tu me coûtes plus d'or que tu n'es pesant.) Paye la rançon, & ce qui restera employe-le en œuvres pies. (Dans la Galere d'un Turc!) Bien, va-t-en. (Mais miserable, dis-moy, que Diable allois-tu faire dans cette Galere?) Va prendre dans mes Armoires ce Pourpoint découpé que quitta feu mon Pere l'année du grand Hyver.   CORBINELI.

A quoy bon ces fariboles? Vous n'y êtes pas. Il faut tout au moins cent Pistoles pour sa rançon.

GRANGER.

Cent Pistoles! Ha! mon Fils, ne tient-il qu'à ma vie pour conserver la tienne ? Mais cent Pistoles! Corbineli, va-t-en luy dire qu'il se laisse pendre sans dire mot; cependant qu'il ne s'afflige point, car je les en feray bien repentir.

CORBINELI.

Mademoiselle Genevotte n'étoit pas trop sotte, qui refusoit tantôt de vous épouser, sur ce que l'on l'assuroit que vous êtiez d'humeur, quand elle seroit Esclave en Turquie, de l'y laisser.

GRANGER.

Je les feray mentir. S'en aller dans la Galere d'un Turc! Hé quoy faire, de par tous les Diables, dans cette Galere ? O! Galere, Galere, tu mets bien ma Bourse aux Galeres.

SCENE V.

PAQUIER, CORBINELI.

PAQUIER.

Voila ce que c'est que d'aller aux Galeres. Qui Diable le pressoit ? Peut-être que s'il eût eu la patience d'attendre encore huit jours, le Roy l'y eût envoyé en si bonne compagnie, que les Turcs ne l'eussent pas pris.

CORBINELI.

Noſtre *Domine* ne ſonge pas que ces Turcs me devoreront.

PAQUIER.

Vous êtes à l'abry de ce côté-là, car les Mahometans ne mangent point de Porc.

SCENE VI.

GRANGER, CORBINELI, PAQUIER.

GRANGER.

Tien, va-t-en, emporte tout mon bien.

Granger revient luy donner une Bourſe, & s'en retourne en même temps.

SCENE VII.

CORBINELI *frapant à la porte de la Tremblaye.*

Monjoye Saint Denis ; Ville gagnée ; *Accede*, Granger le jeune, *accede*. O le plus heureux des Hommes !

ô le plus chery des Dieux ! Tenez, prenez, parlez à cette Bourse, & luy demandez ce que je vaux.

CHARLOT.

Allons viste, allons inhumer cét argent mort pour mon Pere, au Coffre de Mademoiselle Genevote : Ce sera de bon cœur, & sans pleurer, que je rendray les derniers devoirs à ce pauvre trépassé ; & cependant admirons la médisance du Peuple, qui juroit que mon Pere, bien loin de consentir au Mariage de Mademoiselle Genevote & de moy, prétendoit luy-même à l'épouser ; & voicy que pour découvrir l'imposture des Calomniateurs, il envoye de l'argent pour faire les frais de nos ceremonies.

SCENE VIII.

GRANGER, PAQUIER.

GRANGER.

Fortune, ne me regarderas-tu jamais qu'en rechignant ? Jamais ne riras-tu pour moy ?

PAQUIER.

Ne sçavez-vous pas qu'elle est sur une Rouë, Damoiselle Fortune ? Elle seroit bien ladre, d'avoir envie de rire. Mais, Monsieur, asseurément que vous êtes ensorcelé.

GRANGER.

As-tu quelquefois entendu fretiller sur la minuit dans ta Chambre quelque chose de noir ?

PAQUIER.

Vramant, vramant. Tantôt j'entens traîner des chaisnes à l'entour de mon lit ; tantôt je sens coucher entre mes draps une grande masse lourde, tantôt j'apperçois à nôtre Atre une Vieille toute ridée se graisser, puis à califourchon sur un Balet s'envoler par la cheminée : Enfin je pense que nôtre College est l'Icon, le Prototipe, & le Pere-grand du Château de Bicestre.

GRANGER.

Il seroit donc à propos, ce me semble, de prendre garde à moy. Quelque Incube pourroit bien venir habiter avec ma Fille, & faire pis encore, butinant les reliques de mon chetif & malheureux Gaza. Ma foy pourtant, Diables Folets, si vous attendez cela pour dîner, vous n'avez qu'à dire graces : Je m'en vais faire prendre à toutes mes Chambres chacune une Medecine d'Eau-benâîe. Ils pourroient bien toutefois me voler d'un côté, quand je les conjurerois de l'autre. N'importe : Paquier va-t-en chercher sous mes grandes Armoires un vieux Livre de Plein-chant; déchire-le par morceaux, & en attache un feüillet à chaque avenuë de ma Chambre, comme aux portes, aux fenêtres, à la cheminée, & principalement enduis-en un certain Coffre fort, fidelle dépositaire de mon Magazin. Ecoute, écoute, Paquier, il vient de me souvenir que les Démons s'emparent des Trésors égarez ou perdus. De peur que quelqu'un d'eux ne vienne à se méprendre, souviens-toy bien d'écrire sur la Piece de game qui couvre la serrure, mais en gros caracteres; *Il n'est égaré, ny perdu, car je sçais bien qu'il est là.* Je me veux divertir de ces pensées mélancoliques : Ces imaginations sepulchrales usent bien souvent l'ame auparavant le corps. Paquier, *adesto* : Va-t-en au Logis de ma toute belle Navre-cœur : Souhaite-luy de ma part le bonjour qu'elle ne me donne pas : Parle-luy avantageusement de mon amour ; & sur tout ne l'entretiens que de Feux, de Charbons, & de Traits. Va viste, & revien; m'apporter la réponse.

SCENE IX.
PAQUIER, GENEVOTE.
PAQUIER *seul*.

DE Feux, de Charbons, & de Traits : Cela n'est pas si aisé qu'on diroit bien.

GENEVOTE *arrivant*.

Comment se porte ton Maître, Paquier ?

PAQUIER.

Il se porte comme se portoit saint Laurens sur le Gril, roussy, noircy, rosty, & tout cela par Feu.

GENEVOTE.

Je ne sçay pas s'il souffre ce que tu dis : mais je te puis assurer que du jour qu'il commença de m'aimer, je commençay de meriter la Couronne du Martyre. O ! Paquier, fidelle témoin de ma passion, dis à ton Maître, que sa chere & malheureuse Genevote, verse plus d'eau de ses yeux, que sa bouche n'en boit ; qu'elle soûpire autant de fois qu'elle respire, & que....

PAQUIER.

Mademoiselle, je vous prie, laissons-là toutes ces choses ; parlons seulement de ce dont mon Maître m'a commandé de vous entretenir. Dites-moy, avez-vous beaucoup de bois pour l'Hyver, car mon Maître ne se peut passer de Feu.

GENEVOTE.

Sans mentir, j'aurois bien le cœur de roche, s'il n'étoit penetrable aux coups des perfections de ton Maître.

PAQUIER.

Bon Dieu, quel Coc-à-l'asne ! Répondez-moy catégoriquement ; N'avez-vous jamais vû de Feu S. Elme.

GENEVOTE.

Je ne sçay dequoy tu me parles ; je voudrois seulement que Monsieur Granger.....

PAQUIER.

Vous ne sçavez donc pas que vôtre fréquentation a remply mon Maître de Feu sauvage.

GENEVOTE.

Mon pauvre Paquier, si tu m'aimes, je te supplie entretiens-moy d'autre chose ; parle-moy de l'amour que ton Maître me porte.

PAQUIER.

Ce n'est pas là ce dont j'ay à vous parler. Mais à quoy Diable vous sert de tourner ainsi la Truye au foin? Dites-moy donc, ferez-vous cette année du Feu Gregeois à la Saint Jean.

GENEVOTE.

Plût à Dieu que je pûsse découvrir ma flâme à ton Maître sans l'offenser, car je brûle pour luy....

PAQUIER.

Ha, bon cela.

GENEVOTE.

D'une amour si violente, que je souhaiterois qu'une moitié de luy devint une moitié de moy-même ; mais la glace de son cœur....

PAQUIER.

Hé bien, ne voila pas toûjours quitter nôtre propos? Et tout cela de peur que vôtre ame ne prenne feu parmy tant d'autre : Mais ma foy, il n'en ira pas ainsi. Il y a trois Feux dans le Monde, Mademoiselle : Le premier est, le Feu Central ; le second, le Feu Vital ; & le troisiéme, le Feu Elementaire. Ce premier en a trois sous soy qui ne different que par les Accidens ; le Feu de Collision, le Feu d'Attraction, & le Feu de Position.

GENEVOTE.

As-tu fait dessein de continuër tes extravagances jusques au bout du jugement.

PAQUIER.

Mais vous-même, avez-vous fait dessein de me faire enrager jusques à la fin du Monde ? Vous me venez parler de l'amour que vous portez à mon Maître : voila de belles sottises ; ce n'est pas cela qu'on vous demande. Je veux seulement que vous sçachiez que Monsieur Granger n'est qu'un Feu Folet depuis qu'il vous a vûë ; que bientôt, aussi-bien que luy, vous arderez, s'il plaist à Dieu, du Feu S. Antoine, & que.... Mais où Diable pescher de nouveau Feu ? Ha ! par ma foy j'en tiens, Mademoiselle. Feu vôtre Pere & Feu vôtre Mere, avoient-ils fort aimé Feu leurs Parens ; car Feu le Pere & Feu la Mere de Monsieur Granger, avoient chery passionnement Feu les Trépassez : & je vous jure que le Feu est une chose si inséparable de mon Maître, qu'on peut dire de luy (quoy qu'il soit plein de vie) Feu le pauvre Monsieur Granger Principal du College de Beauvais. Orçà il me reste encore les Charbons & les Traits.

GENEVOTE.

Je souhaiterois autant de Science qu'en a ton Maître, pour répondre à son Disciple.

PAQUIER.

O ! Mademoiselle, je vous souhaiterois, non point autant de Science, mais autant de Charbons de peste, & de Cloux qu'il en a. Quoy vous en riez : Et je vous proteste moy, qu'à force de brûler, il s'est tellement noircy le corps que si vous le voyez, vous le prendriez plûtôt pour un grand Charbon, que pour un Docteur. J'en suis maintenant aux Traits.

GENEVOTE.

Tu luy pourras témoigner combien je l'aime, si tu l'as compris par mes discours ; & cependant je suis bien asseurée que son affection n'est pas reciproque.

PAQUIER.

Pour cette particularité, Mademoiselle, vous avez tort de vous en mettre en peine ; car il proteste tout haut de se ressentir des Traits que vous luy joüez ; de reverberer sur vous les Traits dont vous le navrez : & de peur que par Trait de Temps, les Traits de vôtre visage ne soient offensez des Traits de la Mort, il vous peint avec mille beaux Traits d'esprit, dans un Livre intitulé, *La tres belle, tres parfaite, & tres-accomplie Genevote, par son tres humble, tres-*

obeïssant, & tres affectionné serviteur, Granger.

GENEVOTE.

Tu diras à ton Maître, que j'étois venuë icy pour le voir, mais que l'arrivée de ce Capitaine m'a fait en aller. Je reviendray bientôt. Adieu.

SCENE X.

CHASTEAUFORT, PAQUIER.

CHASTEAUFORT.

HE'! mon Dieu, Messieurs, j'ay perdu mon Garde. Personne ne l'a-t'il rencontré ? Sans mentir j'en feray reproche à la Connestablie, d'avoir fié à un jeune Homme, la garde d'un Diable comme moy. Si j'allois maintenant rencontrer ma Partie, que seroit-ce ? Il faudroit s'égorger comme des Bêtes farouches. Pour moy, encore que je sois vaillant, je ne suis point brutal. Ce n'est pas que je craigne le combat ; au contraire, c'est le pain quotidien que je demande à Dieu tous les jours en me levant. On le verra, on le verra ; car, par la Mort, aussi-tôt que j'auray retrouvé ce Garde qui me gardoit, je proteste de désobeïr à quiconque, horsmis à ce pauvre Garde, me voudroit détourner de tirer l'épée. Hola, Garde-Mulet, ne l'as-tu point vû passer, mon Garde? C'est un Garde que les Mareschaux de France m'ont envoyé, pour m'empêcher de faire un Duel le plus sanglant qui jamais ait rougy l'herbe du Pré aux Clercs. Ventre, que dira la Noblesse de moy, quand elle sçaura que je n'ay pas eu le soin de bien garder mon Garde? O! toy donc, malheureux petit Homme, va-t'en signifier à tous les Braves qu'ils ayent à me laisser en patience d'oresnavant, pource qu'encore que mon Garde ne soit pas icy, je suis sensé comme l'ayant Je luy donnois deux pistoles par jour; & si je le puis retrouver, je promets à mon bon Ange un Cierge blanc de dix livres; & à luy, de luy donner par jour quatre pistoles, au lieu de deux : Enfin je le rendray si content de moy, qu'il ne souffrira pas que je m'échape de luy, ou ce sera le plus ingrat Homme du Monde.

PAQUIER.

Hé bien, Monsieur, qu'importe, puis que vous voulez tuër vôtre ennemy, que ce Garde vous ait abandonné: Vous pouvez à cette heure vous battre sans obstacle.

CHASTEAUFORT.

O! Chien de Mirmidon, Chien de Filou, Chien de Gripe-Manteau, Chien de Traîne-Gibet, que tu es brute en matiere de démeslez! Où sera donc la foy d'un Cavalier? Quoy, tu te figures que je sois si peu sensible à l'honneur, que de me resoudre à tromper lâchement, perfidement, traistreusement, la vigilance d'un honnête Homme qui me gardoit, & qui à l'heure que je parle, ne s'attend nullement que je me batte? Ah! plûtôt le Ciel échape à ses liens pour tomber sur ma tête. Moy aggraver la faute d'un imprudent par une plus grande! Si je pensois qu'un seul Homme se le fut imaginé, pour me vanger d'un Individu sur toute l'espece, j'envoyerois deffendre au Genre-Humain d'être vivant dans trois jours.

PAQUIER.

Adieu, adieu.

CHASTEAUFORT.

Va toy-même à Dieu, poltron, & luy dis de ma part, que je luy vais envoyer bien-tôt tout ce qui reste d'Hommes sur la Terre.

Fin du Second Acte.

ACTE III.
SCENE PREMIERE.
PAQUIER, GRANGER.

PAQUIER.

CAR par les Feux je l'ay brûlée, par les Charbons je l'ay entestée, & par les Traits je l'ay percée.

GRANGER.

Ha ! Paquier, tu t'es aujourd'huy surpassé toy-même. N'espere pas toutesfois de Laureole condigne à cét exploit; un tel service merite des Empires ; & la Fortune, cette ennemie de la Vertu, ne m'en a pas donné : Mais vien chez ma Maîtresse me voir entrer dans la Place dont tu m'as ouvert la brêche.

PAQUIER.

Ne courez point si vîte ; vous cherchez vôtre Asne quand vous êtes dessus. Ne vous ay-je pas dit qu'elle vous doit venir trouver icy ?

GRANGER.

Il m'en souvient : Je n'ay donc plus qu'à choisir lequel me fiera le mieux de mes Habits Pontificaux. *Il ouvre un grand Bahu, d'où il tire de vieux Habits, avec un Miroir, &c.* O Déesse Paphiene, sois-moy en aide & confort en cette presente mienne tribulation. Et vous, sacrez haillons de mes Ancestres, qui ne gagnez des crottes qu'aux bons Jours; vous qui n'avez point vû le jour depuis celuy du mariage de mon Bisayeul ; qu'il n'y ait sur vôtre Texte, tache, trou, balafre, ou déchirure, qui ne reçoive un sanglot, une larme, & une quérimonie particuliere. Amour, flâme folette, qui n'es jamais qu'au bord d'un précipice : Ardant qui brilles pour nous éblouïr : Feu qui brûles, & ne consumes point : Guide aveugle qui créves les yeux à ceux que tu conduis: Bourreau qui fais rire en tuant : Poison que l'on boit par les yeux : Assassin que l'ame introduit dans sa maison par les fenestres : Amour, petit Poupar, c'est à tes côtez douïllettement frétillars, que je viens perager les reliques de la journée. Plantons-nous diametralement devant ce chef-d'œuvre Venitien, & faisons avec un compte exact la revûë de tous les traits de mon visage. Que le poil de ma barbe qui paroîtra hors d'œuvre, soit châtié comme un passe-volant. Essayons quel personnage il nous siéra mieux de representer devant elle, de Caton, ou de Momus. *Il rit, & il pleure en même temps.* Je tâche à rire & à pleurer sans intervale, & je n'en puis venir à bout. Mais que viens-je de voir ? Quand je ris, ma machoire ainsi que la muraille d'une Ville battuë en ruine, découvre à côté droit une brêche à passer vingt Hommes; C'est pourquoy, mon visage, il vous faut stiler à ne plus rire qu'à gauche ; & pour cét effet, je vais marquer sur mes jouës de petits points, que je défens à ma bouche, quand je riray, d'outrepasser. On m'a dit que j'ay la voix un peu cassée ; il faut surprendre avec l'oreille mon image en ce Miroir, avant qu'elle se taise. *Je saluë tres-humblement le Bastion des Graces, & la Citadelle des Rigueurs de Mademoiselle Genevote.* Ay-je parlé trop haut, ou trop bas ? Il seroit bon, ce me semble, d'avoir des lieux communs tous prests pour chaque Passion que je voudray vêtir. Il faudra faire éclater, selon que je seray bien ou mal reçû, le Dédain, la Colere, ou l'Amour Çà, pour *le Dédain.* Quoy, tu penserois que tes yeux eussent feru ma poitrine au défaut de la Cuirasse? Non, non,

tes

tes traits sont si doux, qu'ils ne blessent personne. Quoy, je t'aurois aimée, chetif Egoust de Concupiscence, Vase de Necessité, Pot de Chambre du Sexe Masculin? Helas! petite gueuse, regarde-moy seulement, admire, & te tais.

Pour *la Colere*.

O! trois & quatre fois Megere impitoyable, puisse le Ciel en courroux ébouler sur ton chef des Halebardes au lieu de pluye: puisses-tu boire autant d'Encre, que ton amour m'a fait verser de larmes: puisses-tu cent fois le jour servir aux Chiens de muraille pour pisser: Enfin puisse la Destinée tisser la trame de tes jours avec du Crin, des Chardons, & des Etoupes.

Pour *l'Amour*.

Soleil, principe de ma vie, vous me donnez la mort, & déja je ne serois plus qu'une Ombre vaine & gemissante, qui marqueroit de ses pas la rive blême de l'Achéron, si je n'eusse redouté de faire perir en moy vôtre amour, qui ne doit pas moins vivre que sa cause. Peut-être, ô belle Tygresse! que mon chef négeux vous fait peur: Je sçay bien aussi que les jeunes ont dans les yeux moins de rouge, & plus de feu que nous; que vous aimez mieux nôtre bourse au singulier qu'au pluriel: qu'au déduit amoureux une Femme est insatiable : & que si la premiere nuit, *optat ut excedat digito*, la seconde nuit elle en veut, *pede longior uno*. Mais sçachez qu'un jour l'âge ayant promené sa charruë sur les roses & sur les lys de vôtre teint, fera de vôtre front un grimoire en Arabe : & que jeunes & vieux sont quotidiennement épitaphez, à cause que, *Compositum simplexque modo simili gradiuntur*.

SCENE II.

GRANGER, PAQUIER, GENEVOTE.

GRANGER.

Mademoiselle, soyez-vous venuë autant à la bonne heure, que la Grace aux Pendus quand ils sont sur l'échelle.

GENEVOTE.

Est-ce l'Amour qui vous a rendu criminel ? Vrayment la faute est trop illustre, pour ne vous la pas pardonner. Toute la penitence que je vous en ordonne, c'est de rire avec moy d'un petit Conte que je suis venuë icy pour vous faire. Ce Conte toutefois se peut appeller une Histoire, car rien ne fut jamais plus veritable. Elle vient d'arriver il n'y a pas deux heures au plus facétieux personnage de Paris : & vous ne sçauriez croire à quel poinct elle est plaisante. Quoy, vous n'en riez pas ?

GRANGER.

Mademoiselle, je croy qu'elle est divertissante au delà de ce qui le fut jamais : Mais....

GENEVOTE.

Mais vous n'en riez pas ?

GRANGER.

Ha, a, a, a, a.

GENEVOTE.

Il faut avant que d'entrer en matiere, vous anatomiser ce Squelette d'Homme & de vêtement, aux mêmes termes qu'un Sçavant m'en a tantôt fait la description. Voicy l'heure environ que le Soleil se couche, c'est l'heure aussi par consequent que les lambeaux de son manteau se viennent rafraîchir aux Etoiles. Leur Maître ne les expose jamais au jour, parce qu'il craint que le Soleil prenant une matiere si combustible pour le Berceau du Phœnix, ne brûlât & le Nid & l'Oiseau. Ce manteau donc, cette cape, cette casaque, cette simare, cette robe, cette soutane, ce lange, ou cét habit, (car on est encore à deviner ce que c'est, & le Syndic des Tailleurs y

D ij

demeureroit *à quia*) fait bien dire aux gausseurs, qu'il fait peur aux Larrons en leur montrant la corde. Certains Dogmatgistes disent avoir appris par tradition, qu'il fut apporté du Caire, où on le trouva dans une vieille Cave, à l'entour de je ne sçay quelle Monie, sous les saintes Masures d'une Pyramide éboulée. A la verité, les figures grotesques que les trous, les pieces, les taches, & les filets, y composent bizarement, ont beaucoup de raport avec les figures hierogliſiques des Egyptiens. C'est un plaisir sans pareil, de contempler ce Fantôme arrêté dans une Ruë. Vous y verrez amasser cent Curieux, & tout en extase disputer de son origine : L'un soûtenir, que l'Imprimerie, ny le Papier, n'étant pas encore trouvez, les Doctes y avoient tracé l'Histoire universelle ; & sur cela remontant de Pharamond à Cesar, de Romule à Priam, de Promethée au premier Homme, il ne laissera pas échaper un filet qui ne soit au moins le Symbole de la décadence d'une Monarchie : Un autre veut que ce soit le Tableau du Cahos : Un autre la Metempsycose de Pytagore : Un autre divisant ses guenilles par Chapitres, y trouva l'Alcoran divisé par Azoares : Un autre le Sistesme de Copernic : Un autre enfin jurera que c'est le Manteau du Prophête Élie, & que sa secheresse est une marque qu'il a passé par le feu: Et moy, pour vous blazonner cét Ecu, je dis qu'il porte, de Sable, engreslé sur la bordure, aux lambeaux sans nombre : Du Manteau je passerois aux Habits ; mais je pense qu'il suffira de dire que chaque piece de son accoutrement est une Antique. Venons de l'étoffe à la doublure, de la guaisne à l'Epée, & de la Chasse au Saint; Traçons en deux paroles le crayons de nôtre ridicule Docteur. Figurez-vous un rejetton de ce fameux Arbre Cocos, qui seul fournit un Païs entier des choses necessaires à la vie. Premierement, en ses Cheveux on trouve de l'huile, de la graisse, & des cordes de Luth: Sa Tête peut fournir de corne les Couteliers : & son Front, les Négromanciens de Grimoire à invoquer le Diable ; son Cerveau, d'Enclume ; ses Yeux, de Cire, de Vernis, & d'Ecarlate; son Visage, de Rubis; sa Gorge, de Cloux; sa Barbe, de Décrotoires ; ses Doigts, de Fuseaux; sa Peau, de Lime; son Haleine, de Vomitif; ses Cauteres, de Poix; ses Dartres, de Farine ; ses Oreilles, d'ailes à Moulin ; son Derriere, de Vent à le faire tourner; sa Bouche, de Four-à-Ban; & sa Personne, d'Asne à porter la Mounée.

Pour son Nez, il merite bien une égratignure particuliere. Cét autentique Nez arrive par tout un quart-d'heure devant son Maître : dix Savetiers de raisonnable rondeur, vont travailler dessous à couvert de la pluye. Hé bien, Monsieur, ne voila pas un joly Ganimede ? & c'est pourtant le Heros de mon Histoire. Cét honnête Homme regente une Classe dans l'Université. C'est bien le plus faquin, le plus chiche, le plus avare, le plus sordide, le plus mesquin:... Mais riez donc ?

GRANGER.
Ha, a, a, a, a.

GENEVOTE.
Ce vieux Rat de College a un Fils, qui je pense est le receleur des perfections que la Nature a volées au Pere. Ce chiche-penard, ce radoteur....

GRANGER.
Ah ! malheureux, je suis trahy; c'est sans doute ma propre Histoire qu'elle me conte. Mademoiselle, passez ces Epithetes, il ne faut pas croire tous les mauvais rapports : outre que la Vieillesse doit être respectée.

GENEVOTE.
Quoy, le connoissez-vous ?

GRANGER.
Non, en aucune façon.

GENEVOTE.

O bien, écoutez donc. Ce vieux Bouc veut envoyer son Fils en je ne sçay quelle Ville, pour s'ôter un Rival: & afin de venir à bout de son entreprise, il luy veut faire accroire qu'il est fou. Il le fait lier, & luy fait ainsi promettre tout ce qu'il veut: Mais le Fils n'est pas long-temps creancier de cette fourbe. Comment ? vous ne riez point de ce vieux bossu, de ce maussadas à triple étage?

GRANGER.

Baste, baste, faites grace à ce pauvre Vieillard.

GENEVOTE.

Or ça sçez le plus plaisant. Ce Gouteux, ce Loup-garou, ce Moine bourru....

GRANGER.

Passez outre, cela ne fait rien à l'Histoire.

GENEVOTE.

Commanda à son Fils d'acheter quelque bagatelle, pour faire un present à son Oncle le Venitien: & son Fils un quart-d'heure aprés luy manda qu'il venoit d'être pris prisonnier par des Pyrates Turcs, à l'embouchure du Golphe des Bons-Hommes: & ce qui n'est pas mal plaisant, c'est que le bon Homme aussi-tôt envoya la rançon. Mais il n'a que faire de craindre

D iiij

pour sa pecune, elle ne courra point de risque sur la Mer de Levant.

GRANGER.

Traistre Corbineli, tu m'as vendu, mais je te feray donner la Salle. Il est vray, Mademoiselle, que je suis interdit : mais jugez aussi par le trouble de mon visage, de celuy de mon ame. L'image de vôtre Beauté jouë incessamment dans mon cœur à Remu-ménage. Ce n'est pas toutesfois du désordre d'un Esprit égaré que je prétens meriter ma récompense ; c'est de la force de ma passion que je prétens vous prouver par quatre Figures de Rhetorique, les Antitheses, les Metaphores, les Comparaisons, & les Argumens. Et pour les déplier, écoutez parler l'*Antithese*.

Si ; mais je ne dis point si, il est plus veritable que la verité : *Si*, dis-je, l'amere douceur, & la douce amertume, le poison medecinal, & la medecine empoisonnée, qui partent sans sortir de vous, ô Monstre indéfectueux, n'embrasoient mon esprit en le glaçant, & n'y faisoient tantôt vivre, tantôt mourir, un immortel petit Geant (j'appelle ainsi les flames visibles dont le plus grand & le plus petit des Dieux m'échauffe & me fait trembler.) Ou *si* ces aveugles clairvoyans (je veux dire vos yeux, belle Tygresse, ces innocens coupables) se publiant sans dire mot, amis ennemis de l'esclave liberté des Hommes, n'avoient contraint volontairement mon genie dans la libre prison de vôtre sorciere Beauté, luy qui faisoit gloire auparavant d'une fermeté constante en son inconstance : Si dis-je, tout cela n'avoit fait faire & défaire à mes pensées beaucoup de chemin en peu d'espace : Si bref vous ne m'aviez apporté des tenebres par vos rayons, Ie n'aurois pas appellé de mon Juge à mon Juge, pour demander ce que je ne veux pas obtenir : c'est, pitoyable Inhumaine, la santé mortelle d'une aigre douce maladie, qu'on rendroit incurable, si on la guerissoit.

GENEVOTE.
Comment appellez-vous cette Figure-là?

GRANGER.
Nos Ancestres jadis la baptiserent, *Antithese*.

GENEVOTE.
Et moy qui la confirme aujourd'huy, je luy change son nom, & luy donne celuy de Galimathias.

GRANGER.
Voicy la Metaphore, & la Comparaison, qui viennent à vos pieds demander audiance.   GENEVOTE.
Faites les entrer.

D v

GRANGER.

Tout ainsi qu'un négeux Torrent, fier Enfant de l'Olimpe, quand son chenu coupeau acravanté d'orages, & courbant sous le faix des froidureux cotons, franc qu'il se voit de l'étroite Conciergerie, où le calme le tenoit serf, *qua data porta ruit* va ravager insolemment le sein fertil des pierreuses campagnes, & dés-honorant sans vergogne par le gueret champêtre la perruque dorée de Cerés aux passes couleurs, fait brouter illec mon troupeau écaillé, où le coutre tranchant du ménager Laboureur pieça se promenoit : Ainsi mes esperances ne pouvant plus tenir contre l'impetuosité de mon déplaisir, l'Huissier de ma tristesse tenant en main la baguette de mes soûpirs, a fait faire place à la grandeur de mes douleurs ; j'ay débarricadé mes clameurs, lâché la bride à mes sanglots, donné de l'épron à mes larmes, & foüetté mes cris devant moy. Ils feront bon voyage, car il me semble que je voy déja la Sentinelle avancée de vôtre bonté, paroître entre les cresneaux & sur la platte-forme de vos Graces, qui crie à mes Soûpirs, *Qui va là?* Puis ayant appellé le Coporal de vôtre Jugement, donné l'alarme au Corps de garde de vos Pudicitez ; demandé le mot du guet à mes

Soûpirs, les avoir reconnu pour amis, laissé passer à cause du Paquet de Perseverance, & bref les Articles de Bonne Intention signez de l'Amant & de l'Aimée, voir la Paix universelle entre les deux Etats de nôtre Foy matrimoniale regner és Siecles des Siecles.

GENEVOTE.
Amen.

GRANGER.
Donc pour nous y acheminer, soyez comme un Jupiter qui s'appaise par de l'Encens: je seray comme Alexandre à vous en prodiguer. Soyez de même que le Lyon qui se laisse fléchir par les larmes, je seray de même qu'Heraclius à force de pleurer. Soyez tout ainsi que le Naphte auprés du feu, & je seray tout ainsi que le Mont-Ætna qui ne sçauroit s'éteindre. Soyez ne plus ne moins que le bon terroir, qui rend ce qu'on luy prête, & je seray ne plus ne moins que Triptoleme à vous ensemencer. Soyez ainsi que les Abeilles, qui changent en miel les fleurs: & les fleurs de ma Rhetorique, ainsi que celles d'Attique, se chargeront de Mané. Soyez telle en fermeté que la Remore qui bride la Nef au plus fort de la tempête, & je seray tel que le Vaisseau Caligula qui en fut arrêté. *Ne plus sim.* Soyez à la

façon des Trous qui ne refusent point de mortier, & je seray à la façon de la Truelle qui bouchera vôtre Crevasse.

GENEVOTE.

Vraymant, Monsieur, quoy que vous soyez incomparable, vous n'êtes pas un Homme sans comparaison.

GRANGER.

Ce n'est pas par la Metaphore seule, pain quotidien des Scholares, que je prétens capter vôtre benevolence : Voyons si mes argumens trouveront forme à vôtre pied ; car si ce contingent Metaphique avoit couru du *Possibile ad factum*, je jure par toutes les Eaux infernales, par les Palus trois fois saints du Cocite & du Stix, par la Couronne de fer de l'enfumé Pluton, par l'éternel Cadenas du Silence, par la Bequille de Vulcain, bref par l'Entousiasme prophetique du Tripier Sibilin, de vous rendre en beauté, non point la Déesse Paphienne, mais celle qui fera honte à celle-là. Et pour en descendre aux preuves, j'argumente ainsi. Du Monde, la plus belle partie, c'est l'Europe. La plus belle partie de l'Europe, c'est la France, *secundum Geographos*. La plus belle Ville de France, c'est Paris. Le plus beau Quartier de Paris, c'est l'Université, *Propter Musas*. Le plus beau College de l'Université, je soûtiens à la barbe de Sorbonne, de Navarre, & de Harcour, que c'est Beauvais; & son nom est le répondant de sa beauté, puis qu'on le nomma Beauvais, *quasi* beau à voir. La plus belle Chambre de Beauvais, c'est la mienne. *Atqui*, le plus beau de ma Chambre, c'est moy. *Ergo*, je suis le plus beau du Monde. *Et hinc infero*, que vous Pucelette Mignardelette, Mignardelette Pucelette, étant encore plus belle que moy, il seroit, je dis *Sole ipso clarius*, que vous incorporant au Corps de l'Université, en vous incorporant au mien, vous seriez plus belle que le plus beau du monde.

GENEVOTE.

Vraymant si j'avois dormy une nuit auprés de vous, je serois docte comme Hesiode, pour avoir dormy sur le Parnasse.

GRANGER.

Mais j'ay d'autres armes encore qui sont toutes neufves à force d'être vieilles, dont je présume outrepercer vôtre tendrelete poitrine: C'est l'Eloquence du franc Gaulois. Or oyez.

Et déa Royne de haut parage, Mie de mes pensées, Cresme, Fleur & Parangon des Infantes, vous qui chevauchez par illec du fin feste de cestuy vostre magnifique & moult doucereux palfroy, jouxte lequel gesit souliez en bonne conche : prenez émoy de ma déconvenuë. Las ! oyez le méchef d'un dolent moribon, qui crevé d'anhan sur un chetif grabat, oncques ne sentit au cœur joye. Point ne boutez en sourde obliviance cil à qui pieça Fortune porte-guignon. Las! helas ! reconfortez un pauvret en marisson, à qui il conviendra soy, gendarmer contre soy, s'occir, ou se déconfir par quelque autre tour de mal-engin, se ne vous garmentez de luy donner soulas : car de finer ainsin pieça ne luy chaut. Or soyez ma Pucelle aux yeux vers, comme un Faucon : quant à moy je seray vôtre coint Damoisel, qui par rémuneration d'une si grande mercy, se aucune chose avez à besogner de son avoir : à tout son tranchant glaive il redressera vos torts, & défera vos griefs : il déconfira des Chevaliers felons : il hachera des Andriaques : il fera des Chappelis inénarrables : il martellera des Paladins, ores à dextre, ores à senextre ; bref tant & si beau jouftera, qu'il n'y aura piece de fiers, orgueilleux, outrecuidez & démesurez Geans, lesquels en dépit des armes Fées, & du Haubert de fine trempe, il ne pourfende jus les arçons. Quel ébau-

dissement de voir adonc issir le sang à
grand randon du flanc pantois de l'ende-
mené Sarasin; & pour festoyement de cas
tant beau, se voir leans guerdoné d'un
los de pleniere Chevaliere.

GENEVOTE.

Monsieur, il est vray, je ne le puis ce-
ler, c'est à ce coup que je rends les armes. Enfin je m'abandonne tout à vous;
Usez de moy aussi librement que le Chat
fait de la Souris; Rognez, tranchez, taillez, faites-en comme des Choux de vôtre
Jardin.

PAQUIER.

Je trouve bien pourtant du *distinguo* entre
les Femmes & les Choux; car des Choux
la tête en est bonne, & des Femmes c'est
ce qui n'en vaut rien.

GRANGER.

Auriez-vous donc agreable, Mademoiselle, lors que la nuit au visage de More, aura
de ses haillons noirs embeguiné le minois
souffreteux de nôtre Zenit, que je transporte mon Individu aux Lares domestiques de vôtre toict, pour faire humer à
longs traits vôtre Eloquence mellifluë, &
faire sur vôtre couche un Sacrifice à la
Déesse tutelaire de Paphos.

GENEVOTE.

Oüy venez, mais venez avec une Echelle, & montez par ma fenêtre, car mon

Le Peäant joüé,

Frere serre tous les jours les Clefs de nôtre Maison sous son chevet.

GRANGER.

O! que ne suis-je maintenant Julius Cesar, ou le Pape Gregoire, qui firent passer le Soleil sous leur ferule : Je ne le reculerois, ny ne l'arresterois en Thieste ou en Josüé : mais je le contraindrois de marquer minuit à six heures.

SCENE III.

GENEVOTE, LA TREMBLAYE, GRANGER le jeune, CORBINELI.

GENEVOTE.

JE pensois aller plus loin vous faire rire : mais je voy bien qu'il me faut décharger icy.

GRANGER le jeune.

Aux dépens de mon Pere ?

GENEVOTE.

C'est bien le plus bouffon personnage de qui jamais la tête ait dancé les sonnettes ; & moy par contagion je suis devenuë facetieuse, jusques à luy permettre d'escalader ma Chambre. A bon entendeur, salut : Il se fait tard : les machines sont peut être déjà en chemin : retirons-nous.

SCENE IV.
LA TREMBLAYE, CORBINELI.

LA TREMBLAYE.

VA donc avertir Mademoiselle Manon. Tout va bien, la bête donnera dans nos panneaux, où je suis mauvais Chasseur. *Il heurte à la porte de Manon.*

SCENE V.
LA TREMBLAYE, CORBINELI, MANON.

LA TREMBLAYE.

JE m'en vais amasser de mes Amis pour m'assister, en cas que son College voulut le secourir. Mais une autre difficulté m'embarasse ; C'est que je crains, si je ne suis arrivé assez tost, qu'il n'entre dans la Chambre de ma Sœur : & comme enfin elle est Fille, qu'elle n'aye de la peine de se dépestrer des poursuites de ce Docteur échauffé : & qu'au contraire, s'il trouve la fenestre fermée, contre la parole qu'il a reçûë d'elle, qu'il ne s'en aille, pensant que ce soit une burle.

CORBINELI.

O de cela n'en soyez point en peine, car je l'arresteray en sorte qu'il ne courra pas fort viste escalader la Chambre, & n'osera pour quelqu'autre raison que je vous tais, retourner en son logis. C'est pourquoy je vais m'habiller pour la Piece.

LA TREMBLAYE.

J'étois venu pour imaginer avec vous un moyen de hâter nôtre mariage : mais vôtre Pere luy-même nous en donne un fort bon. *Il luy parle bas à l'oreille.* Il va tout à l'heure assieger nôtre Château pour voir ma Sœur : & moy je....

MANON.

C'est par là qu'il s'y faut prendre, n'y manquez pas. Adieu.

Fin du Troisiéme Acte.

ACTE IV.

SCENE PREMIERE.

GRANGER, PAQUIER, CORBINELI.

GRANGER.

Tout est endormy chez nous d'un somme de fer; Tout y ronfle jusqu'aux Grillons & aux Crapaux. Paquier, avance ton Eschelle: Mais que c'est bien pour moy l'Eschelle de Jacob, puis qu'elle me va monter au Paradis d'Amour.

PAQUIER.

Je croy que voicy la Maison. Ah! je suis mort. C'est ma faute, je ne luy avois pas donné assez de pied: *Il tombe ayant apuyé son Eschelle sur le dos de Corbineli.*

GRANGER.

Monte encore un coup, pour voir si elle est bien appuyée. *Il l'y met encore, & monte.*

PAQUIER.

J'ay peur d'avoir donné trop de pied. Comment, je ne rencontre point de mur ! *Il nage des bras dans la nuit, pour toucher le mur.* Nôtre machine tiendroit-elle bien toute seule ? *Domine*, plantez vous-même vôtre Eschelle, je n'y oserois plus toucher.

GRANGER.

Vade retro, mauvaise bête, je l'appliqueray bien moy-même. Je pense que j'y suis, voicy la porte ; je la connois aux cloux, sur chacun desquels j'ay composé jadis maintes bonnes Epigrammes. *Scande* pour essayer si elle est ferme.

PAQUIER.

Ha ! miserable que je suis, on vient d'arracher les dents à mon Eschelle. *Corbineli transporte l'Eschelle d'un côté & d'autre avec tant d'adresse, que Paquier faisant aller sa main à droit & à gauche, frape toûjours un des côtez de l'Eschelle, sans trouver d'eschelons.* Misericorde, mon Eschelle vient d'enfanter. Qui l'auroit engrossie ? Ne seroit-ce point moy, car j'ay monté dessus. Mais quoy l'Enfant est déja aussi gros que la Mere.

GRANGER.

Teis-toy, Paquier, j'ay vû tout à l'heure passer je ne sçay quoy de noir. C'est peut-être une de ces Larves au teint noir dont nous parlions tantôt, qui vient pour m'essayer.

PAQUIER.

Domine, on dit que pour épouvanter le Diable, il faut témoigner du cœur; Toussez deux ou trois fois, vous vous rassurerez.

GRANGER.

Qui es-tu ?

PAQUIER.

Un peu plus haut.

GRANGER.

Qui es-tu ?

PAQUIER.

Encore plus fort.

GRANGER.

Qui es-tu donc ?

PAQUIER.

Chantez un peu pour vous rassurer. *Il chante* Bon; Fort. Faites à croire au Spectre que vous ne le craignez point. *Domine* c'est un Diable Huguenot, car il ne se soucie point de la Croix.

GRANGER.

Il a peur luy-même, car il n'ose parler. Mais, Paquier, ne seroit-ce point mon Ombre, car elle est vêtuë tout comme moy, fait tous mes mêmes gestes: recule quand j'avance; avance quand je recule. Il faut que je m'éclaircisse. Nostre-Dame elle me frape. *Il donne un coup & Corbineli le luy rend. Corbineli entre vistement avec un passe partout, & Granger court aprés pour entrer aussi.*

PAQUIER.

Monsieur il se peut faire que les Ombres de la nuit étant plus épaisses que celles du jour, sont aussi plus robustes, & qu'ainsi elles pourroient fraper les gens. Entrez, voila la porte ouverte.

GRANGER.

Ma foy l'Ombre est plus habile que moy. Ecoutez donc, me voicy, c'est moy.

PAQUIER.

Non vraman da, ce n'est pas mon Maître qui est chez vous, ce n'est que son Ombre. Que Diable, Monsieur, vôtre Ombre est-elle fole de marcher devant vous, & d'entrer toute seule en un logis où elle ne connoist personne ? Ho assurément que nous nous sommes trompez, car si c'étoit une Ombre, la Lune l'auroit fait, & cependant la Lune ne luit pas. Helas *profecto* je le viens de trouver; nous en étions bien loin. C'est vôtre Ame, car ne vous souvient-il pas qu'hier vous la donnâtes à Mademoiselle Genevote ? Or n'étant plus à vous, elle vous aura quitté; cela est bien visible, puis que nous la rencon-

Comédie.

crons en chemin qui s'en va. Ah! perfide Ame, vous ne deviez pas trahir un Docteur de la façon. Ce qu'il en avoit dit n'étoit qu'en riant; Cependant vous l'abandonnez pour une niaiserie. Je m'en vais bien voir si c'est elle: car si ce l'est, peut-être qu'en la flatant un peu, elle se repentira de sa faute. Je t'adjure, par le Grand Dieu vivant, de me dire qui tu es?

CORBINELI *par la fenestre.*

Je suis le grand Diable Vauvert. C'est moy qui fait dire la Patenostre du Loup: Qui noüe l'Eguillette aux nouveaux Mariez: Qui fais tourner le Sas: Qui pétris le Gasteau triangulaire: Qui rends invisibles les Freres de la Rose-Croix: Qui dicte aux Rabins la Cabale & le Talmuld: Qui donne la main de Gloire, le Trefle à quatre, la Pistole volante, le Guy de l'Anneuf, l'Herbe de Fourvoyement, la Graine de Fougere, le Parchemin vierge, les Gamahez, l'Emplastre Magnetique. J'enseigne la composition des Brevets, des Sorts, des Charmes, des Sigilles, des Caracteres, des Talismans, des Images, des Miroirs, des Figures constellées. Je prestay à Socrate un Démon familier: Je fis voir à Brutus son mauvais Génie: J'arrestay Drusus à l'Apparition d'un Lutin: J'envoye les Démons familiers, les Esprits folets, les Martinets, les Gobelins, le Moine-bouru, le Loup-garou, la Mule-ferrée, le Marcou, le Cochemar, le Roy Hugon, le Conneſtable, les Hommes noirs, les Femmes blanches, les Ardans, les Lemures, les Farfadets, les Ogres, les Larves, les Incubes, les Succubes, les Lamies, les Fées, les Ombres, les Manes, les Spectres, les Phantoſmes : Enfin je ſuis le grand Veneur de la Foreſt de Fontainebleau.

GRANGER.

Ha ! Paquier, qu'eſt ce cy ?

PAQUIER.

Voila un Démon qui n'a pas eu toute ſa vie les mains dans ſes pochettes.

GRANGER.

Qu'augures-tu de cette viſion ?

PAQUIER.

Que c'eſt un Diable Femelle, puis qu'il a tant de caquet.

GRANGER.

En effet, je croy qu'il n'eſt pas méchant ; car j'ay remarqué qu'il ne nous a dit mot, juſques à ce qu'il s'eſt vû armé d'un Corcelet de pierre. PAQUIER.

Ma foy, Monſieur, ne craignez point les Diables juſques à ce qu'ils vous emportent : Pour moy je ne les apprehende que ſur les épaules des Femmes.

SCENE II.

SCENE II.

LA TREMBLAYE, GRANGER, PAQUIER, CHASTEAUFORT.

LA TREMBLAYE.

AUx Voleurs, aux Voleurs : Vous serez pendus, Coquins : ce n'est pas d'aujourd'huy que vous vous en meslez. Peuple, vous n'avez qu'à chanter le *Salve* le Patient est sur l'Eschelle.

PAQUIER.
En mourra-t-il, Monsieur ?

LA TREMBLAYE.
Tu t'y peux bien attendre.

PAQUIER.
Seigneur, ayez donc pitié de l'Ame de feu mon pauvre Maître Nicolas Granger : Si vous ne le connoissez, Seigneur, c'est ce petit Homme qui avoit un Chapeau à grand bord, & un Haut-de-chausse à la Culote.

GRANGER.
Au secours, Monsieur de Chasteaufort : c'est vôtre Amy Granger, que la Tremblaye veut poignarder.

CHASTEAUFORT *par la fenestre*
Qui sont les Canailles qui font du bruit

E

là bas ? Si je descens, je lâcheray la bride aux Parques.

LA TREMBLAYE.

Soldats, qu'on leur donne les osselets.

GRANGER.

Ah ! Monsieur de Chasteau-tres-fort, envoyez de l'Arsenal de vôtre puissance, la foudre craquetante, sur la temerité criminelle de ces chetifs mirmidons.

CHASTEAUFORT *descendu sur le Theatre.*

Vous voila donc, marauts. Hé ! ne sçavez-vous pas qu'à ces heures muettes, j'ordonne à toutes choses de se taire, horsmis à ma Renommée ? Ne sçavez-vous pas que mon Epée est faite d'une branche des Ciseaux d'Atropos ? Ne sçavez-vous pas que si j'entre, c'est par la brêche : si je sors, c'est du combat : si je monte, c'est dans un Trône : si je descens, c'est sur le Pré : si je couche, c'est un Homme par terre : si j'avance, ce sont mes conquêtes : si je recule, c'est pour mieux sauter : si je joüe, c'est au Roy dépoüillé : si je gagne, c'est une bataille : si je perds, ce sont mes ennemis : si j'écris, c'est un Cartel : si je lis, c'est un Arrest de mort : Enfin si je parle, c'est par la bouche d'un Canon. Donc, Pendart, tu sçavois ces choses, & tu n'as pas redouté

Comedie.

mon Tonnerre ? Choisis toy-même le genre de ton supplice : mais dépesche-toy de parler, car ton heure est venuë.

LA TREMBLAYE.

Ah quelle frenesie !

GRANGER.

Monsieur de Chasteaufort, *à minori ad majus*; Si vous traitez de la sorte un malheureux, que feriez-vous à vôtre Rival?

CHASTEAUFORT.

Mon Rival! Jupiter ne l'oseroit être avec impunité.

GRANGER.

Cét Homme ose donc plus que Jupiter.

CHASTEAUFORT.

Ce grimaut, ce fat, ce farfadet, Docteur, vous avez grand tort : Je l'allois faire mourir avec douceur ; maintenant que ma bile est échauffée, sans vous mettre au hazard d'être accablé du Ciel qui tombera de peur, je ne le sçaurois punir. N'avez-vous point sçû cét estramaçon dont les Siecles ont tant parlé ? Certain fat avoit marché dans mon Ombre : Mon temperament s'en alluma : Je laissay tomber celuy de mes revers, qu'on nomme l'Archi-épouventable, avec un tel fracas, que le vent seul de ma Tueuse ayant étouffé mon ennemy, le coup alla foudroyer les Omoplates de la Nature.

E ij

L'Univers de frayeur, de quarré qu'il étoit, s'en ramassa tout en une boule : Les Cieux en virent plus de cent mille Estoiles : La Terre en demeura immobile : L'Air en perdit le Vent : Les Nuës en pleurerent : Iris en prit l'écharpe : Le Soleil en courut comme un Fou ; La Lune en dressa les cornes : La Canicule en enragea : Le Silence en mordit ses doigts : La Sicile en trembla : Le Vesuve en jetta feu & flâme : Les Fleuves en garderent le lit : La Nuit en porta le deüil : Les Fols en perdirent la raison : Les Chimistes en gagnerent la pierre : L'Or en eut la jaunisse : La Crotte en secha sur le pied : Le Tonnerre en gronda : L'Hyver en eût le frisson : L'Esté en sua : L'Automne en avorta : Le Vin s'en aigrit : L'Ecarlate en rougit : Les Roys en eurent échec & mat : Les Cordeliers en perdirent leur Latin : Et les Noms Grecs en vinrent au Duel.

LA TREMBLAYE.

Pour éviter un semblable malheur, je vous fais commandement de me suivre. Allons, Monsieur l'Archi-épouventable, je vous fais prisonnier à la Requête de l'Univers.

CHASTEAUFORT.

Vous voyez, Docteur, pour ne vous pas envelóper dans le desastre de ce Coquin, j'ay pû me resoudre à luy pardonner.

SCENE III.
MANON, GRANGER, PAQUIER,
LA TREMBLAYE,
CHASTEAUFORT.

MANON.

AH ! Monsieur de la Tremblaye, mon cher Monsieur, donnez la vie à mon Pere, & je me donne à vous. Bon Dieu ! j'étois dans le College, attendant qu'il fût arrivé pour fermer les portes de nôtre montée, lors que j'ay entendu un grand bruit dans la ruë. Le cœur m'a dit qu'indubitablement il avoit eu quelque mauvaise rencontre. Helas ! mon bon Ange ne m'avertit point à faux. Il est vray, Monsieur, qu'il merite la mort, d'avoir été surpris en volant vôtre Maison : mais je sçay bien aussi que tous les Gentilshommes sont genereux, & tous les genereux pitoyables. Vous m'avez autrefois tant aimée, Ne puis-je en devenant vôtre Femme, obtenir la grace de mon Pere ? Si vous croyez que cecy soit dit seulement pour vous amuser, allons consommer nôtre mariage, pourvû qu'auparavant vous me promettiez de luy donner la vie: Encore qu'il ne témoigne pas d'y consentir, excusez-le, Monsieur; c'est qu'il a le cœur un peu haut, & tout Homme courageux ne fléchit pas facilement: Mais pour luy sauver la vie, je ferois bien pis que de luy désobeïr.

GRANGER.

O Dieux! quelle fourbe. Sans doute la misérable est d'intelligence avec son traître d'Amoureux. Non, non, ma Fille, non, vous ne l'épouserez jamais.

MANON.

Ah! Monsieur de la Tremblaye, arrêtez; Je connoy à vos yeux que vous l'allez tuër. Bon Dieu! faut-il voir massacrer mon Pere devant moy, ou mourir ignominieusement par les mains de la Justice? Donc à l'âge où je suis, il faut que je perde mon Pere? Hé pour l'amour de Dieu, mon Pere, mon pauvre Pere, sauvez-vous, sauvant la vie & l'honneur à vos enfans. Vous voyez que la Tremblaye est un brutal, qui ne vous pardonnera jamais, si vous ne devenez son Beau-Pere. Pensez-vous que vôtre mort ne me touche point? O dame si est. Sçachez que je ne vous survivrois guére, & que même pour vous

sauver d'un peril encore moindre que celuy-cy, je ne balancerois point de me
proftituer : A plus forte raifon pour vous
fauver du gibet, n'ayant qu'à devenir la
Femme d'un brave Gentilhomme, pourquoy ne le ferois-je pas ?
GRANGER.
Quo vertam, mes Amis, l'Optique de
ma vûë & de mes efperances ? C'eft à
vous, Monfieur de la Tremblaye. *Ne reminifcaris delicta noftra*. Je me repofois
fur la protection de Chafteaufort, & je
croyois que ce Tranche-montagne....
CHASTEAUFORT.
Que Diable voulez-vous que je faffe? Per-
dray-je tous les Hommes pour un ?
GRANGER.
Oferois-je en ce piteux état vous offrir
ma Fille, & demander vôtre Sœur ? Je
fçay que fi vous ne détournez les yeux de
mes fautes, je cours fortune de refter un
pitoyable racourcy des Cataftrophes humaines.
LA TREMBLAYE.
Defirer cela, c'eft me le commander. Mais
n'oublions pas à punir ce grotefque Ro-
domont de fon impertinence. *La Tremblaye frape, & Chafteaufort compte les
coups.*
CHASTEAUFORT.
Un, deux, trois, quatre, cinq, fix, fept, huit,

E iiij

neuf, dix, onze, douze. Ah! le rusé, qu'il a fait sagement : S'il en eût donné treize, il étoit mort.

LA TREMBLAYE.

Voila pour vous obliger à ce meurtre.
Il le jette à terre d'un coup de pied.

CHASTEAUFORT.

Aussi bien me voulois-je coucher.

LA TREMBLAYE.

Allons chez nous passer l'accord.

GRANGER.

Entrez toûjours, je vous suis. Je demeure icy un moment pour donner ordre que nous ayons dequoy nous ébaudir.

SCENE IV.

GRANGER, PAQUIER, CORBINELI.

GRANGER.

Paquier, va-t-en *subito* m'accerser les Confreres d'Orphée. Mais d'abord que tu leur auras parlé, reviens, & amene les ; car c'est un lieu où je te défens de prendre racine, encore que la viande aërée de ces Messieurs, aussi bien que le chef de Meduse, ait droit de te petrifier ou t'immortaliser, par la même force dont uſa le Violon Thracien, pour tenir les Bêtes penduës à ſon harmonie. Pour toy, Corbineli, je te pardonne ta fourbe en faveur de ma conjonction matrimoniale.

CORBINELI.

Monſieur, c'eſt aujourd'huy Sainte Cecile. Si Paquier ne trouve leurs Maiſons auſſi vuide que leurs Inſtrumens, je veux devenir As de Pique. Et puis le pauvre Garçon a bien des affaires, il doit aller en témoignage.

GRANGER.

En témoignage! & pourquoy?

CORBINELI.

Un Homme de ſon Païs fut hyer déchargé de ce fardeau, qui n'eſt jamais plus leger que quand il ſe peſe beaucoup. Des Coupe-jarets l'attaquerent; L'autre cria, mais ſes cris ne furent autre choſe que l'Oraiſon funebre de ſon argent : Ils luy ôterent tout, juſques à ne luy laiſſer pas même la hardieſſe de les pourſuivre. Il ſoupçonne ſon Hôte d'avoir été de la cabale : L'Hôte ſoûtient qu'il n'a point été volé, & prend Paquier à témoin, qui s'eſt offert à luy.

GRANGER.

Hé bien, Paquier, que diras-tu, par ma foy, quand tu ſeras devant le Juge?

E v

PAQUIER.

Monsieur, diray-je en levant la main, j'entendis comme je dormois bien fort, du monde dans nôtre Ruë, crier tout bas tant qu'il pouvoit ; *Aux voleurs.* Dame je me levay sans me groüiller, je mis mon chapeau dans ma tête, j'avalay mon chassis, je jettay ma tête dans la Ruë : & comme je vis que je ne vis rien, je m'en retournay coucher tout droit. Mais, *Domine*, au lieu de m'envoyer querir des Baladins, il seroit bien plus meritoire, & bien plus agreable à Dieu, de me faire habiller. Quelle honte sera-ce, qu'on me voye aux Nopces fait comme un gueux, sçachant que je suis à vous ? *Induo vestè Petrum dic ; aut vestem indua Petro* ; Je m'appelle Pierre, Monsieur.

GRANGER.

Tu peux donc bien te resoudre à rogner un morceau de l'Arc-en-Ciel, car je ne sçache point d'autre étoffe payée au Marchand pour te vêtir. La Lune six fois n'a pas remply son Croissant, depuis la maudite journée que je te caparaçonnay de neuf.

PAQUIER.

Monsieur, *Sæpe quidem docti repetunt bene præpostturam.* C'est-à-dire que toute la Nature vous presche, avec Jean

Despautere, de m'armer tout de nouveau d'un bon Lange de bure.

GRANGER.

Va, console-toy, la pitié me surmonte, je te feray bien-tôt habiller comme un Pape. Premierement, je te donneray un Chapeau de Fleurs, une Lesse de Chiens courans, un Pannache de Cocu, un Colet de Mouton, un Pourpoint de Tripe Madame, un Haut-de-chausse de Ras en paille, un Manteau de Devotion, des Bas d'Asne, des Chausses d'Hypocras, des Botes d'Escrime, des Aiguillons de la Chair, bref une Chemise de Chartre qui te durera long-temps, car je suis assuré que tu la doubleras d'un Bufle. Cependant, Corbineli, tu vois un Pyrate d'Amour : C'est sur cette Mer orageuse & fameuse, que j'ay besoin pour guide du Phare de tes inventions. Certaine voix secrette me menace au milieu de mes joyes, d'un brisant, d'un banc, ou d'un écüeil. Pense-tu que ma Maîtresse revoye mon Fils, sans r'allumer des flames qui ne sont pas encores éteintes ? Ah ! c'est une playe nouvellement fermée, qu'on ne peut toucher sans la r'ouvrir. Toy seul peux démesler les sinueux détours d'un si lethifere Dédale ; Toy seul peux devenir l'Argus qui me conservera cette

E vj

Io. Fais donc, je te supplie, toy qui est l'Astre & la Constellation de mes felicitez, que mon Fils ne soit plus retrograde à ma volonté. Mais si tu veux que l'Embrion de tes esperances, devenant le plastron de mes liberalitez, fasse metamorphoser ta bouche en un Microcosme de richesses, & ta poche en Corne d'Abondance ; feis, dis-je, que mon Coquin de Fils prenne un Verre au colet de si bonne sorte, qu'ils en tombent tous deux sur le cul. Je présage un sinistre succés à mes entreprises, s'il assiste à cette Fête : C'est pourquoy enfonce-le dans un Cabaret, où le jus des Tonneaux le puisse entretenir jusques à demain matin. Voicy de l'or, voicy de l'argent; Regarde si par un prodige surnaturel, je ne fais pas bien dans ma poche conjonction du Soleil & de la Lune, sans Eclipse. Prens, ris, bois, mange, & sur tout fais-le trinquer jusques à l'ourlet. Qu'il en creve, n'importe, ce ne sera que du Vin perdu.

CORBINELI.

Le voicy comme si Dieu nous le devoit. Permettez que je luy parle un peu particulierement, car vôtre mine effarouchante ne l'apprivoiseroit pas.

SCENE V.

CORBINELI, GRANGER le jeune, PAQUIER.

CORBINELI.

JE vous allois chercher. Vous ne sçavez pas ? On vient de condamner vôtre raison à la mort. En voulez-vous appeller ? J'ay moy-même reçû les ordres de vous enyvrer : mais si j'en suis crû, vous blesserez vôtre ennemy de sa propre épée. Il prétend le pauvre Homme, faire tantôt les nopces de vôtre Sœur avec Monsieur de la Tremblaye, & le Contract des siennes avec Mademoiselle Genevote : Craingnant donc que vôtre presence n'apportast beaucoup d'obstacles à la perfection de ses desseins, il m'a donné charge de vous saouler au Cabaret ; & je trouve, moy, que c'est un acheminement le meilleur du monde pour l'execution de ce que je vous ay tantôt mandé par celuy que je vous ay envoyé.

GRANGER le jeune.

Quoy, pour contrefaire le mort ?

CORBINELI.

Oüy ; car je luy persuaderay que dans

l'écume du Vin vous avez pris querelle, & que.... *Il luy parle bas à l'oreille.* Mais viste, allez promptement étudier vos Postures; nous amuserons cependant, Paquier & moy, vôtre Pere, à luy donner du temps à vôtre feinte yvrognerie. Venez icy même representer vôtre personnage, & nous luy ferons accroire qu'en suite vôtre querelle....

SCENE VI.
CORBINELI, GRANGER, PAQUIER.

CORBINELI.

O Monsieur, je ne sçay ce que vous avez fait à Dieu, mais il vous aime bien. Vôtre Fils est à la Croix blanche avec deux ou trois de vos Pensionnaires qui le traittent. Il n'aura pas adjousté quatre Verres de Vin à ceux qu'il a pris, que nous luy verrons la cervelle tournée en Zodiaque.

PAQUIER.

Avoüez, Monsieur, que Dieu est bon: Voila sans doute la récompense de la Messe que vous luy fistes dire il n'y a que huit jours.

SCENE VII.

LA TREMBLAYE, GRANGER, CORBINELI, PAQUIER.

LA TREMBLAYE.

JE vous venois querir, on n'attend plus que vous.

GRANGER.

J'entrois au moment que vous êtes sorty. Mais, ma foy, mon Gendre, nos conviez sont infectez du venin de la Tarentule, ils chercheront pour aujourd'huy d'autres Medecins que les Sectateurs d'Amphion; & le goulu Saturne eût bien pû devorer Jupiter, si les Curetes eussent entonné leur charivaris aussi loin d'Ida, que ces Lutheriens égratigneront leurs chanterelles *procul* de nos Penates. Mais au lieu de cét ébat, j'ay pourpensé d'exhiber un Intermede de Muses fort jovial. C'est l'effort le plus argut qu'on se puisse fantasier. Vous verrez mes grimaux scander les échignes du Parnasse testu, avec des pieds de Vers. Tantôt à coups d'*Ergo* déchirer le visage aux Erreurs populaires: *Nunc* à Pegase fait litiere de fleurs de Rhetorique : *Hinc* d'un fendant tiré par l'Exametre sur les jarets du Pantametre, le rendre boiteux pour sa vie : *Illinc autem* un de mes Humanistes avec un Boulet d'Etopée passer au travers des hypocondres de l'Ignorance : Celuy-cy, de la carne d'une Periode, fendre au discours démembré le crane jusques aux dents : Un autre *denique* à force de pointes bien aiguës, piquer les Epigrames au cul.

LA TREMBLAYE.

Je vous conseille de prendre là-dessus le conseil de Corbineli : Il est Italien ; ceux de sa Nation joüent la Comedie en naissant ; & s'il est né jumeau, je ne voudrois pas gager qu'il n'ait farcé dans le ventre de sa Mere.

GRANGER.

Ho, ho, j'apperçois mon Fils hyvre.

CORBINELI.

Helas ! Monsieur, il a tant beu, que je pense qu'il feroit du Vin à deux sols, en soufflant dans une Eguiere d'eau.

SCENE VIII.

GRANGER *le jeune*, GRANGER *le Pere*, LA TREMBLAYE, CORBINELI, PAQUIER.

GRANGER *le jeune*.

L'Hôtesse, je ne vous dois rien, je vous ay tout rendu. Miracle, miracle, je voy des Etoiles en plein jour. Copernic a dit vray, ce n'est pas le Ciel en effet, c'est la Terre qui tourne. Ah! que n'étois-je Gruë depuis la tête jusques aux pieds, j'aurois goûté ce Nectar le long-temps qu'il auroit été à baigner le long tuyau de cette gorge. Corbineli, dis-moy, suis-je bien enluminé, à ton avis? Si mon visage étoit un Calendrier, mon nez rouge y marqueroit bien la double Fête que je viens de chommer. Cà, çà, courage, mon Breviaire est à demy dit ; j'ay commencé à *Gaudeamus*, & j'en suis à *Lætatus sum*. Garçon, encore Chopine, & puis plus: Blanc ou Clairet, il n'importe: mais qu'ils demeurent en paix, car à la premiere querelle je les mets hors de chez moy. C'est pour s'être enyvrez de Blanc & de Clairet, que la Rose & le Lys sont Roys des autres Fleurs. Viste donc, haut le coude; Dans la soif où je suis, je te boirois, toy, ton Pere, & tes Ayeuls, s'ils étoient dans mon Verre. Beuvez toûjours, Compagnons, beuvez toûjours ; vous ne sçauriez rien perdre, on donne à la Croix blanche douze Rubis pour la valeur d'une Pinte de Vin. En effet, voyez un peu comme on devient riche à force de boire : Je pensois n'avoir qu'une Maison tantôt, j'en vois deux maintenant. C'est la vertu du Vin qui fait tous ces prodiges. Sans mentir Democrite étoit bien fol, de croire que la Verité fût dans un Puits ; N'avoit-il pas oüy dire, *in vino veritas?* Mais luy qui rioit toûjours, il pouvoit bien ne l'avoir dît qu'en riant. Nature en sera bernée ; Elle qui nous a donné à chacun deux bras, deux pieds, deux mains, deux oreilles, deux yeux, deux nazeaux, deux rognons, & deux fesses, & ne nous aura donné qu'une bouche ? Encore n'est-elle pas tout-à-fait destinée à boire ; Nous en mangeons, nous en baisons, nous en crachons, & nous en respirons. Ah ! qu'heureuse entre les Dieux est la Renommée, d'avoir cent bouches ! C'est pour s'en bien servir, que la mienne ne dit mot ; car simpatifant à mon humeur, elle boit toûjours sans relâche, & mange tout, jusqu'à ses paroles. La Parque fera bien, de me laisser long-temps sur la Terre, car si elle me mettoit dedans, j'y boirois tout le Vin avant qu'il fut en grape. Point d'eau, point d'eau, si ce n'est au Moulin ; non plus que de ces vandanges qui se font à coups de bâton. La seule pensée m'en fait serrer les épaules: Fy de la Pomme & des Pommiers.

GRANGER *le Pere.*
Une Pomme en effet ligua les Dieux l'un contre l'autre : Une Pomme ravit la Femme à Menelas : Une Pomme, d'un grand Empire, ne fit qu'un peu de cendres : Une Pomme fit du Ciel un Hôpital d'Insensez : Une Pomme fit à Persée égorger trois pauvres Filles : Une Pomme empêcha Proserpine de sortir des Enfers : Une Pomme mit en feu la Maison de Theodose : Enfin une Pomme a causé le peché de nôtre premier Pere, & par consequent tous les maux du Genre-Humain.

GRANGER *le jeune.*
Que vient faire icy ce Neptune avec sa fourche ? Contente-toy d'avoir par ton Eau rouge attrapé Pharaon. Le bon nigaut surpris par la couleur, te prenant pour du Vin, te but, & se noya. Cà,

Compere au Trident, c'est trop faire des tiennes ; Tu boiras en eau douce, aussi bien que ton Recors de Triton que voila.
PAQUIER.
Voyez-vous, Monsieur l'yvrogne, je ne suis point Recors, je suis Homme de bien.
GRANGER le jeune.
Quoy, tu me repliques, Crapaut de Mer?
Il le frape, & Granger le Pere s'enfuit.
PAQUIER.
O ma foy, je diray tout.

SCENE IX.
LA TREMBLAYE, GRANGER le jeune.

LA TREMBLAYE.

Marchez, marchez, il faut bien que la passion éborgne étrangement vôtre bon Pere, car il étoit bien aisé de juger, que ny vos yeux, ny vos gestes, ny vos pensées, ne sentoient point le Vin. Mais encore je n'ay pas sçû ce que vous prétendez par cette galanterie ?
GRANGER le jeune.
Je vous l'apprendray chez vous.

Fin du Quatriéme Acte.

ACTE V.
SCENE PREMIERE.
GRANGER, PAQUIER.

GRANGER.

Quoy, tout ce que j'ay vû....
PAQUIER.
N'est que feinte.
GRANGER.
Donc mes yeux, donc mes oreilles....

PAQUIER.

Vous ont trompé.
GRANGER.
Conte-moy donc la serie & la concatenation des projets qu'ils machinent.
PAQUIER.
Que Diantre, que vous avez la tête dure ! Je vous ay dit que vôtre Fils a contrefait l'yvrogne, afin que tantôt Corbinely vous persuade plus facilement, qu'ayant pris querelle dans les fumées

de la débauche, il se sera batu, & aura été tué sur la place.

GRANGER.

Mais *cui bono* toute cette machine de Fourbes ?

PAQUIER.

Cui bono ? Je m'en vais vous l'apprendre. C'est qu'étant ainsi trépassé, Mademoiselle Genevote, laquelle a pris langue des conjurez, doit feindre qu'elle avoit promis au défunt, de l'épouser vif ou mort, & qu'à moins de s'être acquitée de sa parole, elle n'ose vous donner la main. Corbineli là-dessus vous conseillera de luy faire épouser le Cadavre (au moins de faire toutes les ceremonies qu'on observe dans l'action des épousailles) afin qu'étant ainsi libre de sa promesse, elle vous la puisse engager. Donc, comme ils s'y attendent bien, quand vous leur aurez fait prêter la foy conjugale, vôtre Fils doit ressusciter, & vous remercier du present que vous luy aurez fait.

GRANGER.

Donc la Mine est éventée, & j'en suis obligé à Paquier mon *Fac-totum* ? Je ne te donneray point vne Couronne Cinique à la façon des Romains, quoy que tu ayes sauvé la vie à un Bourgeois, honorable Homme Maître Mathieu Granger, ayant pignon sur Ruë: mais je te donne un impost sur la pitance de mes Disciples. Voicy l'heure à laquelle ces Pescheurs s'empestreront dans leur propres filets. Justement j'apperçois le Fourbe qui vient. Considere à ton aise la tempête du Port.

SCENE II.
CORBINELI, GRANGER, PAQUIER.

CORBINELI.

SEray-je toûjours Ambassadeur de mauvaises nouvelles ? Vôtre Fils est mort. Au sortir d'icy, étant (comme vous sçavez) un peu plus gay que de raison, il a choqué d'une S un Cavalier qui passoit. L'un & l'autre se sont offencez ; Ils ont déguaisné : & presque en même temps vôtre Fils est tombé mort, traversé de deux grands coups d'épée. J'ay fait porter son corps....

GRANGER.

Quoy, la Fortune reservoit au declin de mes ans le spectacle d'un revers si lugubre ? Miserable individu, je te plains, non point pour t'être acquité de bonne heure de la debte où nous nous obligeons tous en naissant : Je te plains, ô trois & quatre fois malheureux ! de ce que tu as occumbé d'une mort où l'on ne peut rien dire qui n'ait été déja dit ; Car de bon cœur je voudrois avoir donné un talent, & que tu eusses été mangé des Mouches à ces vandanges dernieres : J'aurois composé là-dessus une Epitaphe la plus acute qu'ayent jamais vanté les Siecles Pristins.

PAQUIER.

A-t-il eu le temps de se reconnoître ? est-il bien mort ?

CORBINELI.

Si bien mort, qu'il n'en reviendra point.

GRANGER.

Corbineli, appelle Mademoiselle Genevote : Elle diminuëra mes douleurs, en les partageant. Vrayment oüy, c'est aux Pelerins de saint Michel qu'il faut apporter des coquilles.

SCENE III.

SCENE III.

GENEVOTE, GRANGER.
PAQUIER, CORBINELI.

GRANGER.

Mon Fils a vécu, Mademoiselle, & je dirois qu'il vit encore, si j'avois achevé un Poëme que je médite sur le genre de son trépas. Je vous avertis toutesfois que vous feriez sacrilege, si vous lamentiez la fin d'un Homme, qui pour une vie méchante & périssable, en recouvre une dans mes Cahiers, immortelle & tranquille.

GENEVOTE.

Quoy, Monsieur Granger n'est plus ? Nous étions trop bien unis, pour être si-tôt separez ; Je veux comme luy sortir de la vie : Mais d'autant que la Nature qui nous a mis au jour sans nôtre consentement, ne nous permet pas de le quitter sans le sien, je veux sortir de la vie, & rester entre les vivans ; c'est-à-dire, que dés aujourd'huy je vais faire dans un Cloître

F

un solemnel sacrifice de moy-même. Je n'ignore pas. Monsieur, ce que je dois à vôtre affection ; mais l'honneur qui me défend de manquer à ma foy, ne me défend pas de manquer à mon amour ; & je vous jure que si par un impossible ces deux incidens ne souffroient point de répugnance, je me sacrifierois de tout mon cœur à vôtre desir.

GRANGER.

Oüy, ma Citherée, oüy, vous pouvez m'épouser, & garder vôtre parole. Il faut, pour vous rendre quitte de vôtre promesse, que vous l'épousiez mort. Nous passerons le Contract, & ferons le reste des ceremonies ; puis quand ainsi vous serez libre de vôtre serment, nous procederons tout à loisir à nôtre Mariage.

CORBINELI.

Il semble que vous soyez inspiré de Dieu, tant vous parlez divinement.

GRANGER.

Une seule chose m'arrête ; c'est qu'étant un miracle, vous n'en fassiez un ; que vous ne rendiez la vie à ceux qui ne sont pas morts ; & que vous ne fassiez arriver ceans la Resurrection avant Pâques.

CORBINELI *tout bas.*

O ! puissant Dieu des Fourbes, ma corde vient de rompre ; Fais que je la renouvelle en sorte par ton moyen, qu'elle valle mieux qu'une neufve.

GRANGER.

Et toy tu me trahis, fugitif infidelle du party de mon amour ! Toy que j'avois élû pour la boîte, l'étuy, le coffre, & le garde-manger de toutes mes pensées ! Tu m'es Cornelius Tacitus, au lieu de m'être Cornelius Publius.

PAQUIER.

Choisis lequel tu aimes le mieux, d'être assommé, ou pendu.

CORBINELI.

J'aime mieux boire.

GRANGER.

Ce n'étoit pas assez de m'avoir volé au nom des Turcs ; il falloit adjoûter une nouvelle trahison. Et de son corps, donc, menteur infame, qu'en as-tu fait ?

CORBINELI.

Ma foy, là-dessus je m'éveillay.

GRANGER.

Que veux tu dire tu t'éveillas ?

CORBINELI.

Vrayment oüy ; Il ne me fut pas possible de dormir davantage, car vôtre Fils faisoit un Tonnerre de Diable avec une assiette dont il tambourinoit sur la Table.

GENEVOTE.

Et moy, j'ay fait semblant de croire que vôtre Fils étoit mort, pour vous faire goûter quand vous le reverriez, un plus pur contentement, par l'opposition de son contraire.

GRANGER.

Quoy qu'il en soit, Mademoiselle, le fiel importun de mes angoisses n'est que trop adoucy par le miel sucré d'un si friant discours. Mais pour ce fourbe de Corbineli, il faut avoüer que c'est un grand menteur.

CORBINELI.

J'affecte, pour moy, d'être remarqué par le Titre de Grand, sans me soucier que ce soit celuy de grand Menteur, grand Yvrogne, grand Politique, grand Cnez, grand Cam, grand Turc, grand Mufti, grand Visir, grand Tephterdat, Alexandre le Grand, ou grand Pompée. Il ne m'importe, pourvû que cette Epithete remarquable m'empêche de passer pour mediocre.

GRANGER.

Tu t'excuses de si bonne grace, que je

ferois presque en colere que tu ne m'eusses point fâché. Je t'ordonne pourtant pour penitence, de nous exhiber le spectacle de quelque Intrigue, de quelque Comedie. J'avois mis en jeu mon Paranimphe des Muses, mais Monsieur de la Tremblaye n'a pas trouvé bon que rien se passast sur ces matieres, sans prendre ton avis.
CORBINELI.
En effet, vôtre déclaration n'eût pas été bonne, parce qu'elle est trop bonne. Ces doctes antiquitez ne sont pas proportionnées à l'esprit de ceux qui composent les membres de cette compagnie. J'en sçay une Italienne, dont le démeslement est fort agreable. Amenez seulement icy Monsieur de la Tremblaye, vôtre Fils, & les autres, afin que je distribuë les rolles sur le champ.
GRANGER.
Ex templo, je les vais congreger.

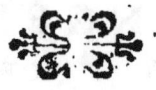

SCENE IV.

GENEVOTE, CORBINELI.

GENEVOTE.

La corde a manqué, Corbineli.

CORBINELI.

Oüy, mais j'en avois plus d'une. Je vais engager nôtre bon Seigneur dans un Labirinthe, où de plus grands Docteurs que luy demeureroient *à quia*.

SCENE V.

GRANGER, PAQUIER, GENEVOTE, CORBINELI.

GRANGER.

Au feu, au feu.

GENEVOTE.

Où est-ce ? où est-ce ?

GRANGER.

Dans la plus haute region de l'air, selon l'opinion des Peripateticiens. Hé bien ne suis-je pas habile à la riposte ? N'ay-je pas guery le mal aussi-tôt que je l'ay eu fait ? Ma langue est une Vipere qui porte le Venin & le Teriaque tout ensemble : C'est la Pique d'Achille, qui seule peut guerir les blessures qu'elle a faites ; Et bien loin de ressembler aux Bourreaux de la Faculté de Medecine, qui d'une égratignure font une grande playe, d'une grande playe je fais moins qu'une égratignure.

CORBINELI.

Nous perdons autant de temps, que si nous ne devions pas aujourd'huy faire la Comedie. Je m'en vais instruire ces gens-cy, de ce qu'ils auront à dire. Je te donnerois bien des preceptes, Paquier, mais tu n'auras pas le temps d'apprendre tant de choses par cœur. ; Je prendray soin me tenant derriere toy, de te souffler ce que tu auras à dire. Vous Monsieur, vous paroîtrez durant toute la Piece ; & quoy que d'abord vôtre personnage semble serieux, il n'y en a pas un si bouffon.

GRANGER.

Qu'est-ce cy ? Vous m'engagez à soûtenir des rôlles dans vos Bâtelages, & vous ne m'en racontez pas seulement le Sujet ?

CORBINELI.

Je vous en cache la conduite, parce que si je vous l'expliquois à cette heure, vous auriez bien le plaisir maintenant de voir un beau démeslement, mais non pas celuy d'être surpris. En verité je vous jure, que lors que vous verrez tantôt la peripetie d'un intrigue si bien démeslé, vous confesserez vous-même que nous aurions été des Idiots, si nous vous l'avions découvert. Je veux toutesfois vous en ébaucher un racourcy. Doncques ce que je desire vous representer est une veritable Histoire, & vous le conroîtrez quand la Scene se fermera. Nous la posons à Constantinople, quoy qu'elle se passe autrepart. Vous verrez un Homme du tiers Estat, riche de deux Enfans, & de force quarts d'Escus : Le Fils restoit à pourvoir ; il s'affectionne d'une Damoiselle de qualité fort proche parente de son Beaufrere ; il aime, il est aimé, mais son Pere s'oppose à l'achevement mutuel de leurs desseins. Il entre en desespoir, sa Maîtresse de même : Enfin les voila prests en se tuant de clore cette Piece : Mais ce Pere dont le naturel est bon, n'a pas la cruauté de souffrir à ses yeux une

si tragique avanture : Il prête son consentement aux volontez du Ciel, &
fait les Ceremonies du Mariage, dont
l'union secrete de ces deux cœurs avoit
déja commencé le Sacrement.

GRANGER.

Tu viens de rasseoir mon ame dans
la chaire pacifique d'où l'avoient culbuté mille apprehensions cornuës. Va
paisiblement conferer avec tes Acteurs ;
je te déclare Plenipotentiaire de ce
Traité Comique. Toy, Paquier, je
te fais le Portier effroyable de l'introïte de mes Lares. Aye cure de les
propugner de l'introïte du Fanfaron,
du Bourgeois & du Page, qui sçachant
qu'on fait icy des Jeux, ne manque-
ront pas d'y transporter leurs ignares
personnes. Je te mets là des monstres
en tête, qu'il te faut combattre diversement. Tu verras diverses sortes de
visages. Les uns t'aborderont froidement ; & si tu les refuses, aussi-tôt
glaive en l'air, & forceront ta porte
avec brutalité : Le moins de resistance
que tu feras, c'est le meilleur. Il
t'en conviendra voir d'autres la barbe
faite en garde de poignard, aux moustaches rubantées, au crin poudré, au
manteau galonné, qui tout échauffez

se presenteront à toy ; Si tu t'opposes à leur torrent, ils te traitteront de fat ; se formaliseront que tu ne les connois pas : Dés qu'ils t'auront arraisonné de la sorte, juge qu'ils ont trop bonne mine pour être bien méchans ; Avale toutes les injures : Mais si la main entreprend d'officier pour la langue, souvien-toy de la regle *Mobile pro fixo.* D'autres, pour s'introduire, demanderont à parler à quelque Acteur pour affaire d'importance, & qui ne se peut remettre : D'autres auront quelques hardes à leur porter : A tous ceux-là, *Nescio vos.* D'autres comme les Pages environnez chacun d'un Escolier, d'un Courtaut, & d'une Putain, viendront pour être admis ; Reçois les. Ce n'est pas que cette race de Pigmées puisse de soy rien effectuer de terrible, mais elle iroit conglober un torrent de Canailles armées qui déborderoit sur toy, comme un Essain de Guespes sur une Poire molle. *Vale mi care.*

SCENE VI.

PAQUIER seul.

O Ma foy c'est un étrange métier que celuy de Portier. Il luy faut autant de têtes qu'à celuy des Enfers, pour ne point fléchir : Autant d'yeux qu'à Argus pour bien veiller : Autant de bouches qu'à la Renommée, pour parler à tout le monde : Autant de mains qu'à Briarée, pour se défendre de tant de gens : Autant d'ames qu'à l'Hydre pour reparer tant de vies qu'on luy ôte : Et autant de pieds qu'à un Cloporte, pour fuïr tant de coups.

SCENE VII.

PAQUIER, CHASTEAUFORT.

PAQUIER.

Voicy mon coup d'essay ; Courage, j'en vais faire un chef-d'œuvre.

CHASTEAUFORT.

Bourgeois, hault : Hola hault, Bourgeois. Vous autres malheureux, ne representez-vous pas aujourd'huy ceans, quelques coyonneries & jolivetez.

PAQUIER.

Salva pace, Monsieur, mon Maître n'appelle pas cela comme cela.

CHASTEAUFORT.

Quelque Monie, quelque Fadaise? Viste, viste, ouvre-moy.

PAQUIER.

Je pense qu'il ne vous faut pas ouvrir, car vous avez la barbe faite en garde de poignard; vous ne m'avez pas abordé froidement; vous n'avez pas déguaisné, ny vous n'êtes pas Page.

CHASTEAUFORT.

Ah! vertubleu, Poltron, dépêche-toy; je ne suis icy que par curiosité.

PAQUIER.

Vous ne faites point du tout comme il faut.

CHASTEAUFORT.

Morbleu, mon Camarade, de grace, laisse moy passer.

PAQUIER.

Hé vous faites encore pis, vrayment il ne faut pas prier.

CHASTEAUFORT.

Sçavez-vous ce qu'il y a, petit godelureau? Je veux être fricassé comme

Judas, si je me soucie ny de vous, ny de vôtre College; car aprés tout, j'ay encore une centaine de Maisons, Châteaux s'entend, dont la moindre.... Mais je ne suis point discoureur ; Ouvre-moy viste, si tu ne me veux obliger de croire qu'il n'entre ceans que des coquins, puis qu'on m'en refuse l'abord. Cap-de-biou, & que pense-tu que je sois ? un nigaut ? Mardy, j'entens le jargon & le galimathias. Il est vray que j'ay sur moy une mauvaise cappe, mais en recompense je porte à mon côté une bonne tueuse, qui fera venir sur le Pré tout le plus resolu de la Troupe.

PAQUIER.

Vous raisonnez là tout comme ceux qui ne doivent point entrer.

CHASTEAUFORT.

De grace, pauvre Homme, que j'aille du moins dire à ton Maître que je suis icy, & qu'il me rende un mien Goujat qui s'est enfuy sans congé.

PAQUIER.

Il en viendra d'autres qui desireront parler à quelque Acteur pour affaire d'importance. Je ne sçay plus comme il faut dire à ceux-là. Ha ! Monsieur, à propos, vous ne devez pas entrer.

CHASTEAUFORT.

Ventre, je vous dis encore que je ne suis icy que par promenade. Pense-tu donc, veillaque, qu'un Gentilhomme de qualité....

PAQUIER.

Domine, Domine, accede celeriter. Vous ne m'avez point dit ce qu'il falloit répondre à ceux qui parlent de promenade.

SCENE VIII.

GAREAU, PAQUIER, CHASTEAUFORT.

GAREAU.

O Parguene sfesmon, vela bian debuté. Et pensez-vous don que set un parsenage comme les autres, à bâtons rompus ? Dame nanain. C'est eun Homme qui sçait peu & prou. Comment, oul dit d'or, & s'oul n'a pas le bec jaune. C'est le Garçon de cét Homme qui en sçait tant. Vela le Maître tout craché, vela tout fin dret son armanbrance.

Comedie.

CHASTEAUFORT.

J'aurois déja fait un cribe du ventre de ce coquin, mais j'ay crainte de faillir contre les regles de la Comedie, si j'enfanglantois la Scene.

GAREAU.

Vartigué qu'ous estes confiderant ; ous avez mangé de la foupe à neuf heures.

CHASTEAUFORT.

J'enrage, de fervir ainfi de bornes dans une Ruë.

GAREAU.

O ma foy, ous estes bian delicat en barbes, ous n'aimez ny la Ruë, ny la Patiance.

SCENE IX.

GRANGER, GAREAU, CHASTEAUFORT, PAQUIER.

GRANGER.

Quel Climat sont allez habiter nos Rosciens ? l'Antipode, ou nôtre Zenit ? Je vous décoche le bon jour, Chevalier du grand Revers : & vous, l'Homme à l'heritage, falut & dilection.

GAREAU.

Parguene je fis venu nonobstant pour vous défrincher ma suffion encore eune petite escouffe : Excusez l'importunance da : car c'est la Mainagere de mon Onque qui me fefet que huyer environ moy, que je venis. Que velez-vous que je vous dife ? ol fefet la guieblesse. Ah ! vramant, ce fefer-elle à par foy, Monfieur Granger, pis qu'il fet tout, c'est à ly à fçavoir ça. Va-t-en, va, Jean, il te dorra un confille là-dessus. Dame j'y fis venu.

GRANGER.

O ! mon cher amy, par Apollon claire-face qui communique fa lumiere aux chofes les plus obfcures, ne nous veüille rejetter dedans le creux manoir de cette fpelonque genealogique.

GAREAU.

Parguené, Monfieu, facoutez don eun tantet, & vous orez, fi je ne vous la boute pas auffi à clair qu'un cribe.

GRANGER.

Ma parole est auffi tenable qu'un Decret du Destin.

GAREAU.

O bian, comme dit Pilatre, *quod fcrifi, quod fcrifi* : n'importe, n'importe, ce niaumoins, tanquia, qu'odon,

comme dit l'autre, vela eune petite douceur que noſtre Mere-grand vous envoye.
Il luy preſente une Freſſure de Veau penduë au bout d'un bâton.

GRANGER.
Va, cher amy, je ne ſuis point Juriſconſulte mercenaire.

GAREAU.
La, la, prenez trejours; vaut mieux un tian, que deux tu l'auras.

GRANGER.
Je te dis encore un coup, que je te remercie.

GAREAU.
Prenez, vous dis-je, vous ne ſçavez pas qui vous pranra.

GRANGER.
Et fi, champêtre Eterogene, prens-tu mes vêtemens pour la marmite de ta Maiſon?

GAREAU.
Ho, ho, tredinſe, il ne ſera pas dit que j'uſions d'obliviance; cor que je ſiomes petits, je ne ſomes pas vilains.

GRANGER.
Veux-tu donc me difamer *à capite ad calcem*?

GAREAU.
Bonnefy vous le prandrais. Je ſçay bian, comme dit l'autre, que je ne ſis pas

digne d'estre capable : mais stanpandant oul n'y a rian qui ressemble si bian à eun Chat, qu'eune Chate. Bonnefy, vous le prandrais da, car on me huiret : & pis vous en garderiais de la rancœur encontre moy.

GRANGER.

O venerable Confrere de Pan, des Faunes, des Silvains, des Satyres, & des Driades, cesse enfin par un excés de bonne volonté de difamer mes ornemens, & je te permets par rémuneration de rester spectateur d'une invention Theatrale la plus hilarieuse du monde.

CHASTEAUFORT.

J'y entre aussi : & pour recompense, je te permets, en cas d'alarme, de te mettre à couvert sous le bouclier impénetrable de mon terrible nom.

GRANGER.

J'en suis d'accord, car que sçauroit refuser un Mary le jour de ses nopces ?

PAQUIER *à Chasteaufort.*

Mais, Monsieur, je voudrois bien sçavoir qui vous êtes, vous qui vouliez entrer ?

CHASTEAUFORT.

Je suis le Fils du Tonnerre, le Frere aîné de la Foudre, le Cousin de l'Eclair,

Comedie. 139

l'Oncle du Tintamarre, le Neveu de Caron, le Gendre des Furies, le Mary de la Parque, le Ruffien de la Mort, le Pere, l'Anceftre, & le Bifayeul des Eclaircissemens.

PAQUIER.

Voyez si j'avois tort de luy refuser l'entrée ? Comment un si grand Homme pourroit-il passer par une si petite porte ? Monsieur, on vous souffre à condition que vous laisserez là vos Parens; car avec le Bruit, le Tonnerre, & le Tintamarre, on ne pourroit rien entendre.

CHASTEAUFORT.

Garde-toy bien une autre fois de te m'éprendre. D'abord que quelqu'un viendra s'offrir, demande luy son nom; car s'il s'appelle la Montagne, la Tour, la Roche, la Bute, Fort-château, Châteaufort, ou de quelqu'autre Titre inébranlable, tu peux t'assurer que c'est moy.

PAQUIER.

Vous portez plusieurs Noms, pource que vous avez plusieurs Peres.

Ils entrent.

SCENE X.

CORBINELI, GRANGER, CHASTEAUFORT, PAQUIER, GAREAU, LA TREMBLAYE, GRANGER *le jeune*, GENEVOTE, MANON.

CORBINELI *à Granger*.

Toutes choses sont prêtes: Faites seulement apporter un siege, & vous y colloquez, car vous avez à paroître pendant toute la Piece.

PAQUIER *à Chasteaufort*.

Pour vous, ô Seigneur de vaste étenduë, plongez-vous dans celle-cy; mais gardez d'ébouler sur la compagnie, car nos reins ne sont pas à l'épreuve des Pierres, des Montagnes, des Tours, des Rochers, des Butes, & des Châteaux.

GRANGER.

Cà donc, que chacun s'habille. Hé quoy, je ne vois point de préparatifs? Où sont donc les Masques des Satyres? les Chapelets, & les Barbes d'Hermites? les trousses des Cupidons? les

Flambeaux poiraisins des Furies ? Je ne vois rien de tout cela.
GENEVOTE.
Nôtre action n'a pas besoin de toutes ces simagrées. Comme ce n'est pas une fixion, nous n'y meslons rien de feint ; nous ne changeons point d'habit ; cette place nous servira de Theatre : & vous verrez toutefois que la Comedie n'en sera pas moins divertissante.
GRANGER.
Je conduis la fidelle de mes desirs, au nouveau de vôtre volonté. Mais déja le feu des Gueux fait place à nos Chandelles Cà, qui de vous le premier estropiera le silence ?

Commencement de la Piece.
GENEVOTE.
Enfin qu'est devenu mon Serviteur ?
GRANGER *le jeune.*
Il est si bien perdu, qu'il ne souhaite pas de se retrouver.
GENEVOTE.
Je n'ay point encore sçû le lieu, ny le temps où commença vôtre passion.
GRANGER *le jeune.*
Helas ! ce fut aux Carmes, un jour que vous êtiez au Sermon.
GRANGER *le Pere, interrompant.*
Soleil, mon Soleil, qui tous les matins

faites rougir de honte la celeste Lanterne, ce fut au même lieu que vous donnâtes échec & mat à ma pauvre liberté. Vos yeux toutesfois ne m'égorgerent pas du premier coup : mais cela provint de ce que je ne fentois que de loin l'influence porte-trait de vôtre rayonnant vifage : car ma rechignante deftinée m'avoit colloqué fuperficiellement à l'ourlet de la Sphere de vôtre activité.

CORBINELI.

Je penfe, ma foy, que vous êtes fol, de les interrompre : Ne voyez-vous pas bien que tout cela eft de leur perfonnage ?

GRANGER *le jeune*.

Toutes les Efpeces de vôtre beauté vinrent en gros affieger ma raifon ; mais il ne me fut pas poffible de haïr mes ennemis, aprés que je les eus confiderez.

GRANGER *le Pere, interrompant*.

Allons, ma Nimphelette, il eft vergogneux aux Filles de colloquifer *diu & privatim* avec tant vert Jouvenceau. Encore fi c'étoit avec moy ma barbe jure de ma fageffe, mais avec un petit cajoleur !

CORBINELI.

Que Diable, laiffez les parler fi vous

voulez, ou bien nous donnerons vôtre rôlle à quelqu'un qui s'en acquitera mieux que vous.

GENEVOTE *à Granger le jeune.*
Je m'étonne donc que vous ne travaillez plus courageusement aux moyens de posseder une chose pour qui vous avez tant de passion.

GRANGER *le jeune.*
Mademoiselle, tout ce qui dépend d'un bras plus fort que le mien, je le souhaite, & ne le promets pas. Mais au moins suis-je assuré de vous faire paroître mon amour par mon combat, si je ne puis vous témoigner ma bonne fortune par ma victoire. Je me suis jetté aujourd'huy plusieurs fois aux genoux de mon Pere, le conjurant d'avoir pitié des maux que je souffre; & je m'en vais sçavoir de mon Valet s'il luy a dit la resolution que j'avois prise de luy désobeïr, car je l'en avois chargé. Vien ça, Paquier, as-tu dit à mon Pere que j'étois resolu malgré son commandement de passer outre.

PAQUIER.
Corbineli, souffle-moy.

CORBINELI *tout bas.*
Non, Monsieur, je ne m'en suis pas souvenu.

GRANGER le jeune.

Ha, maraut, ton sang me vangera de ta perfidie. *Il tire l'épé sur luy.*

CORBINELI.

Fuis-t-en donc, de peur qu'il ne te frappe.

PAQUIER.

Cela est il de mon rôlle.

CORBINELI.

Oüy.

PAQUIER.

Fuis-t-en donc, de peur qu'il ne te frappe.

GRANGER le jeune.

Je sçay qu'à moins d'une Couronne sur la tête, je ne sçaurois seconder vôtre merite.

GENEVOTE.

Les Roys, pour être Roys, ne cessent pas d'être Hommes ; pensez-vous que....

GRANGER le Pere, *interrompant*

En effet, les mêmes appetits qui agitent un Ciron, agitent un Elephant : Ce qui nous pousse à battre un support de Marmite, fait à un Roy détruire une Province : L'ambition allume une querelle entre deux Comediens ; La même ambition allume une guerre entre deux Potentats. Ils veulent de même que

que nous, mais ils peuvent plus que nous.

CORBINELI.
Ma foy je vous enchaisneray.

GRANGER *le jeune*.
On croira....

GENEVOTE.
Suffise qu'on croye toutes choses à vôtre avantage. A quoy bon me faire tant de protestations d'une amitié dont je ne doute pas ? Il vaudroit bien mieux être pendu au col de vôtre Pere, & à force de larmes & de prieres, arracher son consentement pour nôtre Mariage.

GRANGER *le jeune*.
Allons-y donc. Monsieur, je viens vous conjurer d'avoir pitié de moy, &....

GENEVOTE.
Et moy, vous témoigner l'envie que j'ay de vous faire bien-tôt grand-Pere.

GRANGER.
Comment, grand-Pere ? Je veux bien tirer une propagation de petits Individus; mais j'en veux être cause prochaine, & non pas cause éloignée.

CORBINELI.
Ne vous tairez-vous pas ?

GRANGER.

Cœur bas & ravalé, n'as-tu point de honte de confumer l'Avril de tes jours à cajoler une Fille ?

CORBINELI.

Ne voyez-vous pas que l'ordre de la Piece demande qu'ils difent tout cela ?

GRANGER.

Ils n'ont pas affez de bien l'un pour l'autre ; Je ne fouffriray jamais....

GENEVOTE.

Non, non, Monfieur, je fuis d'une condition qui vous défend d'apprehender la pauvreté. Je fouhaiterois feulement que vous euffiez vû une Terre que nous avons à huit lieuës d'icy. La folitude agreable des Bois, le vert émaillé des Prairies, le murmure des Fontaines, l'harmonie des Oyfeaux ; Tout cela repeintureroit de noir vôtre poil déja blanc.

PAQUIER.

Mademoifelle, ne paffez pas outre, voila tout ce qu'il faut à Charlot. Il ne fçauroit mourir de faim, s'il a des Bois, des Prez, des Oyfeaux, & des Fontaines ; Car les Arbres luy ferviront à fe guérir du mal des Mouches ; les Prez luy fourniront dequoy paître ; & les Oyfeaux prendront le

Comedie.

foin de chifler quand il ira boire à la Fontaine.

GRANGER.
Ah ! firenique larroneſſe des cœurs ! je voy bien que vous guettez ma raiſon au coin d'un Bois, que vous la voulez égorger ſur le Pré ; ou bien l'ayant ſubmergée à la Fontaine, la donner à manger aux Oyſeaux.

GRANGER *le jeune.*
Je ſuis venu....

PAQUIER.
J'ay vû, j'ay vaincu, dit Ceſar, au retour des Gaules.

GRANGER *le jeune.*
Vous conjurez....

PAQUIER.
Dieu vous faſſe bien, Monſieur l'Exorſiſte, mon Maître n'eſt pas Démoniaque.

GRANGER *le jeune.*
Par les ſervices que je vous ay faits....

PAQUIER.
Et par celuy des Morts, qu'il voudroit bien vous avoir fait faire.

GRANGER *le jeune.*
De reprendre la vie que vous m'avez preſtée.

PAQUIER.
Il étoit bien fol de vous preſter une choſe dont on n'a jamais aſſez.

GRANGER le jeune.

Prenez ce Poignard. *Il tire un Poignard.* Pere dénaturé, faites deux homicides par un meurtre, écrivez le destin de ma Maîtresse avec mon sang, & ne permettez pas que la moitié d'un si beau couple expire de.... Mais à quoy bon tant de discours ? Frappez. Qu'attendez-vous.

CORBINELI.

Répondez donc, si vous voulez. Qu'est-ce ? êtes-vous trépassé ?

GRANGER.

Ah ! que tu viens de m'arracher une belle pensée. Je resvois quelle est la plus belle figure de l'Antithese, ou de l'Interrogation.

CORBINELI.

Ce n'est pas cela dont il est question.

GRANGER.

Et je ruminois encore à ces Speculateurs qui tant de fois ont fait faire à leurs resveries le plongeon dans la Mer, pour découvrir l'origine de son Flux & de son Reflux : mais pas un à mon goust n'a frappé dans la visiere. Ces raisons salées me semblent si fades, que je conclus qu'infailliblement....

CORBINELI.

Ce n'est pas de ces matieres-là, vous

dit-on, dont il est question. Nous parlons de marier Mademoiselle, & vôtre Fils, & vous nous embarquez sur la Mer.

GRANGER.

Quoy, parlez-vous de Mariage avec cét Houbereau ? Estes-vous orbe de la faculté intellectuelle ? Estes-vous heteroclite d'entendement ? Ou le Microcosme parfait d'une continuité de chimeres abstractives.

CORBINELI.

A force de representer une Fable, la prenez-vous pour une verité ? Ce que vous avez inventé vous fait-il peur ? Ne voyez-vous pas que l'ordre de la Piece veut que vous donniez vôtre consentement ? Et toy, Paquier, sur tout maintenant garde-toy bien de parler, car il paroist icy un Muet que tu representes. Là donc, dépêchez-vous d'accorder vôtre Fils à Mademoiselle ; Mariez-les.

GRANGER.

Comment marier, c'est une Comedie ?

CORBINELI.

Hé bien, ne sçavez-vous pas que la conclusion d'un Poëme Comique est toûjours un Mariage.

GRANGER.

Oüy : mais comment feroit-ce icy la fin, il n'y a pas encore un Acte de fait.

CORBINELI.

Nous avons uny tous les cinq en un, de peur de confusion : Cela s'appelle Piece à la Polonoise.

GRANGER.

Ha bon, Comme cela je te permets de prendre Mademoiselle pour legitime Espouse.

GENEVOTE.

Vous plaist-il de signer les Articles ? voi-là le Notaire tout prest.

GRANGER.

Sic ita sane, tres-volontiers. *Il signe.*

PAQUIER.

J'enrage d'être muet, car je l'avertirois.

Fin de la Comedie.

CORBINELI.

Tu peux parler maintenant, il n'y a plus de danger.

GRANGER.

Hé bien, Mademoiselle, que dites-vous de nôtre Comedie.

GENEVOTE.

Elle est belle, mais apprenez qu'elle est de celles qui durent autant que la vie. Nous vous en avons tantôt fait le recit comme d'une Histoire arrivée, mais elle devoit arriver. Au reste vous n'avez pas sujet de vous plaindre, car vous nous avez mariez vous-même, vous-même vous avez signé les Articles du Contract. Accusez-vous semblablement d'avoir enseigné le premier à fourber. Vous fistes accroire aux Parens de vôtre Fils qu'il étoit fol, quand vous vistes qu'il ne vouloit point entendre au voyage de Venise ; Cette insigne fausseté luy montra le chemin de celle-cy ; Il crût qu'il ne pouvoit faillir en imitant un si bon Pere.

CORBINELI.
Enfin c'est une pillule qu'il vous faut avaler.

LA TREMBLAYE.
Vous l'avalerez, ou par la mort....

GAREAU.
Ah! par ma fy je sommes logez à l'Ensaigne de *I'en tenons*. Parmanda j'en avoüas queuque souleur, que cette petite Ravodiere là l'y grimoneret queuque Trogedie. Hé bian ne vela pas nostre Putain de mainagere toute revenuë ? Feu la paure défunte, devant Guieu set son ame da, m'en baillit eun jour d'eune belle vredée. Par ma fiquette, ol me boutit à Cornüaille en

tout bian & tout honneur. Stanpandant la bonne Chienne qu'ol estet.... Aga hé! ous estes don de ces saintes sucrées là? Bonnefy je le voyas bian, qu'ous aviais le nez torné à la friandise. Or un jour qu'il plut tant; Jacquelaine, ce l'y fis-je tout en gaussant il fait cette nuit clair de l'Eune, il fera demain clair de l'Autre. Enfin, tanquia, qu'odon, ce nonobstant, après ça, ô dame éclaircissez-moy à dire: Tanquia que je men revenis tout épouvanté tintamarrer à nostre huis. A la par fin je me couchis tout fin nu auprés de nostre bonne Femme. Un tantet aprés que je me fussis rabougry tout en eune petit tapon, je sentis queuque chose qui groüillet. Jaquelaine, ce l'y fis-je, je pense qu'il y a là queuqu'un couché. Oüy, ce me fit-elle, je t'en répons, & que guiantre y auret-il? Eune bonne escousse après, je sacoute encore fretiller. Han, Jaquelaine, il y a là queuqu'un. J'allongis ma main, je tatis. Hoüay! ce fis-je, eune teste, deux testes; pis frougonant entre les draps, deux jambes, quatre jambes: Han! Jaquelaine, il y a là queuqu'un. Hé Piarre, que tu es fou, ce me fit-elle, tu contes mes jambes deux foüas. Parguene je ne me contentis point, je me levis; Dame, je découvris le pot aux roses. Ho! ho! vilaine, ce ly fis-je, qu'est-ce que ça? *Fils Davi*! Ton Ribaut sera étripé. Vramant Jean, ce me fit-elle, garde-t-en bian : C'est ce paure Maistre Loüis le Barbier, qui venet de saigner eun Malade de tout là bas ; Il estet tout rede de fred, & avet encore bian du vilain chemin à passer. Il m'exhorsisoit d'alumer du feu ; Dame comme tu sçais le bois est char : je luy ay dit qu'il se venist plustost réchauffer environ moy : Il ne feset que de s'y bouter quand tu es venu. Allons, allons, ce ly fis-je, Maistre Loüis, on vous appranra de venir coucher avec les Femmes des gens. Dame, je ne fus ny fou, ny étourdy, je le claquis bel & biau sur mes épaules, & le portis jusqu'à moiquié chemain de sa mairon ; Mais n'y revenez pas eune autre foüas, car parguene s'il vous arrive, je vous porteray encor eune escousse aussi loin. Et bian regardez, il ne faut qu'eun malheur. Cette petite dévargondée m'en eust peut-estre fait autant : C'est pourquoy bon jour & bon soir, c'est pour deux foüas.

CORBINELI.

C'est maintenant à vous, Monsieur, pour combler la felicité de ces nouveaux Mariez, d'augmenter leur revenu de celuy d'un Empire. Il vous sera bien aisé, puis que vous faites chanceler la Couronne d'un Monarque en le regardant.

CHASTEAUFORT.

Je donne assez, quand je n'ôte rien : & je leur ay fait beaucoup de bien, de ne leur avoir point fait de mal.

GRANGER *le jeune.*

Mon petit cœur, il est fort tard, allons nous mettre au lit.

PAQUIER.

Je n'ay donc plus qu'à faire venir la Sage-Femme, car vous allez entrer en travail d'Enfant.

LA TREMBLAYE.

Je n'oserois quasi prendre la hardiesse de vous consoler.

GRANGER.

N'en prenez pas la peine, je me consoleray bien moy-même. *O Tempora! ô Mores ?*

Fin du Pedant Joüé.

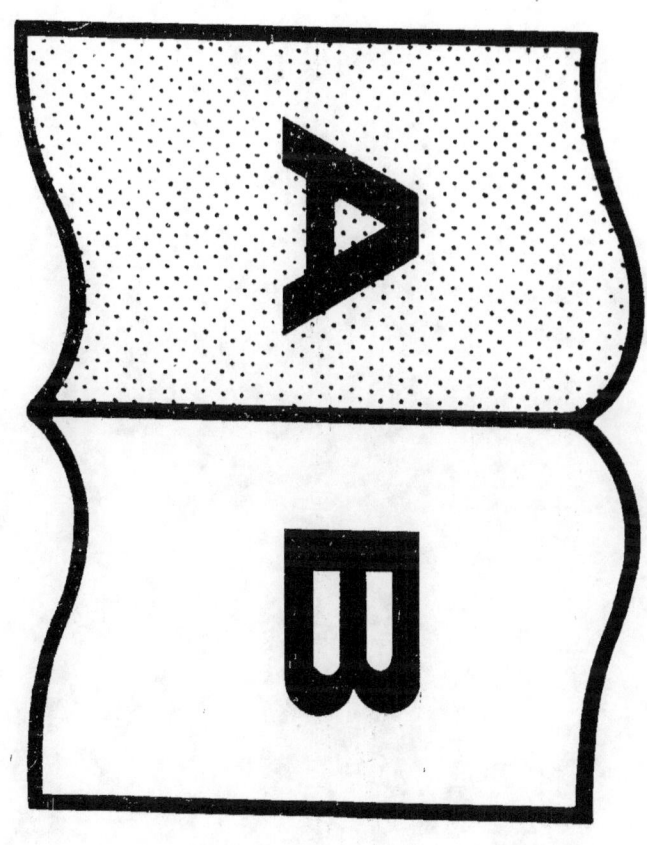

Contraste insuffisant

www.ingramcontent.com/pod-product-compliance
Lightning Source LLC
Chambersburg PA
CBHW060301230426
43663CB00009B/1545